**Dr. Dirk Blothner** ist apl. Professor für Psychologie an der Universität zu Köln, praktizierender Psychoanalytiker und seit 1997 als Drehbuchanalytiker und -berater sowie als Stoffentwickler tätig. Er hat zahlreiche empirische Untersuchungen zu Film- und Fernsehwirkung durchgeführt und ca. 80 Arbeiten veröffentlicht. An verschiedenen Institutionen führt er seit 1994 Seminare für Drehbuchautoren und Producer durch.

Dirk Blothner

# Erlebniswelt Kino

## Über die unbewußte Wirkung des Films

BASTEI-LÜBBE-TASCHENBUCH
Band 94005

»Das Publikum ist ein Teil der Szene.«
*Alfred Hitchcock*

Die Reihe
Buch & Medien
wird herausgegeben von
Béatrice Ottersbach

Originalausgabe
© 1999 by Bastei-Verlag Gustav H. Lübbe GmbH & Co.,
Bergisch Gladbach
Printed in Germany, September 1999
Einbandgestaltung: Dieter Ziegenfeuter, Dortmund
Satz: Kremerdruck GmbH, Lindlar
Druck und Bindung: Clausen & Bosse, Leck
ISBN 3-404-94005-9

Sie finden uns im Internet unter
http://www.luebbe.de

Der Preis dieses Bandes versteht sich einschließlich
der gesetzlichen Mehrwertsteuer.

# Inhaltsverzeichnis

Vorwort . . . . . . . . . . . . . . . . . . . . . . . . . . . . . . . . . . . . . . . . . . . 7

Einleitung . . . . . . . . . . . . . . . . . . . . . . . . . . . . . . . . . . . . . . . . . 9

## 1 Kino und Seelenleben

Warum ins Kino gehen? . . . . . . . . . . . . . . . . . . . . . . . . . 22
Wie wirkt der Spielfilm? . . . . . . . . . . . . . . . . . . . . . . . . 37
Filme erleben . . . . . . . . . . . . . . . . . . . . . . . . . . . . . . . . . . 53

## 2 Inhalt und Dramaturgie

Gewalt und Sexualität . . . . . . . . . . . . . . . . . . . . . . . . . . 71
Wirksame Filmthemen . . . . . . . . . . . . . . . . . . . . . . . . . 95
Von Anfang an gebannt . . . . . . . . . . . . . . . . . . . . . . . . 145
Fesselungstechniken . . . . . . . . . . . . . . . . . . . . . . . . . . . 163
Morphologische Dramaturgien . . . . . . . . . . . . . . . . . . 186

## 3 Kino und Alltagskultur

Reale Fiktionen . . . . . . . . . . . . . . . . . . . . . . . . . . . . . . . 209
Jahrhundertthema »Titanic« . . . . . . . . . . . . . . . . . . . . 220
Wirksame Themen der
Jahrtausendwende . . . . . . . . . . . . . . . . . . . . . . . . . . . . 237

## 4 Anwendung

Morphologische Wirkungsanalysen:
*Lola rennt* und *Titanic* . . . . . . . . . . . . . . . . . . . . . . . . . 269

**Filmregister** .................................... 298

**Literaturverzeichnis** ............................ 301

**Danksagung** .................................... 302

# Vorwort

In der kleinen Stadt im bayerischen Allgäu gab es in den 50er Jahren drei Kinos. Dort habe ich als Kind Filme wie *Die Brücke am Kwai* (GB 1957) und *Ben Hur* (USA 1959) gesehen. Ein Film mit dem Herkules-Darsteller Steve Reeves brachte mich für einige Zeit dazu, jeden Morgen ein rohes Ei auszuschlürfen. Ich wollte so kräftig werden wie er. In die junge Hauptdarstellerin eines Films, an dessen Titel ich mich nicht mehr erinnern kann, verliebte ich mich. Ich glaube, es war das erste Mal in meinem zehnjährigen Leben, daß ich so fühlte. So machte ich meine ersten Erfahrungen mit dem Kino.

Als ich bei Wilhelm Salber in Köln Psychologie studierte, erlernte ich eine Methode, die Wirkung des Films zu beschreiben und zu erklären, ohne seinen Zauber in seelenlosen Formeln zu ersticken. Die Welt des Films enthüllte sich mir als eine bildliche Spiegelung des Seelenlebens. Dessen Formen, Drehungen, Themen und Schicksale stellte mir das Kino anschaulich gegenüber. Als Dozent an der Universität veranstaltete ich Seminare, in denen ich den Studenten Psychologie anhand von Filmausschnitten beibrachte. In einer Doktorarbeit über den Film von Wim Wenders *Der amerikanische Freund* (D 1977) faßte ich meine Beobachtungen zum ersten Mal in einer Arbeit zusammen.

Das Kino hatte mich für sich eingenommen. Aber ich wollte mir noch nicht eingestehen, daß ich wohl nie wieder davon loskommen würde. Also versuchte ich einen Absprung und wurde Psychoanalytiker. Doch schon bald fiel mir auf, daß meine Patienten mit denselben Problemen kämpften, die im Erlebnispark des Kinos die unterhaltsamsten Attraktionen ausmachten. Die Grundmuster des Kinos eröffneten mir eine Übersicht über allgemeine Grundprobleme und ihre Behandlungsformen. Wieder war ich also beim Kino angekommen. Nun führte ich Filmseminare am Ausbildungsinstitut für Psychoanalytiker durch. Die Flucht war mißglückt.

Anfang der 90er Jahre gab ich meinen Widerstand auf. Ich konzentrierte mich wieder auf den Film. Nun kam noch ein weiteres Interesse hinzu. Ich wurde darauf aufmerksam, daß wirksame Filme nicht nur einen Zugang zu den Geheimnissen unseres Seelenlebens eröffnen. Sie liefern zudem erhellende Einsichten in unsere Kultur. Viele erfolgreiche Filme eröffneten mir einen Einblick in die Hoffnungen und Befürchtungen, die unsere Zeit prägen.

Das Kino hat das Kunststück fertiggebracht, die ganze Vielfalt der Welt auf ein etwa zweistündiges Erlebnis zu konzentrieren. Es zieht aus der anschaulichen und mittlerweile auch der virtuellen Welt Bilder zusammen und bindet sie in einem Werk ein. Die sichtbare Welt des Kinos ist faszinierend. Sie ist Gegenstand zahlreicher Analysen. Doch mir wurde deutlich, wie perfekt diese mit der unsichtbaren Welt des Seelischen zusammenarbeitet. Das Publikum mit dem gesamten unbewußten Seelenbetrieb ist am Kino ebenso beteiligt wie die Stars und Macher. »Das Publikum ist ein Teil der Szene.« Hitchcock hatte recht. Die Tiefenpsychologie wies mir den Weg, diesen Anteil zu erforschen und zu verstehen.

Ich verschrieb ich mich nun endgültig dem Film. An der Universität betreute ich zahlreiche empirische Diplomarbeiten zu einzelnen Filmen und anderen speziellen Fragestellungen. Ich begann, Produktionsfirmen zu beraten, und führte Untersuchungen für Fernsehsender durch. Vor allem aber ging ich jede Woche mehrmals ins Kino. Manchmal mit Freunden, meistens jedoch allein. Aus all dem ist das vorliegende Buch entstanden. Es faßt meine Untersuchungen und die Dinge, die das Kino mir beigebracht hat, zusammen. Es beschreibt das Kino so, wie es sich im Erleben der Zuschauer realisiert.

# Einleitung

Die Kinobranche ist im Umbruch. Und, wenn man den Statistiken trauen darf, eindeutig auf Expansionskurs. Das ist nicht überraschend. Denn wir leben in einer Zeit, in der der Hunger nach Inhalten, nach bedeutsamen Erlebnissen immer größere Ausmaße annimmt.

Die Sehnsucht nach Inhalt ist eine Folge der zunehmenden Individualisierung und Pluralisierung der modernen Gesellschaft (U. Beck 1986). Unter diesen Bedingungen richtet sich eine »Auskuppelkultur« (W. Salber 1993) ein, in der sich die Menschen immer weniger in umfassende Lebensbilder eingebunden fühlen. Dafür genießen sie eine noch nie dagewesene Vielfalt an Möglichkeiten. Um nichts zu verpassen, fahren viele Menschen »mit durchgetretener Kupplung« durchs Leben. Sie haben Angst, sich auf eine Gangart festzulegen und halten sich alle Optionen offen. Aber das Getriebe des Lebens wird ihnen immer rätselhafter.

So sieht sich tendenziell jeder selbst der Aufgabe ausgesetzt, eine Richtung in seinem Leben und eine »Moral« für seine Unternehmungen zu finden. Diese Aufgabe wurden einst von Religionen, Staatsführern, Weltanschauungen und den durch Arbeit bestimmten Lebensbildern erfüllt. Man gliederte sich in sie ein oder stellte sich gegen sie. In dem Maße jedoch, in dem solche allgemeinen Sinnbildner nicht mehr zur Verfügung stehen, sind die Menschen allein. Jeder sucht für sich in der flirrenden Vielfalt von Lebensmöglichkeiten nach dem Eigenen. Besonders junge Erwachsene machen heute eine jahrelange Experimentierphase durch, in der sie sich in raschem Wechsel in die unterschiedlichsten Milieus und Szenen einklinken. In vielen Fällen so lange, bis sie nicht mehr wissen, wer sie sind.

Wir müssen uns mit dieser Sinninflation anfreunden. Aber was gibt dem Leben Wert? Was gibt ihm Richtung und Halt? Wie wollen wir unseren Alltag im 21. Jahrhundert ausfüllen? Im Rahmen der Globalisierung der Märkte tut es sich die Politik mit Inhalten immer schwerer. Obwohl es der Titel der neuen Zeitschrift *Tomorrow* verspricht, findet man auch dort auf diese Fragen keine Antwort. Dafür wird der Leser ausgiebig mit den neuesten Entwicklungen im Internet vertraut gemacht. Doch auf uns kommen Probleme zu, die auch mit noch schnelleren Kommunikationsnetzen, mit noch besseren Video- und noch ausgeklügelteren Tonsystemen keine Lösung finden. All diese funkelnden Dinge verraten nicht, wie das Leben funktioniert.

Mit Inhalten versorgen sich die Menschen heute über das Fernsehen und das Kino. Besonders die Kinofilme eröffnen in sich geordnete und geschlossene Welten, die unaufdringlich Antworten geben auf die großen Fragen des Lebens. Das Kino ist eine Stätte der Unterhaltung. Das ist richtig. Aber die guten Filme beziehen sich auf die Alltagserfahrungen ihrer Besucher, die Sehnsüchte und Schwierigkeiten, die die Menschen betrüben und beglücken. Das Kino hält das Leben auf seine Weise im Fluß.

Das amerikanische Kino ist erfolgreich, weil es diese Aufgabe erkannt und angenommen hat. Daher werden in diesem Buch auch viele amerikanische Kinofilme analysiert. Das soll keine Kapitulation vor der Übermacht Hollywoods bedeuten. Es ergibt sich lediglich daraus, daß es heute mehr amerikanische als europäische Produktionen verstehen, das unbewußte Seelenleben wirksam einzubeziehen. Das amerikanische Kino hat die Hoffnungen und Befürchtungen der Menschen im Blick. Es hat ein differenziertes Konzept von Wirkungsprozessen. In den nächsten zehn Jahren wird sich zeigen, ob Filmemacher in Europa auf ihre Weise, aber mit einem ähnlich guten Gespür für die Dreh- und Angelpunkte des Lebens das Publikum für sich einnehmen werden.

## Warum eigentlich *Titanic*?

Wer *Titanic* (USA 1997) gesehen hat, kann wohl nicht bestreiten, daß der Film von James Cameron seine Geschichte solide erzählt und inszeniert. Doch wenn er begründen soll, warum gerade dieser Film eine solch ungeheuer erfolgreiche Wirkung hatte, muß er in der Regel passen. Jedenfalls hören sich die hierzu geäußerten Erklärungen meist eigentümlich verkürzt an. Die einen schieben es auf das Marketing, die anderen auf die Hauptdarsteller. Wieder andere sind der Auffassung, daß der Zufall seine Hand im Spiel hatte. Doch in der Auffassung der Tiefenpsychologie entsteht so manches Zufallsprodukt aus einer unbewußten Strategie.

Der Erfolg von *Titanic* ist kein Mysterium. Aber ebensowenig läßt sich der Film sein Geheimnis durch vorschnelle Erklärungen entreißen. Um in dieser Hinsicht voranzukommen, muß man sich von der sichtbaren Seite des Films lösen und sich die seelischen Prozesse ansehen, die im Vorfeld des Films und im Augenblick der Rezeption zur Wirkung kommen. Sie sind nicht weniger wichtig als die Werbung, die Geschichte, als die Stars und die digital erzeugten Effekte.

Man kann es folgendermaßen ausdrücken: Der wirksame Kern des Films ist weder hörbar noch sichtbar. Er liegt im unbewußten Seelenleben der Zuschauer. Der Film auf der Leinwand ist nur eine anschauliche Spur zur Anregung eines weitgehend unbewußten Wirkungsprozesses. Je nachdem, wie dieser sich dimensioniert und selbst versteht, fällt das Urteil des Publikums aus. Ermöglicht der Film kein außergewöhnliches Erlebnis, hat er kaum eine Chance. Können die Zuschauer sich über ihn jedoch intelligenter, lebendiger und vertiefter erfahren als im Alltag, wird er ihr Herz erobern.

*Titanic* ist deshalb ein so überaus wirksamer Film, weil er das Publikum als Mitspieler ernst nimmt. Er verkauft es nicht für dumm, sondern lädt es dazu ein, seine Intelligenz unbewußt ins Spiel zu bringen. Es mag sich widersinnig anhören, aber *Titanic* will seine Zuschauer weder mit spektakulären Bildern beeindrucken noch will er ihnen eine spannende Geschichte erzählen. Er sieht die Zuschauer nicht als passive Rezipienten. Auch nicht als Menschen, die sich an die Taten und Leiden eines Helden klammern. *Titanic* lädt die Menschen unserer Zeit dazu ein, mit ihm gemeinsam eine außergewöhnliche Stundenwelt zu gestalten.

Der Film von James Cameron setzt vieles als bereits wirksam voraus, was andere erst in der Vorstellung der Zuschauer erzeugen müssen. Bevor er beginnt, ist schon ein wirksamer Zusammenhang da: Der Untergang der historischen »Titanic« im April 1912 hat sich mit eindringlichen Details tief in das Gedächtnis der Menschen eingegraben. Er zeigt, daß die ausgefeilteste Technik, daß aller Luxus und Reichtum, daß Einfluß, Größe und Pracht nicht ausreichen, unser Leben zu sichern. Die mit allen Hoffnungen des beginnenden 20. Jahrhunderts auf den Weg gebrachte Jungfernfahrt des angeblich unsinkbaren Luxusliners wollte den Menschen vor Augen führen, was Wille zur Größe und Technologie vermögen. Doch tatsächlich wurde die Fahrt der Titanic zu einem Symbol des Scheiterns menschlicher Hybris.

Das 20. Jahrhundert, das so viele Visionen, Versprechungen, Weltanschauungen und Staaten hat scheitern sehen, findet in dem Thema Titanic kurz vor seinem Ende noch einmal ein Bild, das seine Hoffnungen und Befürchtungen zusammenzufassen versteht. Dieses packende Bild setzt der Film von James Cameron voraus und bezieht es wie kein anderer vor ihm in die Gestaltung seines dreistündigen Filmerlebnisses mit ein. Der Film erzählt keine Geschichte, sondern behandelt ein mächtiges, von der Kultur noch nicht verwundenes Trauma.

So sind die Zuschauer schon bei der anfänglichen Tauchfahrt zum verrotteten Wrack intensiv dabei: Der Film führt sie durch das dunkle Blau des mehrere tausend Meter tiefen Ozeans. Wenn dann der Bug des versunkenen Schiffes sichtbar wird, wenn der Tauchroboter durch die von Meerespflanzen überzogenen Gänge streift und für einen Moment die Rufe der Ertrinkenden ertönen, wird im Zuschauer bereits einmal das ganze Bild hervorgerufen. Er selbst malt sich die Katastrophe in Einzelheiten aus. Er setzt zusammen, was er darüber gesehen, gehört und gelesen hat. Die Bilder des

Films verknüpfen sich mit persönlich erfahrenen Momenten des Scheiterns, und es regt sich die Hoffnung, daß der Film einen anderen Ausgang weisen wird, daß er die Ängste besänftigt. Die Leinwand zeigt ein lebloses Wrack, doch im Zuschauer brennen seelische Feuerwerke ab. Wenn Filme dem Zuschauer eine solche Aktivität einräumen, sind sie wirksamer, als wenn sie ihnen Spektakel und Aktionen vor Augen führen. Der Zuschauer fühlt sich von ihnen ernst genommen. Ja, er hat das Gefühl, den Film selbst zu gestalten.

Immer wieder bezieht *Titanic* das Publikum in die Konstruktion seiner Szenen und Sequenzen ein. Er läßt mehrere Themen zugleich anklingen und erlaubt so den unterschiedlichsten Leuten, eine bedeutsame Erfahrung zu machen. Besonders in der ersten Hälfte des Films gibt es kaum eine Szene, in der der Zuschauer nicht zu eigenen Schlüssen, Entdeckungen und Ergänzungen herausgefordert würde. Auf diese Weise sieht er nicht einfach zu, sondern erfährt sich als jemand, der einen vielschichtigen Sinnzusammenhang gestaltet.

Auf diese Weise bringt *Titanic* ein seelisches Unternehmen in Gang, das der Kompliziertheit des unglücklichen Dampfers in nichts nachsteht. Es ist zugleich vielfältig und zentriert. Der Film läßt die von ihm belebten Themen auseinander hervorgehen, spitzt sie zu und bezieht sie aufeinander. Der rote Faden des Films ist ein kulturell-persönlicher Bedeutungskomplex, der sich im Erleben des Zuschauer aktuell herausbildet, wenn er der Geschichte auf der Leinwand folgt. Der Film von Cameron ist kein Spektakel. Ihm gelingt es, individuelle und gesellschaftliche Grundprobleme zu einem mitreißenden Dreistundenerlebnis zu modellieren.

### Das Kino von morgen

Mit der Entwicklung und Differenzierung der Medien verändert sich auch das Publikum. Die Menschen haben inzwischen eine Sicherheit in der Einschätzung von Filmen erlangt, die nicht so leicht zu täuschen ist. Beim Fernsehen nehmen sie einiges hin. Doch im Kino lassen sie sich von bekannten Namen, Spektakeln und Werbekampagnen nicht den Blick verstellen. Hier kann man ihnen kein Konfetti in die Augen streuen. Das Publikum ist in einem Maße fachkundig geworden, daß es oft schon an den Trailern erkennt, ob man ihm tatsächlich zwei Stunden einzigartiger Unterhaltung anbietet. Uninspirierte und inhaltlich konzeptionslose Filme erkennt es schneller und sicherer, als man annehmen möchte. Wenn das Kino das Publikum aus dem Auge verliert, wenn es seine Intelligenz unterschätzt und seinen Hunger nach bedeutsamen Erlebnissen nicht befriedigt, bleibt es leer. So einfach ist das.

Die Wirksamkeit eines Kinofilms steht und fällt mit seiner inhaltlichen und dramaturgischen Konzeption. Realisiert ein unbegabter Regisseur ein gutes Drehbuch, kann dabei trotzdem ein wirksamer Film herauskommen. Aber der beste Filmemacher vermag nichts auszurichten, wenn er ein schlechtes Script als Vorlage hat. Hier gibt es nichts zu retten.

Aber auch Dramaturgie bedeutet keine Erfolgsgarantie. Je mehr sich die Menschen heute nach Sinn verzehren, um so einzigartiger und aktueller muß das Kino ihr Bedürfnis zufriedenstellen. Die Erwartungen und Rezeptionsmuster der Zuschauer verändern sich mit den Filmen, die sie sehen. »Reise des Helden«, »Drei-Akt-Schema« und die Formel »Konflikt-Krise-Klimax-Lösung« sind wertvolle und unverzichtbare Konzepte zur Entwicklung wirksamer Filme. Als Rezept verstanden, werden sie jedoch schnell zu einer formalen Klammer und lassen die Erlebniswelt Kino ausbluten. Uninspiriert befolgt, laufen sie auf eindimensional wirkende Ereignisfolgen hinaus, die den Zauber eines bewegenden Kinoerlebnisses vermissen lassen. Das Geschehen findet bei solchen Filmen vor den Augen des Publikums, nicht aber in seinem Erleben statt.

Wenn man die mit Spielfilmen verbundenen Wirkungsprozesse mit tiefenpsychologischen Methoden exploriert und sie akkurat beschreibt, wird deutlich, daß die Zuschauer bei weitem nicht in dem Maße mit dem Helden bangen und hoffen, wie man denken möchte. Bei *Titanic* sind die Zuschauer schon lange bevor »der Held seine Reise« begonnen hat von einem packenden Erlebensprozeß eingenommen. Das liegt daran, daß ihr Seelenleben wild darauf ist, sich in anderem zum Ausdruck zu bringen und sich selbst in anderem zu erfahren. Dazu braucht es kein bekanntes Gesicht. Die Stars sind die Magneten, die die Menschen in die Kinos locken. Doch im Film treten sie in das Ensemble der Wirklichkeit zurück. Dort spielen sie neben den Dingen, den Gebäuden und Landschaften, neben den unbekannten Schauspielern und den Statisten ihren Part im Ganzen. Alle zusammen sind dazu da, einen Erlebensprozeß zu modellieren. Wie im Traum greift das Seelenleben der Zuschauer die ganze gegenständliche Vielfalt auf, um seinen Regungen Ausdruck zu verleihen. Das Filmerleben folgt anderen Regeln, als es das Konzept von der Identifikation mit dem Helden nahelegt.

So ist auch *Titanic* weit mehr als die Geschichte der Passagierin Rose Dewitt Bukater (Kate Winslett). Der Film von James Cameron ist ein Bild, das sich im bewußten und unbewußten Erleben seiner Zuschauer herausgestaltet, dreht und wendet. Er läßt aus den Tiefen des Ozeans, aber auch aus den zerschollenen Hoffnungen des 20. Jahrhunderts ein prächtiges Schiff wiederauferstehen. Er bringt es in Fahrt und läßt es mit aller Pracht und Großartigkeit Kurs aufnehmen. Damit modelliert er einen vielversprechenden Aufschwung zur Größe, der schließlich in Jacks Ausruf: »Ich bin der König der Welt!« mündet. Inmitten dieses zugleich hoffnungsvollen und vom Tode bedrohten Wunderwerkes läßt er die einfachste und wohl unsterblichste Thematik anwachsen, die Menschen bewegt: Die Liebe zwischen einer Frau und einem Mann bahnt sich gegen alle Hindernisse ihren Weg. Nichts kann sie aufhalten. Aber in dem Moment, in dem sie ihren Siedepunkt erreicht, läßt der Film das sie umfassende Gefährt mit einem Eisberg kollidieren. Der Untergang beginnt. Die Zuschauer klammern sich nun an das Paar, das sie selbst zusammengeführt haben. Sie können auf dieser Grundlage – und durch Camerons Inszenierung mehrfach gestützt – den Untergang des Schiffes genußvoll mitvollziehen. Das Jahrhunderttrauma findet eine verspätete Bearbeitung. Denn im

Film ermöglicht es der spürbare Halt in der Liebe, das Wunderwerk der Technik loszulassen. Die Verbindlichkeit der Liebenden verspricht mehr Halt als alle Technologie. Millionen greifen ihn dankbar auf, denn er eröffnet ihnen eine Perspektive. Als das Schiff auseinanderbricht und Rose und Jack ins kalte Wasser tauchen, scheint es zunächst, als habe der Tod doch gesiegt. Doch das konsequent durchgehaltene Konzept von Camerons Film weist die Liebe als stärker aus. Es ist, als brauche sie das prächtige Schiff nicht, um sich gegen die Kälte des Nichts zu behaupten.

Die Erfolgswelle der »Titanic« setzte sich bereits 1912 in Bewegung. Mehr als 20 Filme wurden über die Tragödie im Nordatlantik seither produziert. Keiner war auch nur annähernd so erfolgreich. *Titanic* nutzt den Schwung der früh im 20. Jahrhundert begonnenen Welle geschickt aus und steigert ihre Wucht mit allen verfügbaren filmischen Gestaltungsmitteln. Er bezieht individuelle und kulturelle Entwicklungstendenzen in sie ein und läßt sie zu einem gigantischen, tösenden Brecher anschwellen, auf dem Millionen von Menschen auf der ganzen Welt ins kommende Jahrtausend surfen. So wirken die besten erfolgreichen Filme! Im Rahmen zunehmender Sinninflation werden sich die Menschen in den kommenden Jahren nach ähnlich zentrierten Erlebnissen verzehren.

Das Kinopublikum möchte nicht schauen. Es will auch keiner Geschichte lauschen. Es will eine Verwandlung durchleben, die an seinen Alltagserfahrungen anknüpft. Wirksame Filme regen nicht das Auge an, sondern setzen den unbewußten Seelenbetrieb in Gang. Sie verlagern das Drama von der Leinwand in die Herzen der Zuschauer. Die Zuschauer sind dankbar für Filme, die ihnen ein außergewöhnliches Erlebnis ermöglichen. Sie lieben sie, weil sie ihnen einen Aspekt ihres Lebens zugespitzt nahebringen.

Digital erzeugte Monster, Explosionen und Zukunftsszenarien allein machen noch keinen zeitgemäßen Film. Ein vor High-Tech-Effekten strotzender Actionfilm wie *Mission Impossible* (USA 1997) oder ein mit experimenteller Kamera und interessanter Beleuchtung arbeitender Film wie *Liebe deine*

*Nächste* (D 1998) sind nicht modern. Modernität entscheidet sich im Kino auf einer anderen Ebene. Es ist die Ebene der Bedeutung und ihrer Wirkung. Filme sind zeitgemäß und den kulturellen Herausforderungen des neuen Jahrtausends gewachsen, wenn sie – wie *Titanic* – mit moderner Technik und mit allen verfügbaren filmischen Mitteln bedeutsame Erlebnisse modellieren. Moderne Filme gestalten im Erleben der Menschen Drehfiguren, die sowohl tief in ihren Alltagserfahrungen verankert sind, als auch mit allem, dem Kino verfügbaren Schwung über diese hinausführen. Die Modernität des Kinos ist keine Sache der Oberfläche. Modernität ist eine Frage der Behandlung zeitgemäßer Inhalte.

### Morphologische Filmwirkungspsychologie

Das dem Buch zugrundeliegende Konzept ist aus Hunderten von empirischen Wirkungsanalysen entstanden, die – zum großen Teil am Psychologischen Institut der Universität zu Köln – seit Mitte der 60er Jahre durchgeführt wurden. Schon damals mischten sich Kölner Psychologen in die Diskussion um Ingmar Bergmanns Film *Das Schweigen* (W. Salber 1964) ein. Seitdem wurden in regelmäßig durchgeführten Studien Tausende von Kinogängern zu ihrem Filmerleben befragt. Die Ergebnisse wurden systematisch beschrieben und geordnet und schließlich in ein differenziertes, tiefenpsychologisches Modell des wirksamen Films überführt. Grundlage dieser Forschungsrichtung ist die morphologische Psychologie.

Morphologie ist die Lehre vom Wandel der Gestalten. Diese Auffassung gibt es nicht nur in der Psychologie. Sie ist in der Biologie, der Medizin und mehreren Bereichen der Geistes- und Kulturwissenschaften anzutreffen. Morphologische Psychologie erklärt Filmwirkung nicht von der sichtbaren Geschichte her, sondern sieht sie als einen psychischen Prozeß von Gestaltung und Umgestaltung, der sich zwischen Zuschauer und Leinwand ereignet. Wenn wir Filmen zusehen, ist von vornherein ein psychisches Ganzes am Werk. Wir genießen dessen Auffächerung, Differenzierung und Zentrierung, seine Wendungen, Zuspitzungen und mitreißenden Drehungen. Der rote Faden, der sich durch diese Gestaltentwicklungen hindurchzieht, hat zu tun mit dem wohl grundlegendsten menschlichen Wunsch – dem Wunsch nach Verwandlung.

Der Alltag, ja das ganze Leben der Menschen ist auf Verwandlung aus. Sind wir klein, wollen wir groß werden. Fühlen wir uns ohnmächtig, streben wir nach Macht und Einfluß. Im Chaos suchen die Menschen Ordnung. Und wenn sie schließlich einen Überblick gewonnen haben, lassen sie sich von neuen Rätseln verlocken. Das einzig Konstante im Seelenleben ist, daß sich alles ändert. Das gilt für den einzelnen ebenso wie für die Kultur im ganzen. In der englischen Bezeichnung »movie-picture« ist die Bedeutung der Verwandlung im Film direkt angesprochen. Der Film zieht die Menschen deshalb so an, weil er es wie kein anderes Medium versteht, bedeutsame Verwandlungen zu aktuellen Ereignissen werden zu lassen.

Morphologische Filmanalysen spüren diesen schwer faßbaren Verwandlungserlebnissen nach. Ihre Methode ist beschreibend-rekonstruierend. Das heißt, sie machen in den Erlebensprozessen der Zuschauer thematische Linien, Wendepunkte und Strukturen kenntlich. Sie suchen das Filmerleben sowohl in seiner phänomenalen Breite als auch in seiner Tiefendimension festzuhalten. Morphologische Filmanalysen haben weniger die anschauliche Seite des Films im Blick als die unbewußte Konstruktion des mit ihm gegebenen Wirkungsprozesses. Über methodische Analysen eröffnen sich Einblicke in die mitreißenden Verwandlungen, die die Zuschauer auf ihrem Stuhl durchleben.

Aus Hunderten von empirischen Filmwirkungsanalysen wurde in den vergangenen Jahren ein Einschätzungsinstrument entwickelt. Es faßt die wesentlichen Momente wirksamen Filmerlebens in einem Katalog zusammen und hat sich bei der Analyse von Filmprojekten bewährt. So ist es möglich, das über die wissenschaftliche Analyse gewonnene Wissen in Form von Drehbuchberatungen und -seminaren wieder an die Branche zurückzugeben. Die morphologische Filmwirkungsanalyse ist – ähnlich wie im Bereich der Marktforschung – zu einem wertvollen und die etablierten Modelle sinnvoll ergänzenden Instrument geworden.

## Was der Leser erwarten kann

Das vorliegende Buch gibt Filminteressierten einen Einblick in die unbewußte Wirkung von Kinofilmen. Es stellt Filmemachern, Autoren und Produzenten ein wissenschaftlich erarbeitetes Tool zur Seite, das bei der täglichen Arbeit zur Optimierung von Filmstoffen eingesetzt werden kann.

Der erste Abschnitt *Kino und Seelenleben* legt das hier vertretene morphologische Konzept des Spielfilms dar. Es ist ganzheitlich, weil es Alltag und Filmunterhaltung nicht voneinander trennt, sondern von Anfang an in einen Wirkungszusammenhang rückt. Der Leser kann im 1. Kapitel *Warum ins Kino gehen?* mitvollziehen, wie ein Kinobesuch abläuft und welche Rolle er im Alltag des Besucher spielt. Das Kapitel 2 *Wie wirkt der Spielfilm?* beschreibt die relevanten Wirkungsprozesse in einer Weise, die ihre Komplexität erhält und sie nicht in erlebensfernen Formeln unkenntlich macht. In Kapitel 3 *Filme erleben* werden an zwei Beispielen (*Gefährliche Liebschaften* und *Pretty Woman*) solche Wirkungsprozesse transparent und nachvollziehbar gemacht.

Der zweite Abschnitt des Buches *Inhalt und Dramaturgie* ist der für die Praxis der Stoffentwicklung und -einschätzung wichtigste Teil. Hier erhalten Autoren, Stoffentwickler und Produzenten direkt umsetzbare Hinweise, wie sie den Zuschauer stärker einbeziehen und fesseln können. Die an zahlreichen Beispielen veranschaulichten Modelle sollen dazu dienen, sowohl die Qualität von Filmen zu optimieren als auch ihre Wirksamkeit zu steigern. Filmliebhaber können sich anhand dieses Abschnitts ein vertieftes Verständnis der Wirkungsmechanismen des erfolgreichen Kinos erarbeiten.

Da bei einigen noch immer die Vorstellung besteht, daß letztlich Gewalt und Sexualität die erfolgsversprechenden Filminhalte darstellen, legt das Kapitel 4 dar, wie *sex and crime* wirksam thematisiert werden können, ohne daß man dabei Anstoß erregt und sich dem Vorwurf der Niveaulosigkeit aussetzt. Das ist eine für das Image des Kinos nicht unerhebliche Frage. In Kapitel 5 werden 18 *Wirksame Filmthemen* an Beispielen veranschaulicht. Mit ihnen erhält der Leser einen Überblick über relativ zeitlose Inhalte, die für den Zuschauer bedeutsam sind. Dieses inhaltliche Tool kann Autoren und Produzenten dabei helfen, die Relevanz von Projekten für das Publikum einzuschätzen und eine eventuell noch unentschiedene inhaltliche Ausrichtung zu spezifizieren.

Die folgenden drei Kapitel beschäftigen sich mit dramaturgischen Fragen im Rahmen des hier vertretenen Konzeptes. Zunächst stellt Kapitel 6 an Beispielen dar, wie Filme im Spiel mit dem Seelenleben den »ersten Zug« machen und wie sie von Anfang an den Zuschauer fesseln können: *Von Anfang an gebannt*. Dann werden einzelne *Fesselungstechniken* besprochen, die dazu geeignet sind, das Filmerlebnis kurzweilig zu halten und es angemessen zu vertiefen. In Kapitel 8, *Morphologische Dramaturgie*, wird schließlich auf unbewußte Wirkungsmuster aufmerksam gemacht, die so manchem Film zu einem beachtlichen Erfolg verholfen haben. Dies ist der wohl innovativste Abschnitt des Buches. Hiermit soll für eine Betrachtung und Gestaltung des Spielfilms geworben werden, die dazu geeignet ist, auch im kommenden Jahrzehnt das Kinopublikum zu überraschen und tief zu berühren.

Der vorletzte Abschnitt *Kino und Alltagskultur* bringt die Überzeugung zum Ausdruck, daß Kino mehr ist als einfach nur Phantasie und leichte Unterhaltung. Kino ist weder Realität noch Fiktion. Es bezieht sein Publikum in *Reale Fiktionen* ein. Diese durch morphologische Forschungen gesicherte Erkenntnis wird sowohl an alten als auch an neuen Filmen belegt. Dabei kommen sowohl Filme wie *Easy Rider*, *Die Reifeprüfung* als auch in Kapitel 10 frühere *Titanic*-Filme zu Ehren. An diesen und vielen anderen Beispielen wird aufgezeigt, wie die jeweiligen Zeiten das Kino auf ihre Weise dazu nutzen, sich über die in ihnen drängenden Entwicklungstendenzen Klarheit zu verschaffen und die aus dem Alltag erwachsenden Fragen der Zuschauer zu beantworten. Wirksame

Filme modellieren nicht nur persönliche Hoffnungen und Befürchtungen der Zuschauer, sondern lassen sie teilhaben an den kulturellen Dramen ihrer Zeit. Wirksame Filme sind daher auch Medien der Gesellschaft im ganzen.

Kapitel 11, *Wirksame Themen der Jahrtausendwende*, beschreibt am Beispiel zeitgenössischer Spielfilme wie *Forrest Gump, Die üblichen Verdächtigen* und *Lola rennt* Kinothemen, die die Menschen auch im kommenden Jahrzehnt werden bewegen können. Damit wird die in Kapitel 5 begonnene Reihe wirksamer Filmthemen um die aktuellsten und von den Problemen der Jahrtausendwende her determinierten Thematiken ergänzt.

In dem mit *Anwendung* überschriebenen letzten Teil des Buches findet das Schema morphologischer Wirkungsanalysen zunächst eine kurze Darstellung. Dann wird dieses ganzheitliche Einschätzungsinstrument auf einen ungewöhnlichen, aber dennoch wirksamen deutschen Film (*Lola rennt*) und im 14. Kapitel auf den zur Zeit »erfolgreichsten Film aller Zeiten« angewandt. Somit findet die oben aufgeworfene Frage »Warum eigentlich *Titanic*?« am Ende des Buches eine zusammenfassende Antwort.

# Kino und Seelenleben

## 1
## Warum ins Kino gehen?

Ein junger Mann bereitet sich seit Wochen auf ein Examen vor. Das bedeutet für ihn die Erfüllung von Anforderungen, die er nicht selbst bestimmen kann. Manchmal hat er das Gefühl, die Prüfung sei ein Instrument der Willkür, eingesetzt zur Disziplinierung und Erniedrigung der Studenten. Immer wieder kämpft er mit einer Mischung aus Angst und Groll. Als er an einem Tag nur sehr schlecht arbeiten kann, beschließt er, ins Kino zu gehen. Seine Wahl fällt auf einen Actionfilm mit Nicolas Cage: *Con Air* (USA 1997). Von ihm verspricht er sich eine Umkehrung seiner anstrengenden Lage. Er will »mal selbst am Drücker sein«. Solch ein Erlebnis könnte seinen Groll vielleicht besänftigen.

### Kino und Alltag

Im Laufe eines Tages sind wir mehrmals in das Entstehen und Vergehen kompletter Seelenwelten einbezogen. Wir geraten in die Dramatik von Gelingen und Verfehlen, von Sieg und Niederlage, Ordnung und Chaos, Treue und Verrat. Jeden Tag aufs neue.

Das Kino ist ohne diesen zugleich erregenden und beängstigenden Alltagsbetrieb nicht zu verstehen. Es erwächst aus ihm. Im Kino haben wir die dramatische Lebenswirklichkeit noch einmal vor Augen. Es eröffnet Wirkungswelten mit Herz. So wie unser Leben von Momenten wie Aufbrechen,

Eindringen, Siegen, Verwirrung, Angst, Glück und Abschied bestimmt wird, so suchen wir diese Erlebnisse im Kino. Wir wollen sie immer wieder erfahren. Wir wollen den Wegen des Lebens folgen – Sieg und Vereinigung in gesteigerter Intensität, Trennung und Verlust in ungewöhnlicher Tiefe erleben. Wir möchten im freieren Raum der fiktionalen Unterhaltung ausprobieren, was wir uns im realen Leben nicht (zu)trauen. Wir benutzen das Kino, um zu erfahren, was uns lieb und teuer ist, und um unsere Grenzen kennenzulernen.

Der Alltag hat sich das Kino geschaffen als den »anderen Ort«, dessen Verheißungen und Versprechungen in den unruhigen Tagesläufen aufleuchten und verlocken. Wir wissen es intuitiv: Das Kino ist nicht das Leben, und es ist es doch. Das Kino strahlt einen Glanz aus. Es ist das Leben in einer gesteigerten und intensivierten Form. Vom Kino aus gesehen, kann der Alltag dann auch als grau erscheinen.

Die Lust auf Kino entsteht oft aus unausgeglichenen Situationen des Tages. Zwei junge Frauen sind mit ihren Lebensgefährten unzufrieden. Der eine ist auf Geschäftsreise, und der andere hat sich als unzuverlässig erwiesen. Während eines Telefonats verabreden sie sich zum gemeinsamen Kinobesuch. Sie wollen sich *Der Pferdeflüsterer* (USA 1998) ansehen. Aus Presseberichten und anderen Quellen haben sie erfahren, daß in dem Film von und mit Robert Redford eine Frau die Liebe ihres Lebens kennenlernt. Es geht um Natur, Leidenschaft und Liebe. Die beiden jungen Frauen erwarten, daß der Film ihnen zeigt, wie tief das Verständnis zwischen Mann und Frau sein kann. Sie suchen nach einem Erlebnis, mit dem sie ihre Enttäuschung kompensieren können.

Ein Mann, der den ganzen Tag vieles begonnen und nichts zu Ende geführt hat und darüber in eine leere Zerfahrenheit geraten ist, sieht sich abends den Film *Armageddon – Das jüngste Gericht* (USA 1997) an. Er sehnt sich nach einem Erlebnis, das ihm die verlorengegangene Entschiedenheit zurückgeben könnte. Sein Versuch glückt. Die entschlossenen Aktionen des Teams um Bruce Willis, die darauf zielen, die Erde von einer apokalyptischen Bedrohung zu befreien, zentrieren sein Erleben und richten es aus. Er verläßt das Kino in dem Gefühl, seine Mitte wiedergefunden zu haben.

## Die Qual der Wahl

Das Angebot ist groß. In Städten wie Köln oder Hamburg hat man an einem Tag die Wahl zwischen circa 30 Filmen. Nicht jeder garantiert ein schönes Erlebnis. Nicht jeder paßt zu diesem Tag, zu jener Stimmung. Es gibt immer wieder Enttäuschungen und Fehlgriffe. Es gibt unterschiedliche Filme für unterschiedliche Menschen. Über die Auswahl des Films suchen die Menschen Einfluß zu nehmen auf ihr Kinoerlebnis. Wonach steht einem der Sinn? Sehnt man sich nach Harmonie und Entspannung, sieht man sich eine Beziehungskomödie an. Will man sich extremen Belastungen aussetzen, wählt man einen Horrorfilm. Hat man im Beruf Ärger gehabt oder fühlt man sich einfach nur gereizt und geladen, bieten sich Actionfilme an, um die Spannung loszuwerden. Menschen, die nach Anregung für ihren Intellekt suchen, gehen vielleicht in einen europäischen Autorenfilm.

Die Auswahl wird durch Erzählungen von Bekannten und Freunden erleichtert. Manchmal hat man im Fernsehen einen Hinweis gesehen, eine Kritik in der Tages- oder Fernsehzeitung gelesen. Andere Kinogänger haben ihr eigenes Referenzsystem. Sie sehen sich alle Filme von einem bestimmten Regisseur oder mit einem Schauspieler an. Oder sie gehen grundsätzlich in jeden Actionfilm. Zwischen Genres und Zuschauern bestehen sowohl kurz- als auch langfristige Wahlverwandtschaften.

Bei der Auswahl des Films werden die Weichen für das Kinoerlebnis gestellt. Aber man darf sich das nicht als einen Vorgang vorstellen, der sich seiner Kriterien bewußt ist. Wie die oben angeführten Beispiele zeigen, wird die Wahl des Films oft von Motiven geleitet, die sich die Kinogänger nicht deutlich machen und auch nicht deutlich machen müssen. Die unterschiedlichsten, im Laufe des Tages entstandenen Motive können im Titel eines Filmes, in einem Plakat oder der

Pose eines Hauptdarstellers Ausdruck finden und den Kinobesuch nahelegen. Manchmal ist es auch einfach der Gruppendruck, dem man nachgibt oder die Anpassung an die Entscheidung des Partners.

Filmstars sind nicht einfach Schauspieler, die man bewundert und mit denen man sich identifiziert. Sie verkörpern Bilder, in denen die Menschen ihre Erfahrungen mit den Chancen und Grenzen des Lebens unterbringen. Robert De Niro verkörpert für viele die Fähigkeit, sich auf alle nur erdenklichen Wirklichkeiten einzulassen, ohne dabei seine Identität zu verlieren. Er verwandelt sich in zwei Zentner schwere Boxer, hagere Paranoiker und sanfte Familienväter. Aber er bleibt immer der souveräne und professionelle Schauspieler. Madonna verkörpert in der Auffassung ihrer Bewunderer den Beweis, daß grundsätzlich alles möglich ist. Ihre Laufbahn zeigt: Man kann in jede Rolle schlüpfen und jede Identität annehmen. Sie verkörpert das *anything goes* unserer Zeit. Ihre Einheit erhält das Starbild Madonna allerdings durch den Rückgriff auf einen christlichen Mythos: die Heilige und die Hure. Jodie Foster steht für einen Erfolg, der durch beharrliches Festhalten an selbst gestellten Prinzipien erlangt wurde. Jack Nicholson wiederum für eine Lebensform, die sich am Rande zum Wahnsinn und zur Perversion bewegt, ohne sich dabei tatsächlich zu verlieren. Starbilder verkörpern Spielarten und Grundprobleme des Lebens. Sie bieten Lösungen an. Bei der Auswahl des Films kann man sich an ihnen orientieren. Man kann sich ungefähr vorstellen, was einen erwartet, wenn man sich einen Film mit Jack Nicholson oder mit Jodie Foster ansieht.

Die Menschen suchen für ihre Unruhe, ihr Streben ständig Anhaltspunkte zur Ausgestaltung. Man kann sagen, sie wollen jeden Tag eine besondere Gestalt werden. Ein bestimmter Film, ein bekannter Hauptdarsteller, die ungefähre Vorstellung einer Geschichte bieten ihrer Suche bildhafte Anhaltspunkte. Ein Kinobesuch kann der letzte Versuch an einem Tage sein, als etwas Besonderes oder Konturiertes herauszukommen.

## Vor der Vorstellung

Der Kinobesuch ist ein mehrstündiges Unternehmen, das nicht nur das Ansehen des Films umfaßt. Mit dem Weg ins Kino ist eine Ortsveränderung verbunden, die ihren eigenen Ablauf, ihre eigene Dramatik hat: Zurechtmachen, das Haus verlassen, sich auf den Weg begeben – zu Fuß, in öffentlichen Verkehrsmitteln oder im eigenen Auto. Vor den großen Multiplexen passiert es nicht selten, daß man längere Zeit im Stau steht, bevor man sein Auto parken kann. Man könnte es einfacher haben und sich etwas im Fernsehen ansehen. Doch das ist es nicht, wonach die Kinobesucher streben. Das Kino vermittelt ihnen eine besondere Erfahrung. Dafür sind sie bereit, Aufwand zu leisten und einen Preis zu bezahlen. Sie tauschen Aufwand und Geld gegen ein Erlebnis, das sie woanders nicht haben können.

An den Kassen der großen Kinos müssen die Zuschauer oft anstehen. Während sie in der Schlange warten, haben sie Zeit, ihre Blicke schweifen zu lassen. Selten können sie ein solch buntes Treiben ungestört beobachten. Da hängen Fotos und Plakate an den Wänden. Videowände zeigen Trailer. Die Menschen flanieren durch das Foyer, nehmen an der Bar Getränke und Speisen zu sich. Promotiontrupps bieten Abenteuerreisen an. Der an der Kasse wartende Zuschauer hat reichlich Material zum Schauen. Er läßt sich von den unterschiedlichen Eindrücken berühren und kommt ins Träumen. Die Einzelgänger mehr als die Kinobesucher, die sich mit ihren Partnern und Freunden gekommen sind. Erotische Phantasien und Andeutungen von Flirts können entstehen. Der Mann dort sieht aber interessant aus. Die Frau da hinten müßte man mal kennenlernen!

So kommen schon vor Beginn der Vorstellung psychische Entwicklungen in Gang, die Analogien zu den Filmen aufweisen. Kinobesucher spielen heimlich mit der Frage, ob sie den einen oder anderen, dem sie im Filmtheater begegnen, nicht attraktiver finden als den Menschen an ihrer Seite: Leidenschaft und Verrat. Singles, die am Wochenende nicht gern allein zu Hause bleiben, werden angesichts der lachenden

Paare an ihre Einsamkeit erinnert: Sehnsucht. Wieder andere haben, wenn sie die farbigen und brodelnden Foyers der großen Filmtheater betreten, das Gefühl, Hollywood einen Schritt näher zu kommen: Aufstieg und Glanz. Die Stars der Filme erscheinen ihnen wie alte Bekannte. Wenn sie an der Bar einen Kaffee bestellen, schieben sich ihnen Gesten und Redewendungen aus Filmen unter: »Ich schau' Dir in die Augen, Kleines!« Oder: »Hasta la vista, Baby.«

**Vorprogramm**

Man sollte diese Träumereien nicht bewerten. In Relation zu dem ganzen Kinobesuch kann man sie als eine Einstimmung auf die Erlebniswelten der Filme verstehen. Sie wird noch ein Stück weiter getrieben, wenn im halb verdunkelten Saal die Werbefilme und Trailer auf der Leinwand erscheinen. Denn diese bieten sich als Vor- oder Probeerlebnisse an. Jedem ist es freigestellt, das Seine aus den rasch wechselnden Wirklichkeiten zu ziehen. Die eine führt in den Alltag von Cowboys hinein. Die andere zu tanzenden jungen Leuten vor Sonne, Sand und Meer. Wieder andere lassen eine Fülle von kaum faßbaren Bedeutungsfragmenten aufblitzen und führen sie durch den Namen eines Bekleidungshauses zusammen. Die Trailer, die auf kommende Filme hinweisen, ziehen in bedrängende Schrecken hinein und lassen den Ausweg im dunkeln. Oder sie beleben eine Sehnsucht und deuten deren Erfüllung an. Überdruß kommt auf, wenn man den einen oder anderen Spot schon öfters gesehen hat. Man wird unruhig und wünscht den Beginn des Hauptfilms herbei.

Die Menschen gehen ins Kino, weil sie sich von einem konzentrierten, intensiven Erlebnis fesseln lassen wollen. Sie sind gespannt, welche Richtung sich dabei ausformen wird. Handelt es sich um etwas Vertrautes oder eher um etwas noch nicht Erfahrenes? Das Vorprogramm reißt noch einmal das breite Spektrum möglicher Wirklichkeiten auf. Das ist insgesamt gesehen eine sinnvolle Durchgangsstrecke. Es ist, als würde vor der Festlegung durch den Hauptfilm die Wirklichkeit noch einmal in ihre unterschiedlichsten Dimensionen aufgefächert. Wie ein buntes Kartenspiel bieten sich mannigfache Erlebensrichtungen an.

Doch die Entfesselung der Vielfalt läuft auf einen Umschlagpunkt zu, nämlich den Wunsch nach Fesselung durch den Film, den man sich ausgesucht hat. Vorprogramme, die zu lange dauern, verfehlen diesen Punkt und strapazieren damit die Dramaturgie des Kinobesuchs als ein Ganzes. Man möchte ein Vorprogramm sehen, das eine attraktive Auffächerung bietet, zugleich aber den Wunsch nach Zentrierung und Ausrichtung berücksichtigt. Daher sollte es sich nicht zu lange hinziehen; 15 bis 20 Minuten sind die Grenze. Dem gesamten Unternehmen kommt es entgegen, wenn der Übergang vom Vorprogramm zum Hauptfilm eine Dramatisierung durch den Einsatz von Lichtsteuerung und Vorhang erfährt. Das Seelenleben liebt solche Rituale, sie tragen dazu bei, dem Übergang vom Alltag in das Filmerlebnis eine Form zu geben.

In der Regel ist es die Eiscreme-Werbung, die diesen Abschnitt des Kinobesuchs beendet. Noch einmal können sich die Zuschauer mit etwas Süßem versorgen. Auch das Essen im Kino ist mehr als reine Schleckerei oder das Stillen von Appetit. Auf einer tieferen Ebene schaffen sich die Zuschauer damit ein zweites Wirkungszentrum im eigenen Körper. Sie wissen noch nicht so recht, was mit dem Film auf sie zukommt. Sie sind dazu aufgefordert, sich auf eine Wirklichkeit einzulassen, in deren Logik sie nicht eingreifen können. Die großen Eimer Getränke, die Bierflaschen, die Chips und Süßigkeiten geben den Kinobesuchern einen spürbaren Halt. Mit ihnen können sie sich ihrer eigenen Wirklichkeit vergewissern. Denn die Verwandlungsangebote des Kinos sind nicht nur verlockend. Sie lassen auch Befürchtungen entstehen.

Wenn das Licht zum letzten Mal erlischt und der Vorhang sich öffnet, fühlen viele Zuschauer ein Kribbeln im Bauch, eine Art Reisefieber. Aber im Hintergrund können ebenso Skepsis und Angst vor Belastung und Enttäuschung spürbar werden. In dieser Erwartung stellen sie sich auf das Kommende ein. Wenn der Saal ganz dunkel geworden ist, keine Unterbrechungen mehr zu erwarten sind, die Gespräche der anderen Zuschauer verstummen, gibt es nur noch die Bilder auf der Leinwand und die Töne, die sie begleiten. Damit ist der Keim zu einem herausgehobenen Erlebnis gesetzt. Das Unternehmen Kino hat seinen entscheidenden Wendepunkt erreicht. Ein Sog entsteht, dem sich die Menschen für die nächsten Stunden kaum entziehen können. Sie stecken im Zwang der laufenden Bilder, sie geraten in den Wirkungsbereich eines Werkes, das sich mit Druck und Locken entfaltet. Wer bisher ja gesagt hat, der kann jetzt kaum noch abspringen. Der Vertrag, den er an der Kinokasse abgeschlossen hat, und die Wucht des Filmerlebens fesseln ihn an seinen Platz.

### Fesselungsvertrag

Mit dem Löschen des Lichts versinkt der Alltag im Dunkel, und Einstellung für Einstellung entsteht eine komplette neue Welt. Die Menschen sitzen auf ihren Stühlen, die Motorik stillgelegt. An der Kinokasse sind sie einen Vertrag eingegangen. Sie haben Geld gezahlt und sich zum Stillhalten verpflichtet. Dafür bekommen sie das Leben in besonderem Glanz und in gesteigerter Dramatik. Wie das nächtliche Träumen tauscht das Kino das alltägliche Leben gegen seine phantastische Verwandlungswirklichkeit.

Gebannt blicken und lauschen die Zuschauer in eine Richtung. Der Lehrling neben dem Manager, die Sekretärin neben der Professorin. Die unterschiedlichsten Menschen sind zusammengekommen. Hier lassen sie sich auf das gleiche ein. Nach vorne geht ihr Blick, auf die Leinwand richten sie ihre Aufmerksamkeit. Schon die ersten Bilder und Töne tun ihre Wirkung. Doch es wäre falsch zu sagen, diese lösten in ihnen einzelne Empfindungen, Gefühle und Gedankengänge aus, die sich dann zu einer Gesamtemotion addierten. Man wird der Wirkung des Kino nur gerecht, wenn man diesen Prozeß von vornherein als ein Ganzes versteht. Vor den Augen der Zuschauer entfaltet sich eine Bilderwelt, und zugleich hebt eine seelische Melodie an, die aus ihrem eigenen Leben herüberklingt. Die Montagen der Filme modellieren sie zu einer Symphonie seelischer Wirkungsqualitäten, einem Seelenstrom mit Beschleunigungen, Verlangsamungen, Verengungen und Erweiterungen. Die Zuschauer werden von einem Rhythmus in Besitz genommen, der ihr Erleben zu einer dramatischen Figur ausformt, die sich dreht und wandelt. Dabei setzen sie unterschiedliche Akzente. Was der eine abwehrt, bezieht der andere ein. Woran sich der eine aufhält, läßt der andere vorbeirauschen. Doch wenn man sich vergegenwärtigt, aus welch unterschiedlichen Lebenszusammenhängen die Leute kommen, weist ihr Erleben trotzdem eine erstaunliche Gemeinsamkeit auf.

Die typischen Wirkungsqualitäten des menschlichen Lebens – Freude und Trauer, Angst und Zuversicht, Hoffnung und Verzweiflung, Liebe und Haß – erfahren eine Dehnung und Zuspitzung durch den Ausschluß des Handelns. Sie werden verstärkt im Lachen und Weinen, im Vibrieren und Stillhalten, im Aufschreien von Hunderten von Menschen. Zugleich bildet sich eine Entwicklung von Bedeutungen heraus im Mitgehen und Widerstreben, im Weglassen und Ergänzen, im Vorauseilen und Nachfolgen. Das hierbei entfesselte Gebilde ist die Seele des Films. Das Kino hat seinen Platz weder allein auf der Leinwand noch ausschließlich in den Empfindungen und Gedanken des Publikums. Es ist eine dramatische Figur in Verwandlung, die zwischen Publikum und den laufenden Bildern vermittelt. Ein kompletter Seelenbetrieb auf Zeit formt sich aus. Er stellt Forderungen. Er verlangt Ergänzungen. Er liest aus und bezieht ein. Die Zuschauer können, ja wollen nicht anders, als diesem mitreißenden Werk in seiner Entwicklung zu folgen. Sie sind damit einverstanden, für zwei Stunden gefesselt zu werden.

Oft wird davon ausgegangen, daß die Zuschauer die Filme an der Berühmtheit der Schauspieler, den besonderen Effekten und anderen imponierenden Superlativen messen. Doch das ist falsch. Das Publikum geht bei der Bewertung von Filmen immer von dem Erlebnis aus, das es hat, wenn es sich einen Film ansieht. Hierin ist es letztlich unbestechlich. Wird den Zuschauern die Zeit lang, oder vergessen sie, daß sie im Kino sitzen? Berührt der Film sie an ihren eigenen Hoffnungen und Befürchtungen? Machen sie eine Erfahrung, die sich von ihren Alltagserlebnissen abhebt? Sind sie von dem Film wirklich gefesselt? Solche auf den ganzen Erlebensprozeß bezogenen Einschätzungen sind Hinweise auf die Wirksamkeit von Filmen. Sie entscheiden darüber, ob ein Film ankommt oder nicht.

## Kino als Erlebniswelt

Wir leben in einer Zeit, in der wir uns immer weniger auf einen von der Sache geforderten Aufwand einlassen müssen. Für viele Besorgungen des Alltags stehen Maschinen und Apparate bereit, die kaum mehr als einen Knopfdruck von uns verlangen. Für viele ist das Kochen zum Erhitzen von Fertiggerichten geworden, das Waschen zum Einfüllen von Waschpulver, und den Zeitvertreib am Abend besorgen die Programme der Fernsehsender. Auch im Berufsleben sind die meisten Arbeitsvorgänge entweder in Einzelprozesse zerlegt oder automatisiert. Die Vielfältigkeit unserer Kultur macht es möglich, in kurzer Zeit von einem Lebensinhalt zum anderen zu wechseln. Wir sind zu einer Spezies von Zappern geworden, die sich daran gewöhnt haben, daß es für alles mindestens eine Alternative gibt. Wenn wir mit dem einen nicht weiterzukommen glauben, versuchen wir es mit etwas anderen. Wenn wir dann auf unseren Urlaubsreisen in einem kleinen Gebirgsdorf die heimelige Werkstatt eine Schusters oder Schreiners entdecken, halten wir ergriffen inne und bewundern die Bodenständigkeit des Handwerkers, der den ganzen Tag an ein und derselben Sache arbeitet.

Paradoxerweise ist es heute das Massenmedium Film, das einem breiten Publikum die Versenkung in eine Sache zugänglich macht. Wenn es sich auch nicht um einen tätigen Entwicklungsprozeß handelt, so ist das Kino dennoch der Ort, an dem sich die Menschen bereitwillig für einige Stunden in die Entwicklung eines Werkes einbinden lassen. Die

Spannungsbögen, die das Fernsehen eröffnet, kann man jederzeit durch Knopfdruck unterbrechen. Doch im Kino läßt man sich für einige Zeit auf ein und dieselbe Stundenwelt ein. Die damit verbundene Fesselung ist ein Erlebnis, das anderswo kaum zu haben ist. Vielleicht noch in den Fußballstadien, doch dort ist es das immer gleiche Drama, in das die Menschen sich einbinden lassen. Das Kino hat dagegen ein breites Spektrum an Erlebensentwicklungen anzubieten. Es ist anzunehmen, daß es aus diesem Grunde in den kommenden Jahren an Bedeutung gewinnen wird. Denn es bietet ein rar gewordenes Produkt an: eine komplette Verwandlung über zwei Stunden.

*Nach Fünf im Urwald* (D 1995) entwickelt seine Geschichte zwischen zwei ähnlichen Einstellungen in der ersten und letzten Szene: Anna (Franka Potente) und ihre Familie werden fotografiert. Doch zwischen dem ersten und dem letzten Bild kehren sich die Verhältnisse völlig um. Am Anfang läßt sich das Mädchen mit ihren Freunden durch die Nacht treiben und gerät darüber mit ihren Eltern in Konflikt. Sie machen ihr Vorwürfe und fordern ihre Ordnung ein. Anna bricht aus und geht in die Stadt. Während sie dort erwachsen wird, lassen sich die Eltern daheim von einer Renaissance der Jugendlichkeit erfassen und verlieren sich im Drogen- und Alkoholrausch. Als Anna am Morgen nach Hause kommt, rechtfertigen sich der verkaterte Vater (Axel Milberg) und die übernächtigte Mutter (Dagmar Manzel) vor der Tochter, die nun souveräner wirkt als die Erwachsenen, die sie am Anfang zur Ordnung riefen. Im Rahmen von hundert Minuten hat sich eine Welt völlig verkehrt.

Eine weitere Leistung des Kinos kann man darin sehen, daß es – obwohl Massenmedium – für viele ein Ort der Selbsterfahrung ist. Die Menschen sehen sich Filme wegen Erlebnissen an, die sie in ihrem Leben ähnlich intensiv nicht machen können oder wollen. Im Kino ist die Liebe stärker als im Leben, die Umschwünge des Schicksals sind wuchtiger, aber die Leistungen und Taten der Menschen sind auch größer. *Der Soldat James Ryan* (USA 1998) von Steven Spielberg vermittelt ein Erlebnis, das näher an die Realität des Krieges herankommt als jeder Film zuvor. Wenn man mit Tom Hanks die verlustreiche erste Landungswelle der Alliierten in der Normandie mitmacht, wird der Kinobesuch für einen selbst zu einer Leistung des Aushaltens und Durchstehens. Mehrmals fühlt man sich dazu verführt, die Augen zu schließen und den Saal zu verlassen. Man möchte der Ungeheuerlichkeit des Krieges entfliehen. Immer wieder muß man sich den Greueln und Absurditäten stellen. Auf diese Weise werden die Zuschauer mit ihren eigenen Belastungsgrenzen konfrontiert. Sie können sich im Kino fragen, was sie im Leben ertragen können.

Schließlich mag es verwundern, daß das Kino, das schon immer als Ort des Scheins, der verführerischen Illusionen galt, den Menschen dennoch den Alltag näherbringt. Wir neigen dazu, den Alltag grau zu malen. Einerseits wegen seiner Gleichförmigkeit. Vor allem aber, weil wir seine unbewußte Dramatik, seine phantastischen Verwandlungen fürchten. Der eintönige Alltag ist ein Konstrukt der Menschen aus Furcht vor seinen ungeheuerlichen Zuspitzungen. Im Unbewußten der Menschen wird häufiger gekämpft, getötet und überwältigt, als wir wahrhaben wollen. Hierauf hat uns die Tiefenpsychologie aufmerksam gemacht. Es vergeht kein Tag ohne die Frage von Gelingen und Verfehlen, ohne den Rausch der Vereinigung und den Schmerz des Verrats. Der alltägliche Klatsch ist oft gespeist von Neid und Haß. Bei manch harmlosem Einkaufsbummel werden Ansätze zu Raub und Mord belebt. Dieser Bereich ist stets wirksam, aber er wird nur in Ansätzen bewußt. Wenn die Menschen einmal wirklich eine Probe bekommen wollen von dem, was den Alltag unbewußt bewegt, dann gehen sie ins Kino. Mit einem Male ist das ganze Spektrum menschlicher Kleinlichkeiten, Besessenheiten, Ängste, aber auch Hoffnungen, Leistungen und Anstrengungen spürbar. Der Rückzug ins Dunkel des Kino bringt paradoxerweise die Dramatik des Alltags erst richtig heraus!

Die besten Filme von Alfred Hitchcock legen es geradezu darauf an, den Grauschleier des Alltäglichen wegzureißen. *Vertigo* (USA 1958) setzt an der geliebten Vorstellung an, daß es unser freier Wille sei, der bestimmt, was wir tun und was wir lassen. Der »Psychologe« Hitchcock sieht das anders. Am Beispiel des Durchschnittsmenschen Scottie Ferguson (James Stewart) zeigt er, wie ein Mann von einer unwiderstehlichen Anziehung erfaßt wird und von ihr nicht mehr loskommt. Damit hebt er eine Wirksamkeit aus dem unbewußten Seelenbetrieb heraus, die auch uns immer wieder bestimmt.

Die Eingangssequenz, in der Scottie hoch oben auf den Dächern der Stadt einem fliehenden Mann nachstellt, setzt an den häufigen Situationen im Alltag an, in denen wir keine Wahl haben. Wir sind von etwas gefangen und müssen ihm folgen. Wir haben keine Zeit zur Überlegung. Ohne genau zu wissen, wohin der Weg führt, rennen wir hinter Dingen her, die sich von uns entfernen. Wir machen uns ja nicht deutlich, daß wir von unserem Ehrgeiz, von unserer Gier, von dem Gesicht einer Frau oder der Aussicht auf Überlegenheit gegenüber einem Rivalen besessen sind. Indem Hitchcock seinen Film inmitten einer rastlosen Verfolgungsjagd beginnt, versetzt er uns schon in den ersten Minuten in eben solch eine Verfassung. *Vertigo* führt uns an solche Momente heran und läßt sie nicht mehr los. Ja, er steigert sie bis in die denkbar absurdesten Formen hinein. Wir erhalten eine Probe auf die Macht der Obsessionen, die viele unserer Tätigkeiten mehr oder weniger bewußt bestimmen.

### Ende der Vorstellung

Das Kinopublikum hat ein Gespür für den wirksamen Aufbau von Filmen. Oft kann es das Ende schon Minuten vorher ahnen. Die während der Vorstellung entfesselten Spannungen und Erwartungen erfahren eine Schließung. Die Zuschauer erwarten nun keine weiteren Verwicklungen und Höhepunkte mehr. Sie greifen nach ihren Mänteln und schnüren die Schuhe. Manche Filme nutzen dies zu einer weiteren Spannungssteigerung aus, indem sie diese Erwartung in die Irre laufen lassen und kurz vor Ende das Ganze noch einmal herumreißen. Solche letzten Wendungen sind überraschend und werden besonders intensiv miterlebt. Sie bleiben den Zuschauern im Gedächtnis und können ein entscheidender Baustein für den Erfolg eines Films sein.

Doch alles muß einmal ein Ende finden. Und wenn es dann tatsächlich kommt, beginnen die Zuschauer sich erneut mit der Welt dort draußen zu beschäftigen. So wie sie am Anfang in den Hintergrund rückte, so macht sie sich nun wieder bemerkbar: Wie spät ist es? Wann fährt die nächste Bahn? Wie kann man am schnellsten das Parkticket bezahlen? Was machen wir mit dem Rest des Abends? Manchmal macht es den Eindruck, die Zuschauer befänden sich auf der Flucht, wenn sie schon bei der ersten Zeile des Nachspanns aus dem Saal drängen.

Der Abspann des Films, das langsame Verlassen des Kinos und die Bemühungen, draußen in der Halle und auf der Straße zurück in das tätige Leben zu finden, bilden die notwendigen kleinen Schritte zurück in den Alltag. Oft kommt es zu irritierenden Überlappungen. Die durchlebten Bilder wollen so schnell nicht weichen. Man kennt die Kinobesucher, die nach einem Actionfilm durch die Straßen gehen, als stünde jeden Augenblick eine Auseinandersetzung bevor. Aber auch in Ängsten vor der Dunkelheit, in dazwischen schießenden Erwartungen an das Verhalten der Menschen zeigt sich, daß die Übergänge zwischen Kino und Alltag fließend sind. Man braucht in der Regel einige Zeit, um wieder ganz in die Ordnung der Straße, der Cafés und des Miteinanders hineinzukommen.

Auffällig ist, daß unmittelbar nach Ende der Vorstellung kaum einer etwas Genaueres zu sagen vermag über die Entwicklungen, die er durchgemacht hat. Die Menschen sind eigentümlich sprachlos oder halten sich in ihrer Rede an Äußerlichkeiten fest: »Tom Hanks ist ja doch ein ganz guter Schauspieler.« Und: »Da, wo das gedreht wurde, war ich mal in Urlaub.« Das sollte nicht überraschen, denn das Filmerleben ist weitgehend unbewußt. Die Zuschauer können sagen, ob ihnen der Film gefallen hat oder nicht. Aber sie können nicht sofort erklären, wie sie zu diesem Urteil gekommen sind.

Das Verhältnis von Alltag und Kino hat sich nun wieder zugunsten des ersten gewendet. In der Regel verdrängt das

tätige Leben das Kinoerlebnis sehr schnell. Wenn auch unbewußte Nachwirkungen stattfinden, so ist es für den Zuschauer doch eher so, als habe er einen Traum gehabt: Einige
Stücke davon können wiedergegeben werden, andere gehen
in kurzer Zeit verloren. Nach einigen Tagen kann man sich oft
schon nicht mehr an den Titel des Films erinnern und hat die
Story weitgehend vergessen.

Bei Filmen jedoch, die mit einem intensiven Erlebnis verbunden sind, ist das anders. Die Zuschauer gehen angeregt
oder aufgewühlt nach Hause und befassen sich manchmal
noch mehrere Tage damit. Über Filme, die einen Aspekt des
menschlichen Lebens auf den Punkt bringen, die etwas
Neues oder Ungewöhnliches vermitteln, wird gesprochen,
und sie werden anderen empfohlen. Einige Menschen sehen
sie sich sogar mehrmals an. Diese Filme werden nicht vergessen. Sie können noch Jahre später erinnert werden. Manchmal
machen uns Filme sogar auf Festlegungen aufmerksam und
werden zum Anstoß für ein Umdenken oder eine Veränderung. In seltenen Fällen kann ein Film den Wendepunkt eines
Leben markieren.

### Zusammenfassung

Das Kino fällt nicht mit dem Ansehen einzelner Filme zusammen. Es ist selbst ein Freizeitunternehmen mit mehreren
»Akten«: Der Wunsch nach Kino entsteht aus den Spannungen des Alltags und mündet in die Entscheidung für einen
bestimmten Film. Doch dann muß erst einmal ein Anfahrts-
weg in Kauf genommen werden. Beim Anstellen an der Kasse
und beim Warten auf den Beginn der Vorstellung finden bereits Probeerlebnisse statt. Das Vorprogramm eröffnet einen
bunten Strauß von bildhaften Wirklichkeiten, bevor dann der
Hauptfilm eine zentrierte Welt entstehen läßt. In den Nachwirkungen durchdringen sich Fiktion und Realität, wird das
Durchgemachte verarbeitet und integriert.

Im Kino gehen die Menschen einen Fesselungsvertrag ein.
Sie nehmen einen Aufwand auf sich, zahlen einen Preis und

verpflichten sich zum Stillhalten. Dafür bekommen sie ein Erlebnis geboten, das sie anderswo nicht haben können. Im zeitgenössischen Kino rücken die Sprengstücke einer sich diskontinuierlich präsentierenden Wirklichkeit in außergewöhnlich einheitliche Stundenwelten.

Die Menschen nutzen das Kino, um während des Tages aufkommende Spannungen und Zerfahrenheiten zu behandeln. Sie genießen es, wenn sie sich beim Zuschauen kompletter, einheitlicher, und lebendiger fühlen, als in den meisten Abschnitten ihrer Tagesläufe. Auch wenn das Kino Millionen von Menschen in einer Erlebensentwicklung zusammenschweißt, ist es für jeden einzelnen ein Ort vertiefter Selbsterfahrung. Es bringt Saiten zum Schwingen, auf die man sonst nur selten aufmerksam wird. Es befreit den Alltag von seinem Grauschleier und macht den Menschen die märchenhafte Konstruktion der Wirklichkeit spürbar.

## 2
## Wie wirkt der Spielfilm?

Der Spielfilm führt in die quirligen Straßenschluchten der Großstadt, die endlosen Weiten der Hochebene ebenso wie in die Intimität geschlossener Räume. Ob Karibik, Schwarzwald, Antarktis, das Weiße Haus oder das Ritz-Hotel – kaum ein Ort ist im Kino unerreichbar. Der Film macht die Welt sichtbar und hörbar.

Doch Béla Balázs sagte: »Wir sind mittendrin.« Das bedeutet, daß wir im Kino keine distanzierten Beobachter sind. Im Kino sind wir im Spannungsfeld von realen Verhältnissen wie Anziehung und Abstoßung, nah und fern oder vordringen und zurückweichen. In dem einen Augenblick werden wir vom Anblick friedlich äsender Dinosaurier angezogen und im nächsten weichen vor dem heran galoppierenden Tyrannosaurus Rex zurück. Wir geraten in den Bann eines anmutigen Gesichts und erschauern, wenn sich darin ein ungeahntes Maß an Gewalttätigkeit enthüllt.

## Ausdruck für psychische Regungen

Der Film stellt anschauliche Bilder bereit, in denen unsere eigenen Regungen, unsere Hoffnungen und Befürchtungen Ausdruck finden. Man hat Menschen in einen körperwarmen Wassertank gesetzt und sie in der Dunkelheit sich selbst überlassen. Es dauerte nicht lange, bis sie begannen, die Reizlosigkeit dadurch zu kompensieren, daß sie in ihrer Vorstellung Bilder produzierten. Sie berichteten von Landschaften und Gegenständen, die sich in halluzinatorischer Intensität aufdrängten. Ihre Psyche hat den Entzug an anschaulichen Reizen ausgeglichen. Im Schlaf verfahren wir ähnlich. Wir ziehen uns zwar aus der Welt zurück und legen unsere Motorik still. Aber was passiert? Das Seelenleben produziert farbige Bilder, in denen das Leben des Tages unter veränderten Bedingungen weitergeht. Es kann nicht anders, als sich in Bildern Ausdruck zu verschaffen. Es hat ständig Hunger auf sinnliche Gestalten.

Das Kino ähnelt der Situation im Tank und im Schlaf. Es ist dunkel und bietet keine Ablenkung. Der Zuschauer sitzt auf einem Stuhl. Die Bilder bekommt er bereitgestellt. Er braucht seinen Gedanken und Gefühlen nur freien Lauf zu lassen. Die Ausgestaltung übernimmt das Geschehen auf der Leinwand. Das ist leichtgängiger als die Lektüre eines Buches. Es ein Grund dafür, daß der Film zum Leitmedium unseres Jahrhunderts wurde und heute so vielen die Zeit vertreibt.

Hitchcock läßt *Frenzy* (GB 1971) mit einem schwungvoll optimistischen Flug über die morgendliche Themse beginnen. Strahlend blauer Himmel und ebenso einladend blaues Wasser. Die breite Orchestermusik von Ron Goodwin jubelt vor Freude und wiegt die Zuschauer in Sicherheit. Ihre Erwartungen an einen beängstigenden Thriller werden umgepolt und beruhigt. Die Kamera nähert sich der Tower Bridge. Die Ziehbrücke ist hochgefahren. Da kreuzt ein Schlepper den Fluß und zieht eine Unheil verkündende, schwarze Rauchwolke hinter sich her. Der heitere Aufschwung findet eine erste Ernüchterung.

Dann wird der Zuschauer in einen Menschenauflauf vor

dem Greater London Council am Südufer der Themse gezogen. Ein Politiker hält eine Rede. Mit pathetischen Worten verspricht er die Rückkehr zu sauberen Flüssen und blühenden Ufern. Die Menschen hören aufmerksam zu. Plötzlich wendet sich ein Mann dem Fluß zu. Andere folgen ihm und lassen den Redner allein. Im bräunlich schmutzigen Wasser treibt eine nackte Frauenleiche. Sie hat eine Krawatte um den Hals. Die gaffende Menge bestätigt sich gegenseitig: Der Krawattenmörder hat erneut zugeschlagen. Der Redner ist den Neugierigen gefolgt. Verdutzt fragt er: »Das ist doch wohl nicht meine Clubkrawatte, oder?«

Die Zuschauer kommen mit der Erwartung auf ein unterhaltsames Erlebnis ins Kino. Sie sind bereit, sich von dem Film führen zu lassen. Die Eingangssequenz von *Frenzy* bietet ihrer Erwartung einen sinnlichen Ausdruck an. Sie führt sie in eine arglos-heitere Stimmung, versetzt dieser eine ironische Wendung und kehrt mit einem Male allen Schmutz und alles Grauen hervor, die die Anfangsbilder und Musik bis dahin ausklammerten. Das sind Modellierungen der seelischen Unruhe, die in dieser Intensität und mit einem solchen Witz nur das Kino leistet.

### Geschichten machen Sinn

Als der Film begann, Geschichten zu erzählen, wurde er Massenmedium. Denn wir leben Geschichten ebenso wie wir unser Leben in Geschichten zu fassen suchen. Unser Alltag ist durchzogen von Liebesgeschichten, Heldengeschichten und von Geschichten des Scheiterns. In Erzählungen wie »Man hat mich immer ausgeschlossen …« oder »Schon bei meiner Geburt hatte ich einen silbernen Löffel im Mund …« versuchen wir unser Schicksal zu fassen. Erst die Logik von Geschichten verleiht unserem Tun und Leiden Sinn. Spielfilme wirken, weil sie auf das Bedürfnis des Menschen nach Geschichten eingehen.

Geschichten beziehen ein und schließen aus. Sie haben Richtung, drängen auf einen Abschluß. Was sich in einer Geschichte zusammenfügt, wird von deren Thema ausgelegt. Die Dinge an sich haben noch keine Bedeutung. Es ist der Sinn stiftende Kontext zwischen ihnen, auf den es ankommt. Dieselbe Sonne spielt mit bei Millionen von Liebesgeschichten. Mal wärmt sie die Körper der Liebenden, mal suchen sie Schutz vor ihr in der Kühle des Schattens. Dasselbe Haus kann Schauplatz von Eifersuchts-, Mord- oder Erfolgsgeschichten sein. Die Geschichten bestimmen die Bedeutung des Sofas, des Kerzenständers und der Uhr an der Wand.

Erfolgreiche Filme erzählen meist einfache und überschaubare Geschichten. Das sind Muster, die dem Publikum unmittelbar einleuchten. Es sind typische Geschichten in wechselndem Gewand. Die Schauspieler und der Stil der Darstellung mögen sich ändern, doch die Grundmuster der Geschichten sind relativ konstant. *Pretty Woman* (USA 1989) ist eine ähnliche Geschichte wie sie schon von George Bernhard Shaw in *Pygmalion* erzählt wurde und als Musical *My Fair Lady* die Massen begeisterte. Trotzdem war dieser Film ein großer Erfolg. Jeder kann die Handlung verstehen und mitvollziehen, ja er kann sie ohne Mühe nacherzählen.

Jeder Mensch fügt sich in die Geschichte seiner Kultur ein. Er bekommt sie erzählt, lernt sie in der Schule. Schließlich beginnt er sie zu leben. Im Alltag greifen die Menschen auf bekannte Geschichten zurück und lassen sich bei ihren Entscheidungen, ja sogar bei ihren Empfindungen von ihnen leiten. Geschichten sind so etwas wie ein kulturelle Gedächtnis. Das Kino wirkt aber nicht nur, weil es die Zuschauer mit Geschichten versorgt. Es entfaltet seinen Reiz auch dadurch, daß es bereits bekannte Geschichten abwandelt. Wenn ein neuer Film anläuft, ist das Muster seiner Story meist schon wirksam und wartet darauf, in einem neuen Ausdrucksfeld belebt zu werden. Der Film verrückt Geschichten in andere Geschichten.

Die Disney Produktion *Die Schöne und das Biest* (USA 1991) basiert auf einem Märchen, das 1757 von Madame Leprince Beaumont aufgeschrieben wurde. Es wurde 1946 von Jean Cocteau, 1961 von Edward L. Cahn, 1978 von Juraj Herz und 1986 von Eugene Marner verfilmt. Inzwischen ist die Story zu einem Mythos geworden, den Millionen von Menschen nacherzählen können. Und doch sahen sich den Zeichentrickfilm nach dem Buch von Linda Woolverton allein in Deutschland über fünf Millionen Zuschauer an. Im Rahmen späterer Video-Auswertungen und TV-Ausstrahlungen dürfte sich das Publikum noch einmal vervielfacht haben. Alle wollten die alte Geschichte in neuer Form erleben.

Die Animationstechnik von *Die Schöne und das Biest* erlaubt tatsächlich das Erlebnis einer noch nie dagewesenen Version. Nicht nur für Kinder, sondern auch für Erwachsene besteht der Reiz des Films zunächst darin, daß man die Entwicklung des unsterblichen Mythos mitvollziehen kann: Die Liebe verwandelt das Ungeheuer in einen schönen Prinzen. Auf der anderen Seite aber werden die Zuschauer durch die holzschnittartigen Figuren, die zugespitzten Wendungen und die mit der Animation verbundenen Überzeichnungen darauf aufmerksam, daß sie sich eine phantastische Geschichte ansehen. Sie sind eingebunden wie bei anderen Liebesfilmen auch. Aber sie treten aus diesem Fluß immer wieder heraus und können sich die Bilder und Figuren als Typen gegenüberstellen. Belle ist nicht nur schön, sie ist die Verkörperung der makellosen Schönheit. Ihr Verehrer Gaston ist nicht nur ein Aufschneider, nein, er plustert sich in den Szenen zu einem gigantischen, zähnefunkelnden Diktator auf. Und das Biest ist nicht nur schrecklich, seine karikierte Häßlichkeit macht es zum einsamsten Ungeheuer, das man sich vorstellen kann. Der Zuschauer gerät in den Sog der vertrauten Geschichte. Doch bei der Disney-Produktion *Die Schöne und das Biest* erhält er darüber hinaus die Möglichkeit, das Bekannte in Richtung auf das Typische zu überschreiten. Die Version, die er sieht und erlebt, ist drastischer, zugespitzer und enthüllt die in ihr wirksamen Elemente eindringlicher, als es bei den anderen Verfilmungen der Story der Fall ist.

Das Kino spielt mit den Geschichten, die sich die Zuschauer bereits angeeignet haben. Es bringt ein Repertoire an wirksamen Mustern ins Spiel, die die Filme für sich ausnutzen und einsetzen können. Weil diese Muster immer wirksam sind, reicht es zum Beispiel, wenn ein Film in seinen ersten

Szenen einen Mann und eine Frau zeigt. Sogleich kommt eine Liebesgeschichte in Gang. *Schlaflos in Seattle* (USA 1993) beschreibt das Leben eines Mannes an der West- und einer Frau an der Ostküste Amerikas. Sie sind Tausende von Kilometern voneinander entfernt und erscheinen im ganzen Film nur wenige Minuten in einer Einstellung. Trotzdem gerät der Zuschauer in den Sog einer romantischen Liebesgeschichte. Das Kino muß die Geschichten nicht auserzählen. Es reicht, einige Markierungen ihres Musters anzusprechen. Die Zuschauer werden den Rest ergänzen.

Filme können die Zuschauer fesseln, indem sie die Logik einer vertrauten Geschichte anlaufen lassen, damit Erwartungen erzeugen und diese dann in einer ungeahnten Wendung enttäuschen oder zerstören. *The Crying Game* (GB 1991/92) zieht einen großen Teil seines Reizes aus einer derartigen Erzählform. Er beginnt als politischer Thriller: Ein Soldat wird von irischen Terroristen entführt und ermordet. Dann bringt er eine romantische Liebesgeschichte zwischen Mann und Frau in Gang: Einer der Entführer nimmt Kontakt zu der attraktiven Freundin des Ermordeten auf. Schließlich verlangt Neil Jordan in seinem Film vom Zuschauer, diese Liebesgeschichte in die Geschichte einer homosexuellen Annäherung umzubilden: Die Frau erweist sich als männlicher Transvestit. Im Moment der größten Sehnsucht enthüllt sie dem jungen Mann ihr männliches Genital.

### Der unsichtbare Film

Spielfilme geben unseren Hoffnungen Ausdruck und beleben unsere Befürchtungen. Mit ihren typisierten Situationen und Geschichten bringen sie die Saiten unseres Seelischen zum Schwingen und formen daraus eine Melodie des Lebens. Die Atmosphäre der Bilder, der Stil ihrer Montage und der Aufbau der Geschichte modellieren unsere Gefühle und Gedanken und binden sie in einen vielschichtigen Prozeß ein. Wir sind nicht nur »mittendrin« sondern auch unmittelbar beteiligt mit unseren Erfahrungen, Wünschen und Ängsten.

Daher ist es nicht richtig, daß wir uns bei einem Spielfilm mit dem Helden identifizieren. In *Forrest Gump* sehen wir die Welt nicht durch die Augen eines Schwachsinnigen. Wir erleben nicht wie ein Roboter, wenn wir uns *Terminator 2* ansehen. In vielen Filmen ist der Protagonist tatsächlich so etwas wie ein »Fenster in die Geschichte« (Ch. Vogler 1992, S. 40), aber auch dann ist das auch nur eine Seite des komplexen Ganzen. Filmwirkung ist vielschichtiger und auch phantastischer, als es das Konzept der Identifikation mit dem Helden zu fassen vermag.

Wenn er eine romantische Komödie ausgewählt hat, befindet sich der Zuschauer in einer spezifischen, erotisch getönten Erwartung. Er sucht nun nach Bildern, die sie erfüllen können. In dem anziehenden Gesicht einer Frau auf der Leinwand findet sie eine erste Gestalt. In dem Blick eines Mannes, der in der nächsten Einstellung zu sehen ist, wird die anlaufende Erregung gebrochen und zugleich gesteigert. Im Bild ist noch kein erotischer Inhalt zu sehen, aber die Atmosphäre hat sich mit Zutun des Zuschauers bereits in diese Richtung eindeutig verdichtet. Wirksame Filme berücksichtigen solche Ergänzungen seitens des Publikums. Sie binden die Zuschauer damit stärker ein und vertiefen ihr Erleben.

In *Der amerikanische Freund* (BRD 1977) kämpfen Dennis Hopper und Bruno Ganz gegen einen gefährlichen Gangster. Im fahrenden Zug bringen sie ihn mit einer Drahtschlinge auf brutale Weise zur Strecke. Das Opfer spuckt Blut und Zähne. Für sich genommen, ein schrecklicher und abstoßender Inhalt. Und doch ist bei einigen Zuschauern an dieser Stelle eine erstaunliche Zweigleisigkeit festzustellen: In dem martialischen Kampf auf Leben und Tod sehen sie eine homoerotische Annäherung, einen Liebestanz der Protagonisten. In den Bildern bringt sich eine latente homoerotische Spur der Zuschauer zum Ausdruck. Dies wird nur wenigen ausdrücklich bewußt. Aber wenn, dann trägt das um so mehr dazu bei, daß von dem Film ein faszinierender Reiz ausgeht.

Filme bringen ein »Doppelleben« (W. Salber 1960) in Gang: Die Bilder und die Story im ganzen beleben beim Zuschauer Wirkungsqualitäten wie »in Fahrt kommen«, »angezogen werden«, »steckenbleiben« und »erregt werden«. Auf diese Weise bildet sich ein Sinnzusammenhang heraus, der nun seinerseits die Geschichte auslegt und ihr einen Sinn verleiht. So ereignet sich in einer dritten Dimension – zwischen Film und Zuschauer – eine Art Zwiegespräch, in dessen Verlauf sich eine Entwicklung von Bedeutungen herauskristallisiert. Sie ist die psychische Realität des Films. Sie macht den Kinobesuch zu einem Erlebnis. Das Gesicht des Helden, seine Taten spielen dabei ebenso mit wie die Flasche auf dem Tisch, der Revolver in der Hand, der Wind in den Bäumen und die Musik. Die Nebenrollen modellieren und durchformen diesen Wirkungsprozeß ebenso wie die Hauptrollen. Sie markieren Variationen, Auffächerungen und Spiegelungen des Erlebensgebildes, das dabei insgesamt herauskommt. Die häufig zitierte »Identifikation mit dem Helden« ist viel zu eng gefaßt, um diese filmischseelische Figuration zu erfassen.

Entscheidend beim Anfang von *Vertigo* (USA 1958) ist nicht James Stewart als Held der Geschichte. Die Sequenz entfaltet eine hypnotische Wirkung, weil sie die Tätigkeiten des Publikums mit einplant. Indem sie auf einem Detail (der Sprosse einer Leiter) beginnt und eine anonyme Hand nach ihr greifen läßt, versetzt sie den Zuschauer in einen Kontext, den er nicht überblickt. Das bürstet seine gewohnten Orientierungsmuster gegen den Strich und verlangt von ihm, sich in einen Ablauf hineinzubegeben, den er nicht überblicken kann. Er kennt solche Momente aus dem Alltag: Plötzlich passiert etwas und wir müssen reagieren. Bedenkzeit ist nicht drin. Oder: Wir wissen nicht warum, aber wir werden in einen erregenden Bann gezogen, der stärker ist als unser Wille. Das sind von allen geteilte Momente des alltäglichen Lebens, die der Film von Hitchcock voraussetzt und einbezieht. *Vertigo* hat uns gepackt, lange bevor wir uns ein Bild von dem Helden und seiner Geschichte gemacht haben. Der Protagonist ist wirksam, weil er einen identischen Anhaltspunkt bereitstellt, den wir im Wandel der Ereignisse immer wiederfinden. An der Gestalt des Helden findet das Filmerleben eine Kontinuität im Wandel. Aber als Erklärung der Wirkungsprozesse reicht das Konzept von der Identifikation mit dem Helden nicht aus.

Steinbock (Til Schweiger) und Hammer-Gerd (Detlev Buck) sind die Helden von *Männerpension* (D 1995). Sie sitzen im Gefängnis ein und erhalten die Chance, sich während eines Hafturlaubes als verantwortungsvoll handelnde Männer zu bewähren. Damit belebt der Film die Thematik des Übersichhinauswachsens. Die Autoren Theophil und Buck müssen gewußt haben, daß die Zuschauer den Film nicht durch die Augen der Helden sehen. Denn im letzten Drittel muten sie ihnen eine Art thematischen Staffellauf zu: In derselben Szene, in der Gerd Hammer seine Chance auf Bewährung verspielt, weil er einen Barbesitzer erschießt, findet bei Maren (Heike Makatsch), die sich bis dahin hauptsächlich durch Naivität und notorisches Lispeln hervorgetan hat, die für die Wirkung des Films entscheidende und das Herz der Zuschauer berührende Bewährung statt: Sie singt das Lied »Stand By your Man« auf eine so unverwechselbare Art, daß man ihr eine große Karriere als Sängerin zutrauen möchte. Was Hammer-Gerd vermasselt, führt Maren weiter. Im Erleben des Zuschauers findet die Thematik eine Abrundung, obwohl für den Protagonisten Gerd die Bewährungsprobe vorbei ist. Würde das Publikum wirklich im Kopf des Helden sitzen, hätte es Marens Erfolg nicht mitmachen können.

Unsere Auffassung von der Wirkung des Spielfilms führt uns zum Konzept des »unsichtbaren Films«. Sichtbar sind die Bilder auf der Leinwand und die Zuschauer im Saal. Doch die Wirkung findet dazwischen statt: im teils bewußten, teils unbewußten Erleben. Hier entstehen mitreißende Stundenwelten, hier werden Bedeutungen produziert, die mal zum Lachen und mal zum Weinen Anlaß geben. Der Spielfilm ist ein Erlebensgebilde, zu dem der Zuschauer unverzichtbares Material beisteuert. Der Film modelliert seine psychischen Aktivitäten zu einem mehr oder weniger fesselnden Prozeß.

Es ist wäre jedoch nicht richtig, in diesem Zusammenhang von einem »inneren« Film zu sprechen. Denn die äußere Story gehört zu dem Prozeß unlösbar dazu. Sie ist die sichtbare Spur eines unsichtbaren psychischen Prozesses, der mit ihr aufgerufen und an ihrem Leitfaden entwickelt wird. Wenn man die Zuschauer methodisch nach ihren Erlebnissen während der Vorstellung befragt, ist es möglich, den unsichtbaren Film zu rekonstruieren. Es ist auch möglich – und das möchte dieses Buch zeigen –, Filmprojekte daraufhin einzuschätzen, ob sie dazu geeignet sind, ein fesselndes und bedeutsames Erlebnis in der »dritten Dimension« zu vermitteln.

## Der unbewußte Betrieb wirkt mit

Die Wirksamkeit von Filmen wird oft an auffälligen Einzelheiten festgemacht: Stars, spektakuläre Stunts, aktuelle Musik oder ein aktuelles Thema. Doch hier wird Filmwirkung mit Werbung und Marketing verwechselt. Die genannten Elemente können zwar auf den Film aufmerksam machen und die Zuschauer ins Kino ziehen, doch Wirklichkeit wird der Film nur als ein Ganzes.

Wirksame Spielfilme stellen keine Einzelheiten zur Schau. Sie binden den Zuschauer ein, indem sie vom Vor- bis zum Abspann einen kompletten Seelenbetrieb unterhalten. Zwar ist der Begriff »Produktion« zur Bezeichnung der Herstellungsphase eines Films vorbehalten. Doch seine Wirkungsprozesse kann man sich mit Fug und Recht ähnlich aufwendig und kompliziert vorstellen. Die Zuschauer sind mit Haut und Haar, Herz und Magen, Gefühl und Verstand beteiligt. Die ganze unbewußte Intelligenz ihrer Psyche ist mit am Werk.

Filme sind auf die Lebenserfahrungen der Zuschauer angewiesen. Sie beleben Spannungen und Konflikte, die mit Macht auf Lösung drängen. Sie lassen einfache Muster der Aneignung, der Bemächtigung und der Problemlösung verspüren, die tief im Unbewußten der Menschen verankert sind. Sie bringen unbewußte Wünsche und Mechanismen ins Spiel. Mit ihren Figuren und Gegenständen, mit Haupt- und Nebenhandlungen berühren sie das Seelenleben der Zuschauer an mehreren Stellen zugleich und lassen verspüren, daß in jedem Augenblick ein mehrdimensionaler Lebensbetrieb seine Arbeit tut.

Doch damit nicht genug. Die Erzählformen des Kinos lassen Zwischenstücke aus, die vom Zuschauer ergänzt werden. Sie wecken Erwartungen und Vorahnungen. Sie legen Schlußfolgerungen, Zusammenfassungen, Spiegelungen und Querverbindungen nahe. Die ganze unbewußte Intelligenz des Seelenlebens drängt im Kino darauf, tätig zu werden. Eins greift ins andere, eines baut auf das andere auf. Im Kino lachen die Menschen über Witze, die sie selbst nie reproduzieren könnten. Die Schlußfolgerungen, Vergleiche, Analogisierungen und Antizipationen, die ein gut konstruierter Film beim breiten Publikum in Gang setzt, sind nur wenigen kreativen Menschen im Alltag verfügbar.

*Wild Things* (USA 1998) bereitet dem Publikum ein so überaus großes Vergnügen, weil der Film sie für zwei Stunden in Wendungen einbezieht, die mehrmals den Sinn der Geschichte völlig zerstören und neu aufbauen. Ein und dieselben Figuren treten uns als vertrauenswürdige Lehrer und als eiskalte Psychopathen, als skurrile Winkeladvokaten und lachende Gewinner, als hilflose Mädchen und imponierende Intelligenzbestien entgegen. Der Film von John McNaughton fordert die ganze Intelligenz des unbewußt arbeitenden Seelenbetriebes heraus. Für den Zuschauer bedeuten die unglaublichen Wendungen eine willkommene Gelegenheit, sich mit seiner beweglichsten Seite ins Spiel zu bringen.

Indem er zeigte, daß ihr »freier Wille« nicht viel mehr als eine geliebte Fiktion darstellt, hat Sigmund Freud den Stolz der Menschen verletzt. Er hat uns an den Gedanken gewöhnt, daß wir von einem unbewußten Betrieb gelebt werden, dessen Mechanismen wir weder überblicken noch jemals ganz unter Kontrolle bekommen können. Wir sind »nicht Herren im eigenen Haus«. Der Genuß des Filmerlebens liegt darin, daß wir in einem geschützten und konsequenzenfreien Rahmen diesen phantastischen Betrieb in Tätigkeit erfahren. Filme lassen ihn zu Hochtouren auffahren. Sie spitzen seine Tätigkeiten und seine Mechanismen zu. Filme können das Seelenleben zu einem schlagkräftigen Vernichtungsbetrieb ebenso ausformen wie sie es differenzierter, intelligenter und beweglicher werden lassen, als sich die Menschen im Alltag je fühlen.

## Grundkomplexe als Kern

Was verleiht dem Spielfilm innere Logik? Worin findet er seine Einheit? In der Tiefenpsychologie hat sich für vereinheitlichende psychische Zusammenhänge der Begriff »Komplex« durchgesetzt. Er geht auf Assoziationsexperimente von C. G. Jung zurück, mit denen dieser die bestimmende Wirkung von Bedeutungen auf einzelne Tätigkeiten nachwies. Mit dem Begriff »Komplex« werden heute typische Probleme bezeichnet, die das Leben eines jeden Menschen bewegen und ihm Lösungen abverlangen. Am bekanntesten und zum geflügelten Wort avanciert ist der von S. Freud (1905) beschriebene »Ödipuskomplex«.

Es hat sich als praktikabel erwiesen, bei den Themen, die das Erleben von Spielfilmen vereinheitlichen, von »Grundkomplexen« zu sprechen. Hierbei handelt es sich um dynamische Verhältnisse und Konflikte, die das menschliche Seelenleben zugleich bereichern und unter Belastung stellen. Die Wirksamkeit und die Beliebtheit des Kinos beruhen darauf, daß es solche Grundkomplexe zu einem aktuellen Erlebnis werden läßt und den Zuschauer dabei doch mit Konsequenzen verschont.

Auch wenn die Story von *Der Husar auf dem Dach* (F 1995) zu Beginn des 19. Jahrhunderts spielt, das Filmerleben ereignet sich in der Gegenwart. Die Geschichte zeigt ein Liebespaar, das inmitten einer schweren Choleraepidemie um sein Überleben kämpft. Aber die Zuschauer sind mit ihren Wünschen nach Vereinigung und ihren Erfahrungen mit der Zerstörbarkeit des menschlichen Körpers beteiligt. Sie machen die schwersten Proben und Abwehrkämpfe mit, ohne die Gefahr einer realen Infektion einzugehen.

Viele wirksame Filme legen es darauf an, für den Zuschauer »Komplexentwicklungen« (W. Salber 1960) zu modellieren. Man kann zum Beispiel die psychische Entwicklung, die das Publikum bei *Titanic* (USA 1997) mitmacht, als »Sieg der Liebe über Entzweiung und Tod« zusammenfassen. Andere Filme behandeln Komplexentwicklungen wie »Durchstehen größter Gefahr« oder »Der Sieg der Treue über den Verrat«. Dies sind wirksame Tiefenthematiken, die das Erleben der Zuschauer für die Dauer des Films ausrichten und vereinheitlichen.

Der Anfang von *Das Schweigen der Lämmer* (USA 1990): Von dem bläulichen Licht, dem Nebel und den kahlen Bäumen einmal abgesehen, ist es vor allem die dramatisch-symphonische Musik, die den Zuschauer in eine unheilvolle Erwartung versetzt. Die Waldwege, die Hindernisse des Fitneßparcours und die joggende Frau (Jodie Foster) allein könnten die Zuschauer nicht so stark in ihren Bann ziehen. Aber die Akzente der Musik verleihen dem Waldlauf von Anfang an einen aufregenden Beigeschmack: Es ist, als könnte in jedem Augenblick jemand aus dem Gebüsch hervorbrechen und die zierliche Frau angreifen. Aus der Tiefe des undurchsichtigen Waldes droht eine nicht zu identifizierende Gefahr. Dieser Erwartung kommt entgegen, daß Joggen zugleich einfaches Laufen, aber auch Weglaufen bedeuten kann. Die angestrengte Mimik Jodie Fosters kann als Zeichen körperlicher Erschöpfung, aber auch als Ausdruck von Angst ausgelegt werden. Der Filmanfang bezieht den Zuschauer ein, weil er ihm ein breites Spektrum an psychischen Aktivitäten eröffnet. Er läßt Erfahrungen mit anderen Filmen anklingen, setzt Erwartungen und Befürchtungen in Gang und legt Ergänzungen nahe.

Als dann die Sonne durch die Bäume bricht und der Wald nicht mehr ganz so undurchdringlich erscheint, kommt es zu einer Entspannung. Man ist bereit, in der Szene doch nur einen ungefährlichen Waldlauf zu sehen. Die männliche Stimme »Starling!« verleiht der Szene aber erneut Spannung. Ist der Mann, der der Frau folgt, der erwartete Killer? Doch schon sehr schnell wird deutlich, daß er keine Gefahr bedeutet. Er ist ein Kollege. Die Entspannung kann sich durchsetzen, wenngleich man das Gesicht des FBI-Mannes noch kritisch betrachtet: Kann man ihm wirklich trauen?

*Das Schweigen der Lämmer* erzählt eine Geschichte, die zum Leben der meisten Menschen keinen Bezug hat. Aber sie packt uns, weil sie an Befürchtungen ansetzt, die jeder kennt. Der Filmanfang berührt den Grundkomplex »Zerstören – Erhalten« (vgl. Kapitel 5). Hier geht es darum, daß unser Leben jederzeit von einbrechenden Bedrohungen zerstört werden kann. Weil diese Gefährdung stets gegenwärtig ist, schließen wir am Abend unsere Wohnungstür ab, schlucken Vitamintabletten und lassen uns gegen Grippe impfen. Thriller wie *Das Schweigen der Lämmer* setzen an solchen alltäglichen Befürchtungen an und lassen sie in Gestalt von Polizisten, Serienmördern und Perversen zum aktuellen Ereignis werden. Doch das ist noch nicht alles. Hinter der Angst vor der Zerstörung ist meist eine heimliche Lust daran wirksam: Angstlust. Denn wir wollen die Stabilität unseres Lebens auch immer wieder auf die Probe stellen. Rasen im Straßenverkehr, Extremsportarten und sexuelle Abenteuer sind die »Killer«, die unseren gleichförmigen Alltag herausfordern. Mörder im Film, Aliens ebenso wie gefährliche Tiere lassen uns auf einem sicheren Stuhl den Flirt mit der Gefahr, den Kampf um den Erhalt unseres Lebens durchleiden – und meistens gewinnen.

Grundkomplexe sind das Salz des Lebens. Sie halten es in Bewegung. Sie sind der Grund für seine Dynamik, für das Leiden, aber auch das Glück. Sie sind die Drehpunkte der menschlichen Wirklichkeit. Sie bedingen spannungsvolle Probleme und verlangen uns Lösungen ab. Im Laufe eines Tages müssen wir mehrere solcher Grundprobleme behandeln: Wir kommen nicht darum herum, in der Vielfalt der Lebensmöglichkeiten eine Richtung einzuschlagen: Vielfalt – Richtung. Andere Menschen treiben uns in die Enge, und wir müssen uns zur Wehr setzen: Angriff – Flucht. Der Wandel aller Dinge verlangt von uns, die Frage nach stabilen Verbindlichkeiten immer neu zu beantworten: Wandel – Verbindlichkeit. Das sind Probleme des Lebens und bewegende Themen von Kino und Fernsehen. In Kapitel 5 werden sie im einzelnen dargestellt.


## Zwischenwelt

Schon immer fanden die Menschen in Mythen, Märchen, Romanen und der bildenden Kunst eine Spiegelung des Lebens. Das hat sich in der modernen Mediengesellschaft nicht geändert. Doch mit dem Spielfilm wurde der Grundstein zu einer ganz besonderen Form von Fiktion gelegt. Die zeitgenössische audiovisuelle Medienkultur bietet eine Zwischenwelt an, in der alle erdenklichen Verwandlungen ohne bemerkenswerte Mühe und ohne nennenswerte Konsequenzen vollzogen werden können. Der Film ist zwar Fiktion, aber in seinen Millionen von Zuschauern bewegt er das Leiden und das Glück, den Schmutz und den Glanz des ganzen Lebens mit. Die Grundkomplexe, die unser tägliches Leben beschäftigen, werden in den Filmerlebnissen in zugespitzter und verdichteter Form behandelt. Das läßt die Filme manchmal wahrer als die Wirklichkeit werden. Denn sie heben unbewußte Drehpunkte, die im Alltag nicht bemerkt werden, ausdrücklich heraus und machen sie zum Ereignis.

In der heutigen Medienkultur fällt es schwer, von einer sauberen Trennung zwischen Realität und Fiktion zu sprechen. Farblose *couch potatoes* klinken sich über das rund um die Uhr laufende Fernsehprogramm in den bunten Kreislauf des Lebens ein. Manche gehen ins Kino, weil sie dort am besten weinen können oder weil sie sich nach der Vorstellung für den Alltag besser gerüstet erleben. Im Kino erfahren die Menschen etwas über das Leben, und in ihren Tagesläufen ziehen sie die Filme heran, um der Unruhe der Wirklichkeit zu begegnen. Der Film ist zu einer Grundeinrichtung der Kultur, man kann auch sagen, zu einem Grundbedürfnis geworden.

Ein Beispiel für eine Erfahrung, die Menschen im Kino machen können: Wir machen uns im Alltag nur selten deutlich, daß unser Leben unaufhaltbar auf den Tod zuläuft. Wenn wir uns *Dead Man Walking – Sein letzter Gang* (USA 1995) ansehen, wird uns jedoch für eine gute Stunde bewußt, was wir gewöhnlich verleugnen. Der Film von Tim Robbins erzählt von dem Kampf eines zum Tode Verurteilten um seine Begnadigung. Er soll zusammen mit einem Freund zwei Teenager auf grausame Weise getötet haben. In seiner Not wendet er sich an die Ordensschwester Helen (Susan Sarandon). Als alle juristischen Bemühen scheitern, bietet Helen Matthew (Sean Penn) an, ihn bei seinem letzten Gang zu begleiten.

Als der Film in den Kinos lief, wurde häufig angeführt, er

wende sich gegen die Todestrafe. Doch das ist nur eine Ebene seiner Wirkung. Auf der Tiefenebene machen die Zuschauer die Erfahrung der Unumkehrbarkeit des Sterbens. Sie stellen fest, daß die gesamte Entwicklung auf die Exekution Matthews zuläuft. Sie beteiligen sich an den Versuchen, diese aufzuhalten und hoffen auf ein Ende des immer bedrückender werdenden Alptraums. Schließlich bleibt ihnen nichts anderes übrig, als sich in die Unausweichlichkeit zu fügen und sie als Konsequenz für eine schreckliche Verfehlung hinzunehmen. Es ist, als bereiteten sie sich selbst auf das Ende vor, wenn die Zuschauer in Gedanken ihr Leben an sich vorüberziehen lassen und sich fragen, ob sie es gut genutzt haben. Auf diese Weise können sie sich über einen Spielfilm einem unentrinnbaren Bestandteil der Realität annähern. Der Film führt sie an eine Tatsache heran, die sie im Alltag gerne verleugnen.

Der Spielfilm ist der Vorraum zum Cyberspace, liegt aber im Gegensatz zu diesem nicht jenseits unserer Welt. Er ist zugleich real und fiktional. So weit uns die Schauplätze und Zeiten des Films auch von dem Ort, an dem wir leben, entfernen – wir kommen schließlich doch bei uns an. Wir treffen auf die Magie der Liebe, den Kampf um die Macht, die Suche nach Ordnung und Harmonie in einer fließenden Wirklichkeit. Das sind Themen, um die sich die Geschichten des Kinos ebenso drehen wie unsere Tagesläufe. Der Film hätte keine Wirkung, wenn er diesen Bezug nicht aufweisen würde. Er ist nicht nur Fiktion oder nur Realität. Er ist weder Schein noch Wahrheit. Er findet seinen Platz zwischen solchen Einteilungen. Der Film als Zwischenwelt präsentiert verheißungsvolle und beängstigende Wendungen der Wirklichkeit auf einem sicheren Stuhl.

### Zusammenfassung

Die Menschen gehen nicht ins Kino, um eine Geschichte zu sehen. Sie sind auf mehr aus. Im Kino wollen sie die Geschichten, die sie leben, im Rahmen kunstvoller Werke weiterführen. Sie nehmen Geschichten zum Anlaß, eine bedeutsame Erfahrung zu machen.

Daher ist Filmwirkung keine passive Reizaufnahme. Sie ist ein aktiver, seelischer Produktionsprozeß, zu dem sowohl der Film als auch die Zuschauer ihren Teil beisteuern. Filme modellieren komplexe Erlebensprozesse.

Die Vorstellung, der Zuschauer identifiziere sich mit dem Helden der Geschichte, greift zu kurz. Schon bevor der Film beginnt, steht ein komplexer Seelenbetrieb bereit, um mit den ersten Bildern etwas anzufangen. Mit allem, was er sehen und hören läßt, hält der Film diesen unbewußten Betrieb in Gang. Im Protagonisten der Geschichte finden die Zuschauer nur einen anschaulichen Anhalt für Regungen, die in ihnen auf Ausdruck drängen.

Das Kino eröffnet eine für das menschliche Leben unverzichtbare Zwischenwelt. In ihr kann man alle nur erdenklichen Entwicklungen durchleben, ohne von realen Konsequenzen bedroht zu sein. Millionen von Menschen mögen sich zwar ein und denselben Film ansehen. Aber jeder von ihnen macht dabei eine höchst persönliche Erfahrung.

# 3
# Filme erleben

Wenn wir Filme sehen, entfalten sich komplexe und vielschichtige Erlebensprozesse. Vieles von dem, was dabei mitwirkt, verspüren wir nur in Ansätzen – es ist unbewußt. Aber auch die bewußten Gedanken, Assoziationen und Einfälle, die ein Film beim Zuschauen auslöst, lassen sich kaum festhalten. Hier spielen Vergleiche mit anderen Filmen ebenso eine Rolle wie Erinnerungen aus dem eigenen Leben und begleitende Reflexionen. Wir schweifen auf Dinge ab, die wir am Tage erlebt haben, greifen auf das Kommende vor und beziehen den bereits abgelaufenen Teil des Films in die Aufnahme der jeweils gezeigten Szene mit ein. Auch unsere Stellungnahmen und Wertungen spielen mit. Sie führen dazu, daß jeder Zuschauer eine etwas andere Auslegung des Films vornimmt. Die eine kann den Protagonisten nicht leiden, der andere ist von ihm begeistert. Der eine wehrt sich gegen das Happy-End, die andere genießt es. Teils produzieren die Bilder im Zuschauer Bedeutungen, teils weist er sie ihnen zu.

Wenn man diesen Prozessen in Tiefeninterviews nachgeht, braucht man psychologisches Geschick und eine klare methodische Haltung. Nur so kann es gelingen, die Spreu vom Weizen zu trennen und diejenigen Wirkungszusammenhänge zu explorieren, die tatsächlich wirksam sind und die einzigartige Stundenwelt des in Frage stehenden Films ausmachen. Zwar sieht bis zu einem gewissen Grade jeder seinen eigenen Film. Aber im Hinblick auf die Tiefenthematik und die Entwicklung derselben, erleben die Zuschauer ähnlich. Die Menschen, die sich zusammen *Pretty Woman* ansehen, stellen sich auf ein und dieselbe Welt ein. Ihre Empfindungen und Gefühle werden während der Dauer der Vorstellung synchronisiert. Man kann auch sagen, sie befinden sich in der gleichen Verfassung. In deren Rahmen erleben die Bankangestellte und der Verkäufer, der Taxifahrer und die Studentin für zwei Stunden erstaunlich ähnlich. Auf jeden Fall sind die Unterschiede zwischen ihnen unbedeutender als die Unterschiede zu den Menschen, die sich im gleichen Filmtheater – nur von einer Wand getrennt – *Gefährliche Liebschaften* ansehen. Jeder Film stimmt sein Publikum auf eine spezifisch getönte Stundenwelt ein.

Die komplette tiefenpsychologische Analyse eines Spielfilms könnte ohne weiteres ein ganzes Buch füllen. Hier soll es ausreichen, an zwei Beispielen die wesentlichsten Erlebensprozesse zu beschreiben. Beide Filme wurden 1989 produziert. *Pretty Woman* erreichte in Deutschland 1990 circa zehn Millionen, *Gefährliche Liebschaften* hatte 1989 rund eine Million Zuschauer. Der eine spielt in der Gegenwart, die Story des anderen ist im 18. Jahrhundert angesiedelt. Der eine hat ein gutes, der andere ein tragisches Ende. Zwar handeln beide von der Liebe, thematisieren dabei aber unterschiedliche Grundkomplexe.

## Gefährliche Liebschaften
### (USA 1989)

Der Film von Stephen Frears schwimmt nicht im Mainstream des großen Kinos. Es wird keine Liebesgeschichte mit Happy-End erzählt. Für die Protagonisten endet sie in Tod, Scham und Leiden. Viele Zuschauer haben das Kino irritiert und verärgert verlassen. Sie wollten das tragische Ende nicht hinnehmen. Trotzdem ist *Gefährliche Liebschaften* ein wirksamer Film. Das Drehbuch von Christopher Hampton ist eine Adaptation des vor über 200 Jahren erschienenen Briefromans von Choderlos de Laclos.

### *Story*

Die Geschichte spielt im Frankreich des 18. Jahrhunderts. Im Zentrum der Handlung steht das intrigante Duo Marquise de Merteuil (Glenn Close) und Vicomte de Valmont (John Malkovich). Beide Meister der Verführung, genießen sie es, Mitglieder der aristokratischen Gesellschaft in den Ruin zu treiben. Sie bilden ein souveränes Gespann und spielen mit den Gefühlen der Menschen, ohne dabei die Kontrolle über sich selbst zu verlieren. Ihr Opfer ist die wegen ihrer Treue und Tugendhaftigkeit bekannte Madame de Tourvel (Michelle Pfeiffer). Es gilt folgende Abmachung: Sollte es Valmont wider Erwarten gelingen, Madame de Tourvel zu seiner Geliebten zu machen, wird die Merteuil sich ihm für eine Nacht hingeben.

Routiniert umgarnt der zynische Valmont sein ahnungsloses Opfer. Und tatsächlich gelingt es ihm, die Tourvel in Aufruhr zu versetzen. Gleichzeitig verführt er das naive Mädchen Cécile de Volanges (Uma Thurman) und zerstört damit dessen Aussichten auf eine angemessene Eheschließung. Hiermit macht er sich zum Vollstrecker einer alten Rache der Merteuil an Madame de Volanges, der Mutter Céciles.

Doch dann passiert etwas, womit die Intriganten nicht gerechnet haben: Valmont selbst wird von der Liebe erfaßt, die er in Madame de Tourvel zu erzeugen versucht. Er entwickelt echte, romantische Gefühle und verärgert damit seine Kom-

55

plizin. Die Merteuil ist wegen seiner Verliebheit gekränkt. Damit zeigt sie, daß auch sie die Kontrolle über ihre Gefühle verloren hat. Sie nötigt Valmont dazu, mit der Tourvel zu brechen. Doch als er ihr gehorcht, kann sie ihre feindseligen Gefühle dennoch nicht beherrschen. Sie weigert sich, die Wette einzulösen. Die am Anfang erotisch verbündeten Protagonisten bekämpfen sich auf Leben und Tod. Dieser Krieg fordert das Leben von Madame de Tourvel und Valmont. Am Ende ist die Merteuil allein. Von der Gesellschaft wird sie geächtet. Mit enthemmtem Gebrüll zertrümmert sie ihr Boudoir.

*Erlebensprozesse*

In der wortgewandten Begegnung zwischen Valmont und Merteuil, an ihrem Spiel mit den ahnungslosen Opfern, kommt das Versprechen einer reizvollen Bemächtigung in Gang. Indem die Zuschauer zu Mitwissern der Intriganten werden, sind sie den Verführten stets ein Stück voraus. Sie kennen ihr Schicksal, wenn diese selbst noch nicht ahnen, daß sie manipuliert werden. Bei Zuschauern, die sich auf den Film ohne große Vorbehalte einlassen, kommt ein Übermut auf. Bei einigen – nicht nur bei männlichen – macht sich sogar eine sexuelle Erregung bemerkbar. Die Aussicht auf eine erotische Überwältigung der ahnungslosen Frauen wird wie ein prickelndes Abenteuer erlebt.

Die Zuschauer machen sich freilich nicht bewußt, daß sie die Verführung nur deshalb genießen können, weil sie sich Valmont blind anvertrauen. Als wollten sie die Gefahren dieser Hingabe verleugnen, lassen sie sich von einer demonstrierten Zuversicht tragen. Sie wiegen sich in der Gewißheit, Schwierigkeiten und Hindernisse ohne Mühe meistern zu können. Es ist ein Übermut des erotischen Abenteuers, der den Auftakt des Filmerlebens bei *Gefährliche Liebschaften* bildet.

Doch schon mit den ersten sexuellen Szenen kommen andere Töne auf. Als Valmont die Tourvel zusehends in Erregung versetzt und Cécile verführt, regen sich bei vielen Zuschauern Gelüste, die auf eine Steigerung drängen. Man möchte eindeutigere Bilder haben, mehr nackte Wahrheiten, an denen sich die in Gang gekommene Erregung ausgestalten kann. Insbesondere weibliche Zuschauer bemerken, daß sie sich von dem einnehmenden Verhalten Valmonts angezogen fühlen. Einige vergleichen ihn insgeheim mit ihren eigenen Männern und stellen fest, daß sie von diesen noch nie solch aufregende Dinge zu hören bekamen wie die Frauen im Film. Der Reiz, sich der verführerischen Macht des Mannes zu überlassen, wird stärker und formt sich in einer zunehmend erotischen Atmosphäre aus.

Indem die Zuschauer verspüren, daß sie von ihren eigenen Erregungen mitgerissen werden, verlangen sie nach eindeutigeren Handlungen der Filmfiguren. Von Valmont wünschen sie sich mehr Entschiedenheit. Sie wollen, daß sein Zugriff auf die Tourvel wirkungsvoller und schneller vonstatten geht. Er soll nicht lange fackeln und sie endlich nehmen. Hier gehen besonders männliche Zuschauer mit. Zugleich wird für einige jedoch auch spürbar, daß die Forderung nach mehr Rücksichtslosigkeit zu Folgen führen könnte, die nicht mehr zu steuern sind. Das Filmerleben bewegt sich auf eine aufregende Kippstelle zu. Man könnte von etwas ergriffen werden, was das eigene Wünschen übersteigt. Der unbekümmerte Hochmut des Anfangs droht sich zu verkehren. Aus Tätern könnten Opfer werden.

Die Gesamtlänge des Films beträgt 112 Minuten. Die entscheidende Wende findet in der 56. Minute statt. Das ist, zeitlich gesehen, genau die Mitte. Es ist die Szene im Großen Salon der Madame Rosemonde: Ein Konzert beginnt. Valmont, die Merteuil und ihr bereits angeschlagen wirkendes Opfer Tourvel sind erstmals gemeinsam in einem Raum. In Hamptons Drehbuch steht: »Valmont blickt Tourvel nach, die, mit zerbrechlichem und erschöpftem Ausdruck, auf einen leeren Sitz zusteuert. Merteuil bemerkt, daß Valmonts Aufmerksamkeit von ihr abgelenkt ist, und folgt suchend seinem Blick. Dann schaut sie weg. Tourvel erreicht ihren Stuhl und nimmt Platz. Valmont kann die Augen nicht von ihr lassen. Merteuil wendet sich ihm wieder zu, und es wird ihr deutlich, daß er sich, obwohl neben ihr sitzend, in einer anderen Welt befindet. Verärgert wendet sie sich ab und runzelt die

Stirn.« Diese Bilder sind die ersten Anzeichen dafür, daß die Allianz zwischen Valmont und Merteuil zerstört ist.

Die erste Hälfte des Films gab ordentlich Gas. Sie verführte die Zuschauer zu ungebremstem Übermut. Mit den Intriganten genossen sie das Gefühl, den Lauf der Ereignisse bestimmen zu können. Die zweite Hälfte führt nun direkt in die Konsequenzen der Beschleunigung hinein. Damit kehrt sich das Gefühl von Überlegenheit um. Die Zuschauer werden gewahr, daß sie auf das falsche Pferd gesetzt haben.

Die Zuschauer verlieren ihre sichere Position. Valmont, dem sie sich anvertraut haben, scheint nicht mehr zu wissen, was er will. Sein Verhalten gegenüber der Tourvel ist widersprüchlich. Zwar zeigt er echte Zuneigung. Doch er verletzt sie auch mit unglaublichen Gemeinheiten. Sein Hin und Her deutet daraufhin, daß er nicht mehr Herr der Lage ist. Seiner Freundin Merteuil sagt er, er sei seinen Gefühlen machtlos ausgeliefert. Der Merteuil scheint es nicht anders zu gehen. Obwohl sie bemüht ist, ihr überlegenes Lächeln durchzuhalten, wird sichtbar, daß sie sich von ihrem Freund gekränkt fühlt und auf Rache sinnt. Das anfangs vielversprechende Bündnis zwischen Valmont und Merteuil zerbricht.

Die Zuschauer müssen nun feststellen, daß sie die Kontrolle über die Ereignisse verloren haben. Und das ist noch nicht alles. Der Film macht deutlich, daß ihre Komplizenschaft schmerzhafte Folgen hat. Ein hysterisches Lachen Céciles, die feuchten Augen der Tourvel offenbaren die Schmerzen der Opfer. Der Spaß der Zuschauer wird empfindlich abgebremst. Die Entwicklung der Handlung scheint in eine Einbahnstraße geraten zu sein, in der man das Fahrzeug nicht mehr wenden kann. Man muß erkennen, daß auf dem Weg manches kaputtgegangen ist und sich nun nicht mehr reparieren läßt. Regungen von Mitleid, Bedauern und Schuld kommen auf.

Die grausame Trennung von der Tourvel, bei der Valmont gegen ihre hilflosen Fragen stereotyp an der Formulierung festhält: »Dagegen bin ich machtlos!«, der heftige Streit zwischen ihm und Merteuil, der in eine offene Kriegserklärung mündet, der Tod Valmonts und Tourvels, schließlich Merteuils Anfall von Tobsucht – all das geht in bedrängender

Weise nahe. Die Zuschauer erfahren sich hin- und hergerissen zwischen impulsiven Versuchen, auf das Geschehen Einfluß zu nehmen und steuerlosem Mitgerissenwerden. Es ist, als habe nun ein ausgerastetes Getriebe die Führung übernommen, das unausweichlich auf ein Desaster zuläuft. Die Wahl, die dem Zuschauer noch bleibt, besteht darin, daß er entweder den Film als Ganzes abwertet oder sich in dessen tragisches Ende fügt.

Was ist aus dem anfänglichen Übermut, dem lustvollen Abenteuer geworden! Die Ausgangsposition hat sich vollends umgekehrt. Die Zuschauer sind in der Regel tief betroffen. Viele haben das Gefühl, sich nach dem Abspann nicht erheben zu können. Sie bleiben sitzen, um die aufgewühlte Stimmung verklingen zu lassen. Andere reagieren empört. Sie schimpfen auf die skrupellosen Verführer. So schnell haben sie vergessen, daß sie es selbst waren, die deren Hochmut und Überlegenheit ausgekostet haben.

*Kern*

Der inhaltliche Kern von *Gefährliche Liebschaften* läßt sich mit zwei spannungsvollen Grundkomplexen veranschaulichen. Einerseits geht es um Liebesvereinigungen (Getrennt – Vereint): Zwischen Valmont auf der einen und Tourvel, Cécile und Merteuil auf der anderen Seite. Der zweite Grundkomplex gibt diesen Vereinigungsbestrebungen jedoch eine spezifische Ausrichtung: Die Liebe steht in der Spannung von Tun und Getanwerden. Auf dieser Achse ist der Zuschauer am stärksten involviert. Sie bildet in der Abbildung 1 die Horizontale und steht in unserer Beschreibung im Vordergrund.

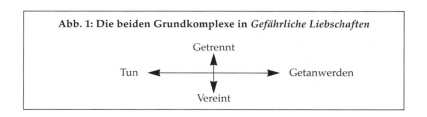

Abb. 1: Die beiden Grundkomplexe in *Gefährliche Liebschaften*

Aus ihrem Alltag kennen die Zuschauer das Hochgefühl, wenn es gelingt, eine Sache so voranzubringen, wie man es beabsichtigt. Sie wissen, wie es sich anfühlt, wenn man Einfluß hat und andere Menschen lenken kann. Diese Erfahrungen sind in dem Pol »Tun« zusammengefaßt. Die Zuschauer sind ebenso vertraut mit Erfahrungen, in denen sie ihren Einfluß verlieren und das Gefühl haben, von anderen oder von Wirkungen, die mächtiger sind als ihr Wille, bestimmt zu werden. Dieser Aspekt wird durch den Pol »Getanwerden« zum Ausdruck gebracht. Die Extreme ergänzen und brauchen einander. Die Zuschauer sind so lange gefesselt, wie das Spiel zwischen ihnen in Gang bleibt.

Zu Beginn liegt der Schwerpunkt auf der Seite des Tuns. Man genießt die Freiheiten, die sich die Verführer herausnehmen. Die Lust am Bewirkenkönnen steht im Vordergrund. Man erwartet ein leichtes erotisches Abenteuer. Das ist eine vielversprechende Ausgangslage. Doch spätestens mit dem Bruch zwischen Merteuil und Valmont wird spürbar, daß die beiden Seiten des Grundkomplexes ineinander umschlagen können. Erst jetzt wird deutlich, wie wenig Valmont und Merteuil die Fäden tatsächlich in der Hand haben. Alles kehrt sich um. Der Zuschauer, der im ersten Teil des Films den erweiterten Machtbereich genoß, fühlt sich im zweiten von einem Zusammenhang betrieben, den er kaum beeinflussen kann.

Als Kostümfilm mit Gewicht auf literarischen Dialogen konnte *Gefährliche Liebschaften* nicht auf ein großes Publikum setzen. Die Besetzung mit amerikanischen Stars war notwendig, damit der Film die Aufmerksamkeit der Kinogänger auf sich zog. Doch die Beschreibung seiner Erlebensprozesse sollte deutlich machen, daß der Film die Zuschauer nicht in eine literarische oder historische Wirklichkeit entführt. Wenn sie Valmont und Merteuil bei ihren Intrigen begleiten, sind sie mit ihren eigenen Gelüsten und Ängsten, ihren eigenen Erlebnissen dabei. Sie genießen das Versprechen auf sexuelle Abenteuer und kosten die Überlegenheit aus, die der Film ihnen einräumt. Es geht um ihre sexuellen Phantasien, aber auch um ihre Erfahrungen mit dem Zusammenbruch der

Selbstüberschätzung. Weil er mit einer 200 Jahre alten Geschichte grundsätzliche menschliche Themen behandelte, war der Film auch Ende der 80er Jahre ein kommerzieller Erfolg.

Wenn nun im folgenden die Wirkung von *Pretty Woman* beschrieben wird, soll im Vergleich auch deutlich gemacht werden, daß *Gefährliche Liebschaften* ein Erlebnis vermittelt, das schon aufgrund seiner Tiefenthematik nicht so breitenwirksam sein kann wie die romantische Komödie mit Julia Roberts und Richard Gere. *Gefährliche Liebschaften* modelliert eine alles mit sich reißende Verkehrung. Der Übermut des Tuns führt zu einem Verlust der Kontrolle über die Situation – die Täter werden zu Opfern. Das ist zwar eine aufregende, aber nicht gerade vielversprechende Erfahrung. Wir haben es nicht gerne, wenn sich unser Tun gegen uns kehrt und wir dabei an Einfluß verlieren. Das empfinden wir als beängstigend und kränkend. Wir wollen uns nicht lange mit solchen Erfahrungen aufhalten und wenn wir einmal dazu gezwungen werden, setzen wir alle Hebel in Bewegung, recht bald wieder Herren der Lage zu werden. *Pretty Woman* verschont sein Publikum mit solchen unangenehmen Wendungen. Der Film bezieht seine Zuschauer zwar in eine nicht ganz glatte, aber doch vielversprechende Verwandlung ein.

### Pretty Woman
### (USA 1989)

Manchmal kommen Filme in die Kinos, die eigentlich für eine bestimmte Zielgruppe gemacht wurden, dann aber ein Publikum finden, das diese weit übersteigt. Ein Beispiel dafür ist *Pretty Woman*. Man könnte meinen, der Film von Garry Marshall spreche die Sehnsüchte junger Frauen an, die auf den Märchenprinz warten. Doch weit gefehlt! Er erreichte alte und junge, Männer und Frauen. Er gehört zu den erfolgreichsten Filmen überhaupt. Seine häufigen Fernsehausstrahlungen dürften dafür gesorgt haben, daß es kaum noch jemanden gibt, der nicht wenigstens einmal in seinen Bann geraten ist.

## Story

Auf einer Party in Los Angeles erfährt der Geschäftsmann und Multimillionär Edward Lewis (Richard Gere), daß ihn seine Freundin, mit der er in New York zusammenlebt, verlassen hat. Er macht sich mit dem Auto auf den Weg ins Nobelhotel Beverly Willshire. Zur gleichen Zeit steht Vivian (Julia Roberts) zusammen mit ihrer Freundin Kit (Laura San Giacomo) auf dem Straßenstrich. Zufällig hält Edward vor den beiden Frauen an. Vivian hofft auf einen gut zahlenden Freier und steigt ins Auto, doch Edward will nur, daß sie ihm den Weg zeigt. Vor dem Hotel angekommen, verabschieden sie sich. Doch dann überlegt es sich Edward anders: »Machen Sie mir die Freude, und begleiten Sie mich ins Hotel!« Trotz starker Höhenangst bewohnt Edward das Penthouse. Auf dem Gang durch die luxuriöse Halle erregt die Prostituierte bei den Gästen wegen ihrer ordinären Aufmachung Anstoß.

Als sie am nächsten Morgen im blütenweißen Bademantel zum Frühstück erscheint, hat Edward bereits gearbeitet. Ein großer Abschluß steht bevor. Da er für ein wichtiges Geschäftsessen eine »nette Begleitung« benötigt, stellt er Vivian für die ganze Woche ein. Dafür will er ihr 3000 Dollar zahlen. Doch zunächst schickt er sie in die Boutiquen von Beverly Hills. Sie soll sich ein Kleid für den Abend kaufen. Aber Vivian wird wegen ihrer ordinären Aufmachung nicht bedient. Geknickt kommt sie ins Hotel zurück. Der Manager Thomson (Hector Elizondo) hilft ihr bei einem zweiten Anlauf.

Als Edgar sie am Abend in der Bar des Hotels abholt, erkennt er sie in ihrem eleganten schwarzen Kleid erst nicht wieder: Vivians Verwandlung ist perfekt. »Du siehst wundervoll aus!« sagt er. Bei dem Abendessen passieren Vivian zwar einige peinlich-komische Malheurs. Doch Edward beachtet sie nicht, und sein Geschäftspartner James Morse (Ralph Bellamy) übersieht sie mit väterlichen Charme.

Unter den Klängen von Roy Orbisons »Pretty Woman« sorgt Edward am nächsten Tag dafür, daß Vivian eine vollständige neue Garderobe erhält. Zu ihrer äußeren Veränderung tritt nun eine innere. Sie wird selbstbewußter und ist nicht mehr bereit, für Geld Demütigungen hinzunehmen. Ein gemeinsamer Flug in die Oper von San Francisco bringt die beiden einander näher. Vivian erklärt Edward ihre Liebe, doch dieser bleibt auf Distanz. Zu mehr als einem Verhältnis, so sagt er, fehle ihm der Mut.

Trotzdem zeigen sich bei Edward andere Seiten. Er ist mit seinem bisherigen Beruf nicht mehr zufrieden. Er möchte nicht mehr Immobilien kaufen, aufteilen und mit Gewinn verkaufen, sondern Schiffe bauen. Er unterstützt Morse dabei, seine vom Ruin bedrohten Werften zu retten. Edwards Partner Phil (Jason Alexander) beargwöhnt diese Veränderung. Er findet die Wahrheit über Vivians Vergangenheit als Hure heraus und verletzt sie damit. Edward verweist den aufdringlichen Mann daraufhin mit einem Kinnhaken in seine Grenzen. Doch trotz dieser offensichtlichen Parteinahme kann er Vivian noch immer nicht als Partnerin akzeptieren. Er bietet ihr ein Verhältnis an. Vivian ist das nicht genug. Sie trennt sich von Edward und lehnt es ab, die vereinbarten 3000 Dollar Bezahlung anzunehmen. Sie möchte in San Francisco die Schule abschließen.

Edward bereitet sich auf die Rückreise nach New York vor. Beim Verlassen des Hotels gibt der Hotelmanager Thomson ihm einen Rat: »Es ist nicht leicht, etwas so Kostbares aufzugeben.« Edward fährt mit einem Blumenstrauß bei Vivian vor. Er steigt die Feuerleiter hoch. Seine Höhenangst hat er im Griff. Vivian kommt ihm entgegen. Sie küssen sich zu den Klängen von »Pretty Woman«.

### Erlebensprozesse

Indem *Pretty Woman* einen Mann und eine Frau zusammenbringt, die offensichtlich Welten trennen, erzeugt er von Anfang an eine gespannte Erwartung. Zwar »wissen« die Zuschauer irgendwie, daß die beiden schließlich zusammenkommen werden, denn mit dem Muster solcher Filme sind sie vertraut. Aber sie wissen genausogut, daß die Unvereinbarkeiten nur über viele Zwischenschritte überwunden werden können. Wenn aus dieser Konstellation eine echte Liebe entstehen soll, muß einiges passieren. Ein langer Weg mit vielen Wendungen steht ihnen bevor. Sie sind gespannt zu erfahren, wie die Hindernisse ausgeräumt werden. Damit hat der Film sie bereits für sich eingenommen.

Vivian gibt sich als wildes Mädchen, und die Zuschauer wissen zunächst nicht so recht, was sie von ihr halten sollen. Ihre Obzönitäten, ihr unangepaßtes Verhalten empfinden viele als störenden Stachel. Wenn sie zusehen, wie sie mit ihren Lackstiefeln durch die elegante Hotelhalle stakst und die Leute, die sie anstarren, mit obzönen Bemerkungen provoziert, bewegen sie sich zwischen Lachen und Peinlichkeit. Sie haben das Gefühl, daß hier etwas zusammenkommt, was eigentlich nicht zusammenpaßt. Doch andererseits sind sie bereit, Vivian vieles nachzusehen. Irgendwie erweckt sie Vertrauen. Und tatsächlich: Ihr gewissenhafter Gebrauch der Zahnseide, nachdem sie ein paar Erdbeeren gegessen hat, zeigt, daß sie im Grunde o.k. ist. Das Absetzen der blonden Perücke und der Anblick ihrer rotbraunen Haare gibt dieser Spur weitere Nahrung. Je länger man der Geschichte folgt, desto schöner und sympathischer wird diese Frau. Das sind Wendungen einer aktuell mitvollzogenen Verwandlung. Sie haben die Zuschauer bereits nach 20 Minuten voll in Besitz genommen.

Was mit der ersten Begegnung bereits anlief – der Wunsch, die beiden unterschiedlichen Menschen zu einem Paar zu vereinigen –, beschäftigt die Zuschauer nun immer mehr. Einerseits paßt Vivian mit ihrem sympathischen Lächeln sehr gut in Edwards Leben. Andererseits erinnert sie auch immer wieder daran, daß doch Welten zwischen ihnen liegen. Zum Beispiel, wenn sie das erste Mal einkaufen geht: Sie sieht wieder genauso ordinär aus wie am Anfang des Films. Die begonnene Verwandlung wird damit ein Stück zurückgedreht. Wenn sie von Verkäuferinnen gedemütigt wird, ist das bitter, denn die Zuschauer wissen ja inzwischen, was in dieser Frau steckt. Auch die Zurückhaltung Edwards bremst ihren Vereinigungswunsch spürbar ab. Es gibt nur wenig Grund zu der Hoffnung, daß er Vivian als seine Partnerin akzeptieren wird.

Es wirkt rührend, wenn der Manager Thomson Vivian unter seine Fittiche nimmt. Er nennt sie »Mr. Lewis' Nichte« und weiß doch, daß sie eine Prostituierte ist. Die damit aufbrechenden Zweideutigkeiten sind witzig und kurzweilig. Thomson hilft Vivian, ein passendes Kleid für das Geschäftsessen zu kaufen und bringt ihr die nötige Etikette bei. Auch er sieht wie das Publikum den Schmetterling durch die Haut der Raupe und läßt sich von Vivians Provokationen nicht irre machen. Am Abend in der Bar des Hotels kann Edward über das Resultat von Vivians Veränderung nur staunen. Als er die schöne Frau – im schwarzen Cocktailkleid, mit hochgesteckten Haaren und nun dezent geschminkt – erblickt, vollzieht sich ein weiterer Ruck der Verwandlung.

Sein »Du siehst wundervoll aus!« bringt die Gedanken der Zuschauer auf den Punkt. Es ist bewegend mitzuvollziehen, wie sich Vivian entgegen der Erwartung Edwards bewährt.

Beim Geschäftsessen mit Morse ist es komisch und zugleich rührend zu sehen, daß die von Vivian verursachten Peinlichkeiten von den Männern großzügig übersehen werden. Man kann sich keine bessere Umgebung für ihre Entwicklung vorstellen. Aus dieser Atmosphäre entsteht eine neue Qualität von Zärtlichkeit. Die mit Roy Orbisons Song untermalte Einkleidungsszene bringt den Verwandlungsprozeß dann noch einmal richtig in Fahrt. Wenn auch die spendable Geste Edwards Anlaß gibt, an seinen ernsten Absichten zu zweifeln, kann man doch anschaulich sehen, welch wunderbare Frauenansichten aus Vivian herauszuholen sind. Aus diesem Schwung heraus ist Vivians Rache an den Verkäuferinnen, die sie auf ihrem ersten Einkaufsbummel nicht bedienten, eine Genugtuung.

Als Vivian dann erneut gedemütigt wird – unter anderen von Edwards Geschäftspartner Phil – macht sich jedoch Ernüchterung bemerkbar, insofern als ein ›Neuanfang‹ vielleicht doch nicht möglich ist. Vivians Vergangenheit haftet ihr an und läßt den hoffnungsvollen Schwung wieder erlahmen. Was das Erleben der Zuschauer hier so überaus kurzweilig und einbindend macht, ist die Tatsache, daß immer wieder ein Doppelsinn aufbricht. Der Zuschauer sieht in der eleganten Vivian zugleich die Hure und in der Hure die liebenswerte Frau. Er ist erfaßt von ihrer Verwandlungen und wird doch immer wieder darin gebremst.

Doch dann beginnt sich etwas zu regen und zu konturieren, was stärker und stabiler ist als Vivians verändertes Outfit. Im Verlauf eines Streits zwischen ihr und Edward wird deutlich, daß sie über Äußerlichkeiten hinaus eine Persönlichkeit darstellt, die etwas Integres und Verläßliches verkörpert. Sie will Edward wegen seiner Unentschiedenheit verlassen und auf ihre »Bezahlung« verzichten. Diese Wendung vertieft den Glauben an Vivians Ehrlichkeit und läßt sie noch wertvoller und liebenswerter erscheinen. Das stabilisiert den Erlebensprozeß und verleiht dem Film über die witzigen Drehungen der Komödie hinaus eine tiefere Dimension.

Nun muß die letzte noch verbliebene Lücke geschlossen werden. Vivian hat die erforderliche Veränderung vollzogen. Edward muß nachziehen. Sein skrupelloses Geschäftsgebaren paßt inzwischen nicht mehr zu ihrer schlichten Ehrlichkeit. Die Fusion mit Morse, die dazu dient, die bedrohte Werft zu erhalten, und der Kinnhaken gegen Phil bringen seine Umorientierung zum Ausdruck. Daran sehen die Zuschauer, daß auch er sich von seiner Vergangenheit gelöst hat.

Doch noch einmal stellt sich dem Happy-End etwas in den Weg. Edward kann den Schritt in die gemeinsame Zukunft mit Vivian doch noch nicht machen. Wirksame Filme arbeiten mit solchen ruckartigen Entwicklungen. Sie bringen einen Prozeß voran, drosseln ihn wieder, um die gefesselten Anläufe dann erneut freizulassen. Mit solch rhythmischer Verwandlung fesseln sie den Zuschauer stärker als mit einer linearen Aneinanderreihung von zielorientierten Ereignissen.

Das Publikum von *Pretty Woman* hat nur noch eine kurze Zeitspanne der Ungeschlossenheit zu ertragen und kommt dann voll auf seine Kosten: Als sich Vivian und Edward nach langem Vor und Zurück, Hin und Her endlich in den Armen liegen und küssen, sind der Rührung keine Grenzen gesetzt. Aus der Raupe ist ein wunderschöner Schmetterling geworden, und die anfangs Getrennten sind nun tatsächlich ein Paar. Erst hier, ganz am Schluß, sind die zwischenzeitlich belebten Spannungen und Konflikte aufgehoben.

*Kern*

Wie die Abbildung 2 zeigt, hat der Erlebensprozeß, den *Pretty Woman* entwickelt, ebenfalls vier Eckpunkte. Sie markieren den psychischen Raum, den der Zuschauer bei diesem Film durchreisen kann.

Im Kino wolllen die Menschen immer wieder erleben, daß ein Mann und eine Frau, die im Grunde nicht zueinander passen, ein Paar werden. Diese Thematik spielt sowohl in *Pretty Woman* als auch in *Gefährliche Liebschaften* eine Rolle. In Hinblick auf ihr zentrales Tiefenthema unterschieden sich die beiden Filme jedoch. Bei *Gefährliche Liebschaften* geht es um das Problem von Tun und Getanwerden. *Pretty Woman* behandelt demgegenüber den ewigen Kampf zwischen Wiederholen und Verändern. Sowohl Edward als auch Vivian zeigen Grenzen und Festlegungen. Sie haben Tendenzen, in der ewig gleichen Rolle ihres Charakters oder ihrer Herkunft zu verharren. Der Film läßt mitvollziehen, wie sie sich verändern, und eröffnet ihnen dadurch die Möglichkeit, ein Paar zu werden. Wenn man die beiden Grundkomplexe von *Pretty Woman* zusammen betrachtet, durchleben die Zuschauer eine verzögerte Verwandlung in eine neue Harmonie.

Der Film weiß den behandelten Komplex zu rhythmisieren und zu formen, so daß sich die Zuschauer über seine ganze Länge in einem spannenden Übergangszustand befinden. Je länger sie bei diesem Prozeß dabeibleiben, desto deutlicher wandelt sich die Ausgangslage. Die verschiedenen Welten bewegen sich aufeinander zu. Vivian nimmt nicht nur eine andere Gestalt an, sie enthüllt auch liebenswerte Seiten ihrer Persönlichkeit. Edward verliert nicht nur seine Höhenangst, er wandelt sich von einem skrupellosen zu einem verant-

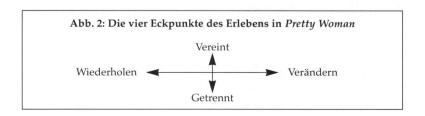

Abb. 2: Die vier Eckpunkte des Erlebens in *Pretty Woman*

wortungsbewußten Geschäftsmann. Im Zuschauer stellt sich schließlich das Gefühl ein, daß sich Liebe und Leben der Protagonisten neuen Werten samt deren Konsequenzen unterstellen. Das ist die tiefere Seite der Verwandlung. Der »Schmetterling«, der dabei herauskommt, ist mehr als nur eine schöne Frau oder eine Liebesbeziehung. Er ist zugleich so etwas wie ein »besseres« Leben.

Den Zuschauern öffnen sich bei *Pretty Woman* vielversprechende Horizonte. Im Verlauf des Kinobesuches verändert sich die Bedeutung der Einzelheiten im ganzen. Das Lächeln von Julia Roberts mag zu Beginn und zu Ende mimisch das gleiche sein. Seine Bedeutung hat sich aber im Verlauf des Films verändert. War es zunächst die Anmache einer Hure, ist es am Ende der Ausdruck einer selbstbewußten und stolzen Frau. Wichtig dabei ist, daß sich die Wandlung im Erleben der Zuschauer ereignet hat. Die Zuschauer sind eingestiegen auf ein oberflächliches Spiel der Geschlechter und haben im Laufe des Films ein Gespür für eine wertvolle Liebe und ein von Werten bestimmtes Leben erhalten. Sie selbst haben sich einer Veränderung unterzogen, indem sie den Vereinigungsprozeß getragen haben. Wird das Publikum von einem Film derart reich beschenkt, bedankt es sich bei Produzenten und Verleihern mit hohen Besucherzahlen.

*Pretty Woman* führt den Zuschauer zumindest für zwei Stunden in die Ahnung eines »besseren« Lebens, das als Leitbild bei vielen Menschen wirksam ist und doch in ihrem Alltag immer wieder verfehlt wird. Nur wenige wollen im Kino über die Unvollkommenheiten der Wirklichkeit aufgeklärt werden. Sie wünschen sich Augenblicke, in denen sich die unsterblichen Konflikte des Lebens in gelungene Lösungen wenden. Bei *Gefährliche Liebschaften* werden die Zuschauer in dieser Hinsicht enttäuscht. Hier werden sie auf eine tragische Verkehrung des menschlichen Hochmuts zugeführt. Daher hat der Film von Frears ein relativ kleines Publikum.

Das ist die eine Seite. Doch damit soll nicht übersehen werden, daß die Zuschauer bei beiden Filmen ein zugleich unterhaltsames und bedeutsames Erlebnis haben. Das glückliche Ende in *Pretty Woman* und der tragische Schluß in *Gefährliche*

*Liebschaften* sind nicht allein relevant für das Filmerleben. Genauso wichtig wie das Ziel ist im Kino immer auch der Weg, der dorthin führt. Filmerleben bedeutet einen außerordentlichen Selbstgenuß. Die Zuschauer haben Spaß an seinen Zwischenstücken, Übergängen und Wendungen. Darüber können sie sich selbst in Verwandlung erfahren. Weil sie bei beiden Filmen in einen solchen Prozeß eingebunden sind, erleben sie sich sowohl bei *Gefährliche Liebschaften* als auch bei *Pretty Woman* dynamischer und lebendiger als in ihrem Alltag.

## Zusammenfassung

Spielfilme erzählen Geschichten. Doch das ist nur eine Seite der Medaille. Wenn man das Erleben des Publikums rekonstruiert, wird man auf eine Wirkungswelt hinter der Geschichte aufmerksam. Hier gibt nicht der Held den Ton an, sondern ein komplexer Wirkungszusammenhang, in dem die persönlichen Hoffnungen und Befürchtungen der Zuschauer die Hauptrolle spielen.

Indem die Menschen dem Geschehen auf der Leinwand zusehen, machen sie selbst eine bedeutsame Entwicklung durch. Diese – zum großen Teil unbewußten – seelischen Wirkungsprozesse sind der Protagonist des Filmerlebens. Sie bestimmen, wie die Figuren und Wendungen der Geschichte erlebt werden. Wenn der Film funktioniert, bilden sie sich zu einem fordernden und fesselnden Zusammenhang heraus, aus dem sich die Zuschauer kaum befreien können. Doch nicht jeder wirksame Film kommt beim Kinopublikum gleich gut an.

*Pretty Woman* und *Gefährliche Liebschaften* lassen große Stars auftreten und handeln beide von der Liebe. Aber mit ihnen sind sehr unterschiedliche Erlebnisse verbunden. Der Film von Stephen Frears modelliert eine Verkehrungserfahrung mit Belastungen und Unwägbarkeiten: Die Lust am Manipulieren und Bestimmen verkehrt sich in eine zerstörerische Besessenheit. Der Film geht der Frage nach: »Wieviel Einfluß haben wir auf andere und auf unsere eigenen Gefühle?« *Gefährliche Liebschaften* ist zwar wirksam, aber er mutet den Zuschauern einiges zu und kann daher nicht das ganz große Publikum erreichen. Er hatte in Deutschland rund eine Million Zuschauer.

*Pretty Woman* ermöglicht es dem Publikum, eine vielversprechende Verwandlung zweier Menschen aus unterschiedlichen Welten in Eins mitzuvollziehen. Im Vor und Zurück, in Vereinigungen und Trennungen bringt er zusammen, was einander auszuschließen scheint. Darüber hinaus macht er spürbar, wie schwierig es ist, aus gewohnten Bahnen auszubrechen und das Wagnis der Liebe einzugehen. Er hat die Frage im Sinn: »Kann die Liebe uns zu ›besseren‹ Menschen machen?« und beantwortet sie positiv. Mit diesem Konzept erreichte der Film von Garry Marshall ein ungewöhnlich großes und breites Publikum: circa zehn Millionen.

# Inhalt und Dramaturgie

## 4
## Gewalt und Sexualität

Nicht nur für Kritiker der modernen Medienunterhaltung sind *sex and crime* die zentralen Inhalte von Film und Fernsehen. Auch Produzenten und Verleiher scheinen manchmal davon auszugehen, daß die Menschen ins Kino gehen, wenn man ihnen starke Reize bietet: nackte und zerfetzte Körper, erregende Sexszenen, Explosionen und martialische Kämpfe. Doch eine solche Auffassung vom Kino ist kurzsichtig. Sie unterschätzt sowohl die Erwartungen und die Intelligenz des Publikums als auch die Möglichkeiten des Mediums. Sie hat keine differenzierte Vorstellung von den Wirkungsprozessen, die eine bewegende Filmunterhaltung ausmachen.

Bilder von Gewalt und Zerstörung nehmen unweigerlich gefangen. Sie berühren die Menschen in ihrem Wunsch nach ungewöhnlichen Eindrücken, aber auch in ihrer Sorge um die eigene Unversehrtheit. Sie erzeugen eine erregende Mischung aus Angst und Lust. Die meisten Menschen fühlen sich zwar von Gewaltszenen bedroht. Gleichwohl können sie einem Drang, dennoch den Blick dorthin zu wenden, kaum widerstehen. So ungeheuerlich die Vorstellung von Vernichtung und Zerstückelung auch ist, so sehr wollen sie das Grauen in Bildern erfassen. Noch einfacher ist es, Menschen mit sexuellen Darstellungen zu erregen. Sexualität bedeutet die Möglichkeit, in kurzer Zeit und mit relativ wenig Aufwand ein mitreißendes, sinnliches Erlebnis zu haben. Dazu bedarf es nicht viel. Die bloße Zurschaustellung eines nackten Frauenkörpers kann bereits ausreichen, einen Mann sexuell zu erregen. Die Abbildung einer zärtlichen Annäherung zwischen Mann und Frau können bei einem weiblichen Zuschauer erotische Gefühle erzeugen. An Bildern lassen sich körpernahe Erregungsmuster von Anspannung und Entspannung, von Steigerung, Klimax und Lösung ausgestalten.

So gesehen hat der Film ein leichtes Spiel. Er wird immer eine Anzahl von Zuschauern dazu verführen können, ihren Blick Szenen der Zerstörung und Bildern der Sexualität zuzuwenden. Die damit verbundenen Erregungen dürften ihre Anziehungskraft wohl kaum verlieren. Darauf setzen TV-Sender im Kampf um den Marktanteil – und das kalkulieren Kinofilme ein, um das Publikum auf sich aufmerksam zu machen.

Das Geschäft mit *sex and crime* birgt jedoch Gefahren. Nicht so sehr, weil damit eine Verrohung der Gesellschaft verbunden wäre oder Menschen zu Übergriffen verleitet würden. Hierüber ist sich die Forschung weitgehend einig: Sex und Gewalt in den Medien allein machen keine gewalttätigen oder antisozialen Menschen. Wenn es die Gesellschaft oder die Lebensumstände nicht nahelegen, wirken sie auch nicht verstärkend bei der Ausformung des Verhaltens der Rezipienten. Die Gefahr besteht eher darin, daß das Image des Films als Unterhaltungsmedium Schaden nimmt. Wenn er als Vehikel zur Erzeugung einschlägiger Erregungen benutzt wird, können zwar kurzfristig Zuschauer angesprochen werden. Aber das hat zur Folge, daß sich andere vom Film abwenden. Die Imageprobleme des zeitgenössischen deutschen Spielfilms sind zum Teil auch darauf zurückzuführen, daß viele Produzenten in den 70er Jahren der Verführung erlegen waren, mit in jeder Hinsicht billigen Erotikfilmen das Publikum vom Fernsehen weg und in die Kinos zu locken. Auch zu viele Filme, die gezielt die Lust an der Zerstörung bedienen, führen schließlich dazu, daß das Medium in der Achtung des Publikums sinkt. Die Tatsache, daß sich in Deutschland die Menschen über dreißig so schwer mit dem Kino tun, ist auch darin begründet, daß bei vielen noch immer die Vorstellung besteht, in den meisten Filmen würde »doch nur geschossen und geknallt«.

## Kultivierung von Obsessionen

Jede Kultur hat ihre speziellen Umgangsformen mit Sexualität und Gewalt. In den westlichen Gesellschaften des ausgehenden 20. Jahrhunderts besteht kein gezieltes Interesse, die Sexualität insgesamt zu unterdrücken. Aber es besteht eine deutliche Grenzziehung gegenüber der Entprivatisierung des Sexualaktes und dessen Pervertierungen. Hinsichtlich der Gewalt zeigt unsere Kultur eine relativ strenge Reserviertheit. Sie ist bestrebt, offene und tätliche Aggression aus dem Alltag so weit wie möglich zu verdrängen. Die Tabuisierung der Gewalt erklärt sich tiefenpsychologisch aus der ungeheuren Anziehung, die von aggressiven Handlungen ausgeht. Denn sie versprechen eine schnelle Bindung von Angst und eine Aufwandsersparnis in spannungsvollen Situationen.

In der Auffassung der Tiefenpsychologie qualifizieren sich als Sexualität und Aggression die frühesten Erregungsmuster, die in der Entwicklung des Individuums zu beobachten sind. Das noch unvollständig entwickelte Leben macht wiederholt die Erfahrung, daß sich mit ihnen eine als chaotisch empfundene Unruhe inhaltlich ausrichten läßt. S. Freud (1905) ging davon aus, daß sich schon bei der Nahrungsaufnahme des Neugeborenen orale Lustempfindungen bemerkbar machen. Sobald der Säugling darauf aufmerksam wird, daß er diese selbst erzeugen kann, wird er versuchen, sie wieder und immer wieder herzustellen. Denn damit bekommt er erstmals Einfluß auf seine Befindlichkeit. Das »Wonnesaugen« ist daher das Vorbild für alle späteren Erregungsformen. Mit der Entdeckung weiterer Lustquellen bilden sich sowohl autoerotische Praktiken als auch erste Liebesverhältnisse heraus. Sind sie gefährdet oder erfahren sie sich als gestört, findet ein Kampf um ihren Lustgewinn statt. In diesem Kontext werden in der Phantasie des Kindes Liebesobjekte erobert und Rivalen beseitigt. Man kann diesen frühen Erregungsmustern mit vollem Recht Züge von Besessenheit zuschreiben. Sie bilden die ersten Obsessionen des menschlichen Lebens. Man erkennt in ihnen unschwer die Themen, die von Filmen immer und immer wieder behandelt werden: Leidenschaft, Eifersucht, Macht, Mord und Vernichtung. Die Anstrengung von Erziehung und Sozialisation richtet sich darauf, die frühen Obsessionen in differenziertere – wir sagen auch »erwachsene« Formen zu überführen. Dabei werden sie zugleich unkenntlich und unbewußt gemacht. In Romanen, Filmen und anderen Unterhaltungsmedien räumt die Kultur ihnen jedoch einen kontrollierten Wirkungsraum ein.

Selbst wenn es im großen und ganzen gelingt, die frühen Obsessionen zu kultivieren, üben sie dennoch weiterhin eine starke Anziehung aus. Sie wirken unbewußt weiter. Es bleiben Reste bestehen, die sich gegen eine Eingliederung in das durch Aufschub, Verzicht und aufwendige Vermittlung gekennzeichnete erwachsene Leben sträuben. Im Grunde müssen wir unser ganzes Leben darum kämpfen, daß sie nicht hervorbrechen und unsere differenzierteren Umgangsformen mit einem Male niederreißen. In Belastungs- und Verführungssituationen, aber auch unter starkem Streß können sie mitunter dann doch ihre Anziehung entfalten und dazu eingesetzt werden, eine spannungsvolle Situation möglichst schnell zu entscheiden. Dann geraten wir in drängende Erregungen, die wir direkt in Handlungen umsetzen wollen. Oder wir verspüren, daß uns affektive Muster in Besitz nehmen, die nicht zu der aktuellen Situation passen wollen.

Mit dem Spielfilm haben wir uns ein Unterhaltungsmedium geschaffen, über das wir ohne lästige Konsequenzen mit unseren unbewußten Obsessionen in Kontakt treten können. Da wir Zuschauer, nicht aber Handelnde sind, stellt das Kino die Möglichkeit dar, zugleich mit einfachsten und kompliziertesten Verhaltensmustern bei ein und derselben Sache beteiligt zu sein. Im Kino können wir fremden Menschen unter das Hemd sehen, ohne den eigenen Kragenknopf zu öffnen. Wir können uns auf Formen der Sexualität einlassen, die wir uns im Leben nicht gestatten. Ebenso können wir unserer Faszination für einfache und schnelle Lösungen nachkommen: Jemand steht mir im Weg und behindert mich? Ein Kinnhaken, ein Pistolenschuß, und der Weg ist frei. Ein anderer mutet mir Einschränkungen zu? Im Alltag werde ich versuchen, mit ihm zu sprechen. Aber im Kino kann ich zusehen, wie ähnliche Störenfriede »kaltgemacht« werden. Die Geschichten der Kinofilme verleihen – ohne daß uns das bewußt ist – den Obsessionen unserer Kinderstube Ausdruck. Und zwar ohne daß wir selbst wieder zu Kindern werden. Das macht das Kino so anziehend und so wirksam – und unterstreicht zudem seinen psychohygienischen Wert für die Kultur im ganzen.

Filme können die Kultivierung der Gewalt zwar ein Stück weit aussetzen oder rückgängig machen. Aber dabei gelangen sie sehr bald an eine Grenze. Mord und Totschlag sind im Kino in der Regel nur im Rahmen des Kriminal- und Actiongenres unterhaltsam. Ein Film wie *Mann beißt Hund* (B 1992) läßt sich nicht in solche Erzählmuster einordnen. Daher ist die in ihm gezeigte Willkür kaum zu ertragen und stößt beim größeren Publikum auf Ablehnung. Bestimmte Formen von Gewalt – etwa gegenüber Frauen, Kindern und Tieren – werden im Kino nicht akzeptiert. Werden sie dennoch gezeigt, laufen die Filme Gefahr, anstößig zu wirken. Mit der Sexualität im Film verhält es sich nicht anders. Erotische Filme werden nicht als anstößig erlebt, wenn in ihnen die Sexualität in den Rahmen grundsätzlich zärtlicher und die Integrität des anderen achtender Beziehungen eingebettet ist. Innerhalb dieses Rahmens sind die Grenzen des Zeigbaren relativ weit gefaßt. Doch sobald Sexualität zum offensichtlichen Selbstzweck eines Filmes wird oder – in Kombination mit aggressiven Komponenten – als Übergriff thematisiert wird, meldet sich bei den meisten Zuschauern ein ungutes Gefühl. Sie bringen damit die geltenden kulturellen Grenzziehungen zum Ausdruck.

Anstößige Darstellungen von Sexualität und Gewalt werden daher im Spielfilm in der Regel vermieden. Wo dies nicht geschieht, greifen die das öffentliche Wohl vertretenden Institutionen wie Jugendschutz, Landesmedienanstalten oder Freiwillige Selbstkontrolle ein. Mit ihnen hat sich die Gesellschaft überparteiliche Instanzen geschaffen, die darüber entscheiden, wo im Einzelfall Filmunterhaltung aufhört und Sittenwidrigkeit beginnt. Eine heute immer wieder diskutierte

Abgrenzung des erotischen vom pornographischen Film besteht unter anderem darin, daß im Spielfilm keine Genitalien aus der Nähe gezeigt werden und daß die Darstellung eines erigierten Penis ausgeschlossen ist.

Das Kino ist eine Einrichtung, die stark in der Öffentlichkeit steht. Wenn die Menschen ins Kino gehen, setzen sie sich selbst einer gewissen öffentlichen Beachtung aus. Daher ist es ihnen in der Regel peinlich, wenn es sich bei Filmen allzu offensichtlich um eine bloße Zurschaustellung von Sexualität und Gewalt handelt. Filmgenuß verlangt eine Ergänzung von Obsession und Kultivierung. Die unbewußten Muster der Befriedigung wollen in entwickelten Formen der Dramaturgie und Ästhetik umgesetzt werden. Nur in dieser Kombination kann man einen Film wirklich genießen und mit anderen darüber sprechen, ohne sich peinliche Geständnisse abringen zu müssen.

### Aufspaltung

Die einfachste Form der filmischen Kultivierung von Obsessionen besteht in einer Aufspaltung: Einerseits werden Zugeständnisse an Erzählformen gemacht, indem in linearen Ereignissen oder gar in Dialogen die Geschichte erzählt wird. Andererseits werden Entkleidungen, Kopulationen oder martialische Kämpfe inszeniert. Der Zuschauer wird auf diese Weise in ein Wechselbad geführt. In einigen Passagen wird ihm ein meist aufgesetzt wirkender, narrativer Faden präsentiert. In anderen werden ihm Sexualität und Gewalt in einer Weise nahegebracht, daß er sich – besonders in den sogenannten Erotikfilmen – kaum zurückhalten kann, selbst sexuell tätig zu werden. In Unterschied zu pornographischen Filmen oder zu den Splattermovies, wird bei dieser Art von Filmen zumindest der Eindruck einer kompletten Geschichte erzeugt. Allerdings fällt die dramaturgische Struktur dieser Streifen meist derart rudimentär aus, daß ihre gezielt stimulierende Absicht deutlich zu erkennen ist.

Solche Erotik- und Gewaltfilme haben wohl mit Recht einen zweifelhaften Ruf, denn sie nutzen die Erregbarkeit der Menschen aus und bieten ihnen kein übergeordnetes bedeutsames Erlebnis an. Das Gezeigte hat weniger mit Film als mit Animation zu tun. Zwar schaden sie den Zuschauern weniger, als in den erhitzten Diskussionen über Gewalt und Sexualität in den Medien oft behauptet wird. Aber sie lassen das Kino zu einer Institution der einschlägigen Stimulation verkommen und schaden damit seinem Ansehen. Solche Filme sind die schwarzen Schafe der Branche.

Auch wenn unsere freizügige Zeit nicht den Anschein erweckt, haben dennoch viele Menschen heute Probleme mit der Sexualität. Das hat weniger mit einer Unterdrückung dieses bedeutenden Bereiches menschlichen Lebens zu tun. Diese fand in viel stärkerem Ausmaß in den 50er Jahren oder um die Jahrhundertwende statt. Um die Jahrtausendwende haben die Menschen Probleme mit der Ausgestaltung von Momenten der Nähe. Die Allgegenwart von Medien, Genußmitteln, professionellen Helfern und von organisierten Freizeitangeboten haben sie in den zwischenmenschlichen Beziehungen hilflos werden lassen. Sie sind in ihren Begegnungen vermehrt auf Hilfestellungen angewiesen, z.B. auf Kontaktanzeigen, Chatrooms im Internet, Alkohol und Drogen. Mehr und mehr lassen sich heute viele junge Menschen über solche Vermittlungen auf das Wagnis ein, dem Sog der Nähe nachzugehen und sie auszugestalten.

Ebenfalls aus Angst vor Nähe benutzen viele Menschen Filme mit sexuellen Szenen zur Stimulation. Bei nicht wenigen Paaren ist das Betrachten von Erotik- oder Pornofilmen die Bedingung für einen befriedigenden Geschlechtsverkehr geworden. Andere lassen sich auf Sexualität mit einem anderen nur widerstrebend ein und ziehen es vor, ihre Sehnsüchte ganz über Filme ausgestalten zu lassen. Voyeurismus ist eine Form der Teilhabe an Sexualität, die zugleich deren Dramatik verspüren läßt und die Kontrolle über die entfesselten Gefühle behält. Über das Zuschauen kann man sich von den obsessiven Wirkungsqualitäten sexueller Erregung mitreißen lassen, ohne mit einem anderen ein gemeinsames Schicksal eingehen zu müssen. Erotikfilme nutzen die kulturbedingte Angst vor Nähe für sich aus und vermitteln Scharen von Schaulustigen das Gefühl, in den Wallungen der Sexualität dennoch die Kontrolle über ihre Erregungen zu behalten.

Im Umgang mit der Aggression sind die Menschen heute nicht minder hilflos. Das liegt daran, daß wir – zumindest in Deutschland – in einer außergewöhnlich friedlichen Zeit leben. Auch um unsere Sicherheit aufrechtzuerhalten, neigen wir dazu, Gewalt und Aggression überhaupt herunterzuspielen und möglichst schon im Keim zu ersticken. Unsere Zeit unternimmt große Anstrengungen, die Gewalt aus dem offiziellen Leben zu verbannen. Trotzdem bleibt sie eine Realität des menschlichen Lebens. Die frühen Formen obsessiver Durchsetzung und Bemächtigung haben auch in unserer Zeit ihre Anziehungskraft nicht verloren. Sie versprechen eine schnelle Lösung von Konflikten und Spannungen und setzen sich daher in von Angst bestimmten Situationen oft zwanghaft durch. Die Vermittlungen und Absicherungen, die unsere Kultur gegen sie aufgebaut hat, erweisen sich nicht immer als dicht.

Nicht jeder hat die Möglichkeit, seine aggressiven Impulse in Beruf, Sport und Hobby unterzubringen. Viele Jugendliche, die von Arbeitslosigkeit bedroht sind und in der allgemeinen wirtschaftlichen Stagnation nur wenig Aussichten haben, jemals den Wohlstand ihrer Großeltern und Eltern zu erarbeiten, lassen ihr Ressentiment und ihre Hoffnungslosigkeit in Vandalismus, Radikalismus und in anderen Symptomen heraus. Sie können auch ins Kino gehen und die martialischen Schlachten und Zweikämpfe, die gleißenden Explosionen und Materialzerstörungen der Mega-Actionfilme dazu benutzen, ihrer Frustration ein Bild zu geben. Bis zu einem gewissen Grade haben solche Filme eine psychohygienische Wirkung. Denn über sie lassen sich Spannungen, die sich im Tageslauf aufgebaut haben, in einem fiktiven Raum abbauen.

Letztlich aber bedeutet es für die meisten Zuschauer eine weitaus größere Befriedigung, wenn Filme Sexualität und Gewalt im Kontext eines Werkes thematisieren, das im ganzen ein bedeutsames und auch die entwickelten Persönlichkeitsbereiche der Zuschauer anstachelndes Erlebnis eröffnet. Denn Filme, die ganz offensichtlich Gewalt und Sexualität zur Schau stellen, beleben die Obsessionen der Menschen, bieten ihnen aber keine differenzierende Einbettung oder Weiterführung an. Sie entkultivieren das Erleben des Publikums und lassen es dann im Regen stehen. Sie hinterlassen meist nicht viel mehr als einen faden Nachgeschmack. Es wird solche Filme wohl immer wieder geben. Nicht zuletzt auch deshalb, weil sich in der Branche unterschiedliche Talente und Kompetenzen bewegen. Aber Produzenten und Redakteure sollten sich die Frage stellen, ob sie diese Tendenz unterstützen wollen. Denn in diesem Sinne benutzt, verkommt das Kino schnell zur mentalen Bedürfnisanstalt.

## Ästhetisierung

Eine zweite Form der Kultivierung von Sexualität und Gewalt im Film ist die Ästhetisierung. Sie erlaubt es, verheerende Naturkatastrophen wie Dekorationen und vernichtende Explosionen wie Sonnenaufgänge zu genießen. Sie läßt den Augenblick des Todes wie ein Gemälde und Kampfszenen wie Tanzchoreographien erscheinen. Sam Packinpahs *The Wild Bunch* (USA 1969) ist einer der ersten Filme, die mit ihren Zeitlupenaufnahmen einen neuen Blick auf die »Ästhetik« von Gewalt und Zerstörung eröffneten. Wenn das Blut der Getroffenen in großem Bogen durch den Raum spritzt und die Gefallenen im Todeskampf zu schweben scheinen, wird dem Zuschauer zweierlei ermöglicht. Einmal kann er sich die Explosivität gewaltsamer Durchsetzung eindringlich erfahrbar machen. Zum anderen aber erlaubt die ästhetisierende Bearbeitung eine größere Distanz zum Geschehen auf der Leinwand. Hieraus resultiert eine abgekühlte oder verdünnte Form der Gewalterfahrung.

Ein Film wie *Independence Day* (USA 1996) wäre wohl kaum ein Vergnügen für die breiten Massen gewesen, wenn seine Macher die apokalyptischen Szenerien nicht auch mit ästhetischem Verstand umgesetzt und dem ganzen Film einen Eindruck von Comic und Überzeichnung gegeben hätten. Wenn die Zuschauer sich auf solche hochwertig realisierten Materialschlachten einlassen, haben sie die Möglichkeit, selbst zu steuern, wie beängstigend oder wie unterhaltsam sie das Ganze finden wollen. In den letzten Jahren haben die deutschen Fernsehsender entdeckt, wie gerne sich die Zuschauer ästhetisierte Zerstörungsszenerien ansehen. Serien wie *Alarm für Cobra 11* (RTL) bringen gleißende Explosionen und beeindruckende Materialvernichtungen regelmäßig ins häusliche Wohnzimmer.

### Bewältigungsmuster beleben

Bilder von Sexualität und Gewalt setzen sich nicht einfach in den Köpfen der Rezipienten fort. In der Regel beleben sie einen inneren Disput. Hierbei können alle erdenklichen Positionen wirksam werden. Das geht vom inneren Mitgehen über moralische Distanzierung bis zur entschiedenen Verurteilung des Gesehenen. Filme können eine starke Wirkung haben, wenn sie das Publikum dazu herausfordern, ihre persönlichen Grenzen und Werte im Umgang mit Sexualität und Gewalt geltend zu machen.

Viele Jugendliche und junge Erwachsene aus bürgerlichen Familien finden ein besonderes Vergnügen darin, sich gewalttätige Horrorfilme anzusehen. In *Scream – Schrei!* (USA 1996) treibt ein Killer in Totenmaske in einer kleinen, freundlichen Stadt sein Unwesen. Bereits in der ersten Sequenz wird Drew Barrymore von ihm durch das Haus gejagt. Eine unfaßbare Bedrohung, die von jeder Seite hereinbrechen kann, breitet sich aus. Dem Freund, der zu Hilfe kommen will, wird der Bauch aufgeschlitzt. Das Mädchen selbst gerät schließlich in die Enge und wird bestialisch umgebracht. Als die Eltern nach Hause kommen, finden sie die Tochter ausgeweidet in einem Baum hängend vor.

Bei Filmen dieser Art sind die meist jugendlichen Zuschauer damit beschäftigt, den Einbruch des Grauens zugleich zu erwarten und zu befürchten. Teils möchten sie, daß der Film sie an das nicht mehr Erträgliche heran führt, teils wünschen sie sich Verschonung und Rettung für die Protagonisten. Die Bedrohung wird sowohl aktuell erfahren, als auch nicht ernst genommen. Die Zuschauer sind sich darüber im klaren, daß sie sich in einer künstlichen Situation befinden. Sie schlürfen an ihren Getränken und kauen auf dem Popcorn. Sie reißen die Augen auf und stoßen Schreie des Schreckens aus. Sie halten sich am Nachbarn fest und reißen abwehrend die Arme hoch. Sie befinden sich in einer ähnlicher Verfassung wie auf der Achterbahn. Bei alledem beschäftigt sie die Frage, ob sie die Belastung werden durchstehen können.

Beim Horrorfilm setzen wir die selbstverständlichen und uns stützenden Ordnungen des Alltags einer Belastungsprobe aus. Wir lassen uns auf eine Gegenwelt ein, um zu verspüren, wie weit die vertraute Ordnung der Welt uns trägt. Es geht dabei weniger um das Ausleben von aggressiven Impulsen, sondern um eine Art Reise in den Bereich des noch gerade zu Bewältigenden. Für Jugendliche bedeuten Horrorfilme eine Art mentales Fintneßtraining. Sie üben sich in Formen des Aus- und Durchhaltens. Sie schärfen ihre Waffen der Ironisierung und entwickeln Fähigkeiten, das Unfaßbare des Grauens zu rationalisieren. Ähnlich wie manche Menschen im Sport sich immer höhere Ziele stecken, sich immer extremeren Belastungen aussetzen, wollen auch die Horrorfans immer mehr und immer grausamere Filme sehen. Sie wollen herausfinden ob es im Bereich der Medienunterhaltung Dinge gibt, die sie dann doch nicht mehr aushalten und bewältigen können.

Die Belebung von Bewältigungsmustern ist jedoch nicht nur bei Horrorfilmen zu finden. Immer wenn ein Film das Publikum dem Grauen der Zerstörung aussetzt und ihm nicht gleichzeitig eine Sicherheit – etwa in Gestalt eines mit Aussicht auf Erfolg in die Wege geleiteten Rettungsunternehmens – anbietet, kommt es zu solchen Rezeptionsformen. Das kann auch bei einem einhellig für gut und wertvoll erachteten Film der Fall sein, wie bei Spielbergs *Der Soldat James Ryan* (USA 1998). Der Kontext, in dem die beispiellose

Brutalität und Grausamkeit des Zweiten Weltkrieges präsentiert wird, belebt im Zuschauer Regungen, die ihn zunächst zu einer Abwehr, schließlich aber zu einer moralischen Problematisierung von Gewalt führen. Bei der Schilderung der verlustreichen Landung alliierter Truppen an der französischen Küste ist in diesem Film keine Rettung in Sicht. Je länger die Sequenz dauert, desto eindrucksvoller entfaltet sich ein Panorama von Zerstörung, Zerstückelung, Verzweiflung und Leiden. Der Zuschauer kann sich vor der zunehmenden Ausbreitung der Gewalt nicht schützen und geht dazu über, sich in einer eher verbissenen Haltung des Durchstehens und Aushaltens einzurichten. Er fragt sich, wie lange das Gemetzel noch so weiter gehen kann und welche Bilder er noch wird ertragen und verdauen können. Einige geben auf und verlassen den Saal. Am Ende des Films haben die Zuschauer das Gefühl, selbst durch die Hölle gegangen zu sein und sind erleichtert, daß der Alptraum ein Ende hat. Der Kriegsfilm von Spielberg ist weit davon entfernt, die Aggressionsbereitschaft des Publikums zu steigern. Vielmehr löst er bei den meisten Zuschauern eine tiefgreifende Auseinandersetzung mit der menschlichen Natur aus. Auch das ist eine Möglichkeit, obsessive Formen der Gewaltausübung im Rahmen eines Filmerlebens weiter zu entwickeln beziehungsweise zu kultivieren.

### Modellieren von mitreißenden Wendungen

Wirksame Filme exhibitionieren Gewalt und Sexualität nicht einfach den Blicken der Zuschauer. Sie setzen sie mit Bedacht und Kalkül bei der Modellierung komplexer Wirkungsprozesse ein. Sie führen das Publikum an Augenblicke heran, in denen die Wirkungsqualitäten von Gewalt und Sexualität als mitreißende Wendungen des Ganzen fungieren. Sie sind das Salz in den großen und publikumswirksamen Filmen und tragen zu deren Erfolg entscheidend bei.

Wenn in einer romantischen Komödie umsichtig und intelligent mit Sexszenen umgegangen wird, sind die Zuschauer unmittelbar dabei, wenn sich das Paar nach langem Hin und Her endlich in den Armen hält. Die Sexualität drängt sich ihnen förmlich auf, bündelt die bis dahin aufgebauten Erwartungen und läßt sie in einem aufregenden Höhepunkt der erotischen Annäherung frei. Ebenso bedeutet es ein zugespitztes Kinoerlebnis, wenn in einem Actionfilm das Publikum in einen Zustand versetzt wird, aus dem heraus es erleichtert aufschreit oder entschieden mitgeht, wenn auf der Leinwand der Held endlich den Kampf für sich entscheidet. In solchen, die Mitwirkung des Zuschauers einkalkulierenden Wendungen, findet das Kino seine aufregendsten und unvergeßlichsten Augenblicke.

In ihnen greifen die Szenen des Films und das Getriebe des Wirkungsprozesses, den er im ganzen modelliert, auf kunstvolle Weise ineinander. Sie erzeugen in den Zuschauern die Bereitschaft, sich obsessiven Formen von Gewalt und Sexualität zu überlassen und dabei zugleich ihren Unglauben an die Realität der Geschichte zurückzustellen. Der Zuschauer verschmilzt über sie mit dem Geschehen auf der Leinwand und vergißt, daß er im Kino sitzt. Weil die Motorik stillgelegt ist, können in seinem Erleben Sexualität und Gewalt Wirklichkeit werden. Am eindringlichsten werden solche Wendungen dann erlebt, wenn der gesamte Film die Empfindungen des Zuschauers trägt. In dessen Spielraum und Differenzierungen, in dessen spürbar thematischer Ausrichtung kann er sich gehen lassen, ohne sich dafür schämen zu müssen und ohne Angst zu haben. Er ist dem Medium für solche Erfahrungen dankbar. Denn für manche Menschen übertreffen solche Momente die Erlebnisse des Alltags an Tiefe und Intensität.

Der vielbeachtete und erfolgreiche Film von Jane Campion *Das Piano* (Austr./F 1992) handelt nur auf der Ebene der Geschichte von einem Klavier. Als Wirkungsprozeß betrachtet, geht es um das Schicksal der erotischen Anziehung zwischen einem Mann und einer Frau. In der feuchten und matschigen Landschaft des neuseeländischen Dschungels findet die zaghafte Annäherung zwischen der stummen Ada (Holly Hunter) und ihrem Nachbarn Baines (Harvey Keitel) statt. Diese

Liebe hat sich nicht nur gegen Adas Ehe mit Stewart (Sam Neill), sondern auch gegen die eifersüchtigen Eingriffe ihrer kleinen Tochter zu behaupten.

Ada liebt ihr Klavier über alles. Stewart hat es eigenmächtig an Baines verkauft. Doch dieser ist bereit, es Ada Stück für Stück zurückzugeben, wenn sie für ihn spielt und ihm dabei ihren Körper enthüllt. Von einem Loch in Adas Strumpf ausgehend, breitet sich die Nacktheit zwischen Ada und Baines immer weiter aus. Über lange Strecken behalten ihre Begegnungen etwas Unbeholfenes und Gehemmtes. Als dann schließlich Ada zum ersten Mal zu ihren Gefühlen steht und Baines aufsucht, um ihn ohne Vorbehalte zu lieben, sind die Zuschauer in einem Spannungszustand, der sich ohne Vorbehalt in der darauf folgenden Liebesszene entlädt. Die nackten Körper, die sich nun erstmals im Einklang miteinander bewegen, geben der vorher Stück für Stück aufgebauten erotischen Sehnsucht der Zuschauer einen bewegenden Ausdruck. Die Tatsache, daß eben dieser Höhe- und Wendepunkt des Erlebensprozesses vom eifersüchtigen Ehemann beobachtet wird, verhindert, daß er als kitschig empfunden wird. Die Modellierung derartiger Augenblicke kann nur das Kino in einer solchen Unmittelbarkeit und Intensität erreichen.

Nicht nur erotische Momente lassen sich über Filme gestalten. Auch actionreiche und mitreißende Wendungen, die zum Erfolg und zu jubelndem Triumph führen, können von Filmen modelliert werden. Auf sie werden die Zuschauer in einer Art und Weise vorbereitet, daß sie bei den entscheidenden Schlägen und Explosionen mit dem Gefühl eigener Genugtuung beteiligt sind. Damit solch ein wirksames Zusammenspiel zwischen Film und Publikum stattfinden kann, muß das Filmerleben in einen Spannungszustand hineingeführt werden, in dem die Tat des Helden eine befreiende Lösung darstellt. Besonders wirksam ist ein solcher Wendepunkt dann, wenn das Publikum über lange Strecken Angst, Erniedrigung und Bedrängnis ertragen mußte. Dann kann ein einziger Schlag in den Bauch des Antagonisten oder ein gezielter Schuß eine befreiende Wendung bedeuten und die Emotionen umpolen. Im

Erleben des Zuschauers und hundertfach verstärkt durch die Teilhabe der anderen, stellt sich in diesem Augenblick der lang ersehnte Ausgleich her.

Beispiele für solche Augenblicke, in denen die Zuschauer eine entschiedene Durchsetzung »mitmachen«, finden sich in vielen Actionfilmen. In *Stirb Langsam 2* (USA 1989) muß John McClane (Bruce Willis) unendlich viel einstecken. Ganz zum Schluß möchte sich die Terroristengang, die ihm das Leben schwermachte, in einem Flugzeug aus der Affäre ziehen. McClane kämpft auf der Tragfläche des zum Start ansetzenden Jets mit seinem Widersacher. Er wird abgeschüttelt und kommt blutverschmiert und schmutzig im weißen Schnee des Flugfeldes zum Liegen. Der Zuschauer hat mitbekommen, daß der Jet große Mengen an Treibstoff verliert. Auch McClane ist dies nicht entgangen. Während die Gangster in der Maschine angesichts ihrer gelungenen Flucht Erleichterung zeigen, wirft der Gedemütigte sein brennendes Feuerzeug in die Kerosinspur. Die Flammen folgen dem startenden Flugzeug bis in die Luft und lassen es mit Getöse explodieren. Im Schein des gigantischen Feuers sehen wir den erschöpften und verwundeten McClane. In seinem Triumph schreit er auf, und die Zuschauer haben das Gefühl, daß sie nach der langen Zeit von Bedrängnis und Not – die auch sie durchmachen mußten – endlich Genugtuung finden.

Das Entscheidende ist die Richtungsänderung, die sich im Inneren der Zuschauer vollzieht, wenn der über lange Zeit gedemütigte Einzelkämpfer sich endlich durchsetzt. Hier wandelt sich die Enge der Bedrängnis in eine Befreiung. Der Akt der Gewalt gliedert sich in eine lange und komplizierte Entwicklung zwischen Erniedrigung und Triumph, zwischen Hinnehmen und Austeilen ein. Ein solch mitreißender Umschwung kann auch von einer Story modelliert werden, die keine heftigen Kämpfe und gleißenden Explosionen zeigt. Ein alles entscheidender Dialog zwischen Protagonist und Antagonist oder eine Gerichtsverhandlung können im Film ähnlich empfundene Momente der Behauptung erfahrbar machen.

## Einbinden in Grundkomplexe

Die fünfte Form, bei der Thematisierung von Gewalt und Sexualität Anstößigkeit und Sinnleere zu vermeiden, besteht darin, sie in den Kontext eines bedeutsamen Grundkomplexes zu stellen. Denn es ist letztlich das Tiefenthema, das darüber entscheidet, wie einzelne Szenen erlebt und aufgefaßt werden. Filme mit einem bedeutsamen Thema ummanteln ihre spektakulären und aufreizenden Bilder, indem sie nicht nur den Bauch, sondern auch Herz und Kopf des Publikums ansprechen. Gewalt und Sexualität werden auf diese Weise in ihrer Ausbreitung begrenzt. Sie finden einen Platz im Betrieb des Lebens. Manchmal stellen sie sich auf diese Weise auch in den Dienst einer aufwendigen menschlichen Leistung.

Bei *Terminator 2* (USA 1991) wird der Zuschauer mit langen und Material verschlingenden Kampfszenen konfrontiert. Für sich allein wäre dies ein sich tot laufendes Spektakel. Doch Autor und Regisseur James Cameron wertet die Materialschlachten auf, indem er sie in den Kontext einer Sehnsucht nach Halt und Schutz stellt. Wenn Arnold Schwarzenegger in der Rolle des Terminators sein Waffenarsenal auffährt, sind die Zuschauer immer auch mit der Frage beschäftigt, ob die liebevolle Einheit von Roboter und Kind durchkommt. Denn in der Story des Films hat der kleine John in dem Terminator so etwas wie einen väterlichen Beschützer gefunden. Damit bildet sich etwas Fragiles und überaus Verletzliches heraus, das die Zuschauer geschützt wissen wollen. Wenn Kind und waffenstrotzender Terminator sich gemeinsam gegen ihren Gegenspieler zur Wehr setzen, schwingt in ihrem Erleben stets ein zartes Schutzmotiv mit. So bringt der Film die Zuschauer dazu, die Gewaltszenen mit ihrer eigenen Sehnsucht nach Halt und Zuneigung zu vermischen. Sie erhalten auf diese Weise eine Be-Deutung und werden weder als anstößig noch als aufgesetzt erlebt.

Der überaus strittig aufgenommene Film von Oliver Stone *Natural Born Killers* (USA 1994) geht in dieser Beziehung noch weiter. Er präsentiert den Zuschauern eine ungewöhnlich brutale Serie von Gewaltszenen und setzt sie damit einer kaum zu ertragenden Annäherung an obsessive Muster der Aggression aus. Zugleich aber belebt der Film ein Liebesthema, das sonst bei romantischen Komödien im Vordergrund steht. Das hat zur Folge, daß diejenigen Zuschauer, die bereit sind, sich auf die Story des Films einzulassen, eine erstaunliche Umdeutung vollziehen. Sie finden in der von den Protagonisten Mickey (Woody Harrelson) und Mallory (Juliette Lewis) gelebten Liebe eine Orientierung im Chaos der Gewalt. Diese beiden von ihren Eltern geschundenen, jungen Menschen streben in einer aus den Fugen geratenen Welt etwas an, was die Zuschauer als eine »mythische« Liebesbindung erleben. Mickeys und Mallorys gegenseitiges Begehren sprengt alle Fesseln. Man hat das Gefühl, sie sind sich bis in den Tod treu. In vielen Zuschauern kommt die Sehnsucht auf, sich selbst einmal einer solchen kompromißlosen Verbindlichkeit überlassen zu können.

Schon die Eingangssequenz von *Natural Born Killers* belebt die Sehnsucht nach einer besseren Welt. Mallory wird von ihren Eltern mißbraucht und gequält. Mickey befreit sie von ihren Qualen und nimmt sie mit auf eine Fahrt durch das Land. Auf der Brücke, die über eine tiefe Schlucht führt, schließen die beiden einen Bund fürs Leben. Mickeys Gewaltausbrüche und die ersten Streitigkeiten drohen die schicksalhafte Verbindung zu gefährden. Der Zuschauer beginnt, um die Liebe zu bangen. Wenn Mickey und Mallory im Gefängnis getrennt werden, setzen die Zuschauer darauf, daß sie wieder zusammenkommen. Als im Zuchthaus eine überaus gewalttätige Revolte losbricht, fühlen sich viele zunächst von den massiven Szenen überrollt. Sie stellen eine Belastung dar, aus der ihnen kein Ausweg angeboten wird. Sie können in dem hektischem Chaos keine Ordnung ausmachen. Um die Belastung auszugleichen, warten sie darauf, daß die Verbindung zwischen Mickey und Mallory einen Ausweg eröffnet. So fiebern sie mit, als das Paar sich schließlich befreit, wiederfindet und einen Weg durchs Chaos bahnt. Im Erleben der Zuschauer triumphiert die Liebe über die Gewalt. Sie genießen die Klugheit, die Leidenschaft und die Treue der beiden Verfolgten. Als man Mickey und Mallory ganz zum

Schluß mit ihren Kindern in einem Wohnmobil sieht, hat dieser »Krieg für die Liebe« einen Abschluß gefunden. Viele Zuschauer gehen mit der Sehnsucht nach einer ähnlich unzerstörbaren Verbindlichkeit nach Hause.

Das Paradoxe an *Natural Born Killers* ist, daß der wegen seiner Gewaltszenen in die öffentliche Diskussion geratene Film im Publikum Gefühle von Zärtlichkeit, Liebe und Verbindlichkeit hervorruft. Die Erlebensprozesse haben etwas anderes zum Thema, als der augenscheinliche Inhalt der Geschichte es vermuten läßt. Wenn es Gewalt-Filmen gelingt, die Zuschauer in eine solche Umdeutung einzubeziehen, holen sie diese aus der Position des Gaffens und der Annäherung an zerstörerische Obsessionen heraus. Sie provozieren in ihnen Wirkungsprozesse, in deren Verlauf es gerade nicht zu einem Freilegen von Aggression, sondern zu einer Neutralisierung und Einbindung derselben kommt.

Auch *Pulp Fiction* (USA 1993) geriet wegen seiner gewalttätigen Szenen in die öffentliche Diskussion. Doch der Film von Quentin Tarantino läßt sich nicht in eine Reihe mit Streifen stellen, die das Publikum mit einer bloßen Zurschaustellung von Gewalt ansprechen. Genauer betrachtet gibt es bei diesem Film kaum eine Gewaltszene, die nicht durch etwas anderes gebrochen und durchformt wäre.

In einer Sequenz am Anfang fahren Vincent (John Travolta) und Jules (Samuel L. Jackson) im Auto durch die Stadt. Sie unterhalten sich über das metrische Gewichtssystem in Europa. Dabei beziehen sie sich auf die Produktbezeichnungen einer internationalen Fast-food-Kette. Sie steigen aus dem Auto und holen zwei riesige Pistolen aus dem Kofferraum. Dann gehen sie in ein Wohnhaus. Mit eigenartigem Ernst diskutieren sie die Frage, ob es unmoralisch sei, wenn ein Mann einer verheirateten Frau die Füße massiere. Sie kommen nicht dazu, diese Frage zu beantworten. Denn nun betreten sie ein Zimmer, in dem drei Jugendliche zum Frühstück Hamburger essen. Ihre Bissen bleiben ihnen vor Angst im Halse stecken. Ohne die Stimmlage ihrer Unterhaltung zu verändern, lassen sich Vincent und Jules ausgiebig über die Qualität des von den jungen Männern verzehrten Junk-foods aus. Und indem

Jules mit ernstem Impetus aus dem alten Testament Hesekiel zitiert, bringt er zwei von ihnen mit gezielten Schüssen um.

Die beschriebene Sequenz ist drastisch. Aber die besondere Art und Weise, in der Alltägliches und Ungewöhnliches, Profanes und Heiliges einander berühren, verleihen der Gewalt einen Hof von Bedeutungen. Die Szenen bringen das Gefühl einer ins Absurde reichenden Beliebigkeit zum Ausdruck. Der Zuschauer gerät in eine Situation, in der er Dinge zueinander in Beziehung setzt, die er gewöhnlich sorgsam voneinander trennt. Anders gesagt: Er macht eine für die Postmoderne typische Erfahrung.

Die Wirklichkeit, die der Film von Tarantino modelliert, hat insgesamt weniger mit dem Erleben von Gewalt als vielmehr mit einer symbolischen Steigerung der Beliebigkeit zu tun, von der das Alltagsleben unserer Zeit bestimmt wird. Der Film wird zu einem kunstvollen Ausdruck unserer Tendenz, alles nur Erdenkliche miteinander in Beziehung zu setzen und als gleichwertig in der Schwebe zu halten. Auch die meisten anderen Sequenzen des Films modellieren ähnlich absurde und in ihrem Sinn vielfach gebrochene Augenblicke. Das einzigartige Erlebnis, das dabei herauskommt, ist die bewegende Essenz von *Pulp Fiction*. In ihrem Rahmen findet die Gewalt eine kunstvolle Bearbeitung und wird, je mehr man sich in die Wirklichkeit des Films einübt, schließlich nicht mehr als anstößig empfunden. Sie bindet das Publikum ein. Wie überaus schwierig es ist, solche Erlebnisse über Film herzustellen, zeigt sich an den vielen vergeblichen Versuchen junger Filmemacher, den spezifischen Tarantino-Touch nachzuahmen.

In *Zimmer mit Aussicht* (GB 1986) werden die Zuschauer auf eine romantische Annäherung zwischen einer im Sinne des englischen Viktorianismus erzogenen jungen Frau und einem jungen Mann eingestimmt. In der prächtigen Landschaft der Toskana entfaltet sich ein zarter Keim der Liebe. Ohne jeden Bezug zur erzählten Story werden die beiden jungen Leute jedoch in den Straßen von Florenz plötzlich Zeugen einer blutigen Schlägerei. Damit bricht unerwartet und scheinbar unmotiviert eine abstoßende Gewalttätigkeit in den Film herein. Sie bricht mit einem Male die zärtliche und romantische Atmosphäre und macht spürbar, wie schnell und folgenreich sich die Dinge wandeln können. Die Zuschauer werden von der Szene überrascht. Die meisten von ihnen hätten nie erwartet, in diesem Ausstattungsfilm von James Ivory mit Bildern brutaler Gewalt konfrontiert zu werden. Damit mutet der Film dem Publikum eine unerwartete Kontrasterfahrung zu, die insgesamt jedoch eine Vertiefung des Filmerlebnisses bedeutet. Denn der plötzliche Einbruch der Zerstörung macht auf die Verletzbarkeit der menschlichen Unternehmungen – auch der romantischen Liebe – aufmerksam. Als beiße man im honigsüßen Pudding plötzlich auf einen harten Stein. Auch das ist eine Form, im Rahmen eines Films Szenen der Gewalt in vertiefende Kultivierungen zu verwandeln. Solche Momente prägen sich ein und wirken nachhaltig.

## Wirkung durch Auslassung

Paradoxerweise hat gerade die Sexualfeindlichkeit des amerikanischen Puritanismus in den 50er Jahren so manche unsterbliche erotische Filmsequenz hervorgebracht. Da es nicht möglich war, die Dinge direkt zu zeigen, mußten die Filmemacher andere Ausdrucksformen finden, um ihrem Publikum erotische Augenblicke zu präsentieren. Eines der gelungensten Beispiele gibt Alfred Hitchcock in *Vertigo* (USA 1958).

Scottie Ferguson (James Stewart) hat den Auftrag, die Frau seines alten Freundes Gavin Elster (Tom Helmore) zu beschatten. Er soll herausfinden, womit sie sich auf ihren Fahrten durch San Francisco die Zeit vertreibt. Schon sehr bald wird den Zuschauern deutlich, daß Scottie sich in die geheimnisvolle Madeleine (Kim Novak) verliebt hat. Sie selbst können sich dem Bann der blonden Schönen kaum entziehen. Wenn Scotties Augen ihr nachblicken, wenn er immer und immer wieder ihren Spuren folgt und immer stärker von dem Wunsch besessen wird, Madeleine nahe zu sein, stellt sich im Erleben der Zuschauer ein erotisches Verlangen ein, das darauf drängt, in eindeutigen Bildern Ausdruck zu erhalten.

Nachdem wir den Autos von Madeleine und Scottie bis zum Fort Point an der Bucht von San Francisco gefolgt sind, springt Madeleine vor den Augen des überraschten Mannes ins kalte Wasser. Er zieht sie kurz entschlossen heraus. Madeleine ist bewußtlos, und an Scotties Stammeln und Streicheln können wir ermessen, wie überwältigt er von der Tatsache ist, der Frau seines Begehrens mit einem Male so nahe zu sein.

Wenig später sehen wir Scottie das Feuer im Kamin schüren und werden Zeugen des Augenblicks, in dem die geheimnisvolle Schöne in seinem Bett aufwacht. Die in der Wohnung sorgsam aufgehängten Kleidungsstücke machen es unmißverständlich deutlich: Sie ist nackt. Wir stellen uns vor, wie sie dahin gekommen ist. Wir müssen an seine Hände denken, die ihr die Kleidung ausgezogen haben. Wir verspüren die Verlockungen, die ihn dabei gequält haben müssen. Hat er sie berührt? So wie er sie vorher, als sie draußen am Fort Point naß und bewußtlos in seinen Armen lag, mit ihrem Vornamen ansprach? Hat er den günstigen Moment ausgenutzt? Wie sehr muß ein Mann sich im Griff haben, um sich in solch einer Situation nicht wenigstens für den Bruchteil einer Sekunde zu vergessen?

*Vertigo* baut eine erotische Atmosphäre auf, die in den Bildern selbst nur zarte Andeutungen findet. Dadurch wirft der Film uns voll und ganz auf unsere eigenen lustvollen Gedanken und Empfindungen zurück. Das ist Hitchcocks meisterhaftes Kalkül. Er spielt den »Schwarzen Peter« dem Zuschauer zu. Kein Mensch kann seinem Film vorwerfen, er stelle die Sexualität zur Schau. Hitchcock zeigt eine eher alltägliche Szene. Doch die bereitet er in einer Weise vor, daß sich im Inneren des Zuschauers eine ungewöhnlich starke erotische Spannung herstellt. Er macht die Zuschauer zu Beteiligten der Szene. Er gibt Anstöße zu einer sexuellen Obsession, die der Film selbst jedoch nur unterschwellig zeigt. Der phallische Turm, den Hitchcock im Fenster von Scotties Wohnung installieren ließ (Auiler 1998), gibt auch dem psychoanalytisch gebildeten Zuschauer Gelegenheit, die erotische Dichte der Szene sexualsymbolisch zu erfassen. Beim

»normalen« Zuschauer unterstreicht er unbewußt die außergewöhnliche Intensität dieses erotischen Augenblickes.

Wenn im Zuschauer das Feuer – oben wurde darauf hin gewiesen: Scottie schürt es im Kamin – erst einmal entfacht ist, dann erhalten die Worte und Gesten, die Madeleine und Scottie austauschen, eine zweite Bedeutung. Wir sind es, die sie auf einen sexuellen Sinn hin ausdeuten. Wir verlangen nach Eindeutigkeiten, die der Film uns vorenthält. Wir verzehren uns nach nackten Wahrheiten. Und wenn dann Madeleine in Scotties Morgenmantel aus dem Schlafzimmer tritt und auf uns zukommt, sind wir bereit, ihr mit einer Bewegung das Kleidungsstück vom Leibe zu reißen. Freilich befriedigt der Film unsere Sehnsucht nicht. Dafür gibt er uns einen Dialog, den wir unweigerlich mit unserer Lust durchtränken.

Verführerischer und erotischer kann ein Film kaum sein. Denn er läßt uns selbst zu Besessenen werden. Er bezieht uns aktiv in die Entstehung eines erotischen Augenblicks ein. Unsere Bereitschaft zu handeln, unsere Erregung klammern sich an die Worte der Protagonisten. Auf Scotties eindringliche Fragen antwortet Madeleine: »Sind Sie immer so direkt?« Er zuckt zurück und entschuldigt sich: »Ich wollte nicht unhöflich sein.« Doch Madeleine blickt ihm in die Augen: »Ich habe nicht gesagt, daß Sie unhöflich sind. Sie sind nur sehr direkt.« Wieder müssen wir an die Hände denken, die sie entkleiden und über ihre zarte Haut streichen. Ja, das ist direkt! So direkt, wie wir uns nach einer Berührung verzehren, die dazu geeignet scheint, alle erotischen Berührungen unseres Lebens in sich zu vereinen.

Hier wird Stück für Stück, mit Bildern und Worten, die selbst keinen sexuellen Inhalt haben, ein zutiefst erotisches Erlebnis gestaltet. Der Film setzt dabei auf die Ergänzungen der Zuschauer. Er plant sie geschickt ein, und er bekommt sie auch. Das Entscheidende ist, daß er die Zuschauer dabei dennoch nicht ihrer Privatsphäre beraubt. Die Menschen sitzen aufrecht nebeneinander im Kino. Sie haben ihre Hemden zugeknöpft und ihre Schuhe geschnürt. Auf der Leinwand sehen sie bekleidete Menschen miteinander im Gespräch. Aber in ihren Herzen glühen sie vor Verlangen. Und nach der Vorstellung müssen sie nicht eilig das Theater verlassen, weil sie das fade Gefühl in sich tragen, auf billige Weise erregt worden zu sein.

## Filmische Modellierung von Sexualität und Gewalt

Der Fesselungskünstler Kino verträgt sich nicht mit einer Zurschaustellung von Sexualität und Gewalt. Je direkter und eindeutiger sich das Kino an die Obsessionen der Menschen wendet, desto mehr verliert es schließlich an Wirkung, an Glanz und an Magie. Der obsessive Charakter von Sexualität und Gewalt verlangt Einbindungen und Durchformungen. Langfristig steigt das Vergnügen am Kino, wenn die Zuschauer über Filme dazu gebracht werden, mit den in ihnen schlummernden Obsessionen etwas anzufangen. Daher setzen die wirksamsten und auch die unvergeßlichsten Filme Sexualität und Gewalt als erregende Stachel ein, die den Seelenbetrieb der Zuschauer anregen.

Es kann nicht darauf ankommen, Sexualität und Gewalt aus den Unterhaltungsformen der Medien zu verbannen. Sie sind ein Bestandteil des menschlichen Lebens und können in den Filmen, die das menschliche Leben spiegeln, nicht verleugnet werden. Zudem sind mit der Darstellung von Sexualität und Gewalt Intensivierungen des Unterhaltungserlebnisses verbunden, auf die ein spannender Film nicht verzichten kann und auf die auch die Zuschauer nicht verzichten wollen.

Worauf es ankommt, ist die filmische Realisierung dieser zugleich erregenden und beängstigenden Inhalte. Die Kunst des Films besteht darin, Sexualität und Gewalt im Rahmen entwickelter psychischer Werke zu behandeln.

Wirksame Filme lassen Sexualität und Gewalt nicht ungebrochene Komplizenschaften mit den Obsessionen der Menschen eingehen. Sie geben den Zuschauern das Gefühl, daß der gesamte Seelenbetrieb involviert ist, wenn Sexualität und Gewalt thematisiert werden. Sie vermitteln die »niedrigsten«

Formen menschlichen Trieblebens mit seinen »höchsten« Leistungen. Nur wenn die Filme Gewalt und Sexualität ungebrochen zur Schau stellen und die Menschen zu Gaffern degradieren, bekommt das Kino jenen zweifelhaften Charakter von direkter Bedürfnisbefriedigung. Nur dann drücken sich die Zuschauer in den Eingängen der Filmtheater herum, als wären sie auf der Suche nach einer Toilette.

### Zusammenfassung

In der Abbildung 3 werden die wichtigsten Punkte dieses Kapitels zusammengefaßt: Wirksame Filme lassen eine Annäherung an obsessive Gewalt und Sexualität verspüren. Aber wenn sie sich deren Mustern zu direkt nähern, löst sich der Fesselungsvertrag des Kinos auf. In diesen Fällen spricht man von Pornographie. Die Zuschauer wollen nicht nur zuschauen, sondern selbst tätig werden.

Es bedeutet eine erste Kultivierung von Gewalt und Sexualität, wenn Filme ihre Geschichten aufspalten. Dann zeigen sie einerseits Szenen, in denen Sexualität und Gewalt relativ eindeutig praktiziert werden, und andererseits Szenen, in denen sie nicht praktiziert werden. Bei solchen Filmen handelt es sich um sogenannte Erotikfilme oder um schlecht gemachte Actionstreifen. Die Ästhetisierung von Sexualität und Gewalt ist die zweite Stufe der filmischen Bearbeitung. Hier werden die erregenden und beängstigenden Inhalte anschaubar und

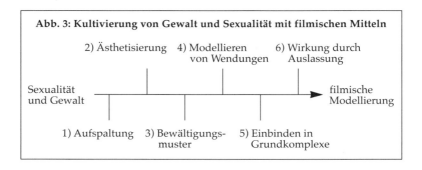

Abb. 3: Kultivierung von Gewalt und Sexualität mit filmischen Mitteln

genießbar, weil deutlich ist, daß sie filmisch gestaltet wurden. Der Wille zur Gestaltung wirkt dem entdifferenzierenden Sog der Obsessionen entgegen.

Auf der dritten Stufe kommt es zu einer Kultivierung von Sexualität und Gewalt, indem der Zuschauer dazu gebracht wird, Bewältigungs- und Durchhalteformen zu entwickeln. Damit wird die Abwehr gegen den obsessiven Charakter von Sexualität und Gewalt herausgefordert. Eine vierte Form der Kultivierung kann man in folgendem sehen: Wenn die Filme einen intelligenten Aufbau haben, werden sie ihre erotischen und gewalttätigen Augenblicke in eine durchgestaltete Erlebensentwicklung eingliedern. Sie leiten entscheidende Wendungen ein und verleihen auf diese Weise einem lange Zeit zurückgehaltenen Gefühl schließlich Ausdruck.

Indem Filme Momente von Sexualität und Gewalt in die Thematisierung bedeutsamer Grundkomplexe einbinden, ist eine fünfte Stufe der Kultivierung erreicht. Wenn sie schließlich sexuelle und aggressive Regungen im Publikum hervorrufen, ohne selbst eindeutig sexuelle oder gewalthaltige Bilder zur Schau zu stellen, gelingt ihnen eine Privatisierung der menschlichen Obsessionen in der Öffentlichkeit des Kinos. Das Erleben der Zuschauer ist intensiv, ohne daß einschlägige Darstellungen ihre Erregung widerspiegeln würden. Das ist die sechste Möglichkeit, den Zuschauer über Sexualität und Gewalt wirksam einzubinden und gleichzeitig Anstößigkeiten zu vermeiden.

# 5
## Wirksame Filmthemen

Die wirksamen Filmstoffe sind nicht mit journalistischen Themen identisch, die zu bestimmten Zeiten öffentlich diskutiert werden und von den Medien aufgegriffen werden. Weil diese jeweils für einige Zeit im Bewußtsein der Menschen wirksam sind, können sie zwar auf einen entsprechenden Film aufmerksam machen. Aber ob die Zuschauer tatsächlich von ihm berührt werden und ihn ins Gespräch bringen, entscheidet sich auf einer anderen Ebene.

Die Zuschauer gehen nicht ins Kino, um Informationen vermittelt zu bekommen. Sie sind auch nicht nur auf Spektakel aus. Sie wollen bedeutsame Erlebnisse. Aktuelle Themen wie »Gentechnologie«, »globale Vernetzung« und »Klimakatastrophe« sind zwar als Aufhänger für die Story und manchmal zur Ausrichtung der Marketingkampagne geeignet. Sie können in der Startwoche das Publikum in die Kinos locken. Doch dann ist der Film dran. Gelingt es ihm nicht, die Zuschauer zu unterhalten und zu beeindrucken, verliert auch der beste Aufhänger seine Anziehungskraft. Wenn ein Film jedoch eine bedeutsame Tiefenthematik hat, kann er von dem Beamten erzählen, der sich einen Schrebergarten anlegt oder von der Rentnerin, die im Salzkammergut Urlaub macht. Die äußere Story ist nur eine Seite des Filmerlebens. Für die Wirkung ist entscheidend, welche teils bewußten und teils unbewußten Inhalte und Entwicklungen damit im Erleben des Zuschauers erzeugt werden.

Unbewußte Wirkungen fesseln stärker als bewußte. Im Kino entscheidet sich die Frage der Wirksamkeit daher ganz wesentlich auf der Ebene der unbewußten Grundkomplexe. Sie sind die Stoffe, die das Kino groß gemacht haben. Wir machen uns in der Regel nicht deutlich, welche Komplexe unser Leben bestimmen. Und doch sind wir tagtäglich damit beschäftigt, Lösungen für sie zu finden. Halt und Zerstörung, Macht und Ohnmacht, Chaos und Ordnung, Vielfalt und Richtung, Kontinuität und Wandel – das sind Grundkomplexe des menschlichen Lebens, die immer aktuell sind und garantiert nicht veralten. Sie geben unserem Leben Schwung und bereiten uns Leiden. Sie treiben uns an und lassen uns scheitern. Sie sind die Motivationen, die das Leben im Innersten zusammenhalten. Weil sie uns im Alltag bewegen und Grenzen setzen, lieben wir es, ihren Schicksalen im Schutz des Kinos nachzugehen.

Es liegen mehrere Typologien von menschlich bedeutsamen Themen vor, die an dieser Stelle erwähnt werden sollen: *The Thirty-Six Dramatic Situations* von Georges Polti gibt eine

Übersicht über dramatische Grundkonflikte, so wie sie in der Weltliteratur seit der griechischen Tragödie behandelt werden. Lajos Egri führt in *The Art of Dramatic Writing* eine Reihe von *premises* auf, die dazu geeignet sind, Geschichten thematisch auszurichten. In dem faszinierenden Buch von Joseph Campbell *Der Heros in tausend Gestalten* findet der Leser eine systematische Analyse des Heldenmythos, wie er in den Sagen, Märchen und Religionen der Menschheit erscheint. Christopher Vogler hat in *The Writers Journey* diesen Ansatz für Drehbuchautoren aufbearbeitet und legt mit vielen praktischen Hinweisen dar, wie sich aus Campbells Ansatz packende Geschichten entwickeln lassen.

All diese Übersichten sind *story*orientiert. Die Filmthemen, die in diesem Kapitel dargestellt werden, sind *wirkungs*orientiert. Es sind Inhalte, die Story und Rezeption umfassen. Sie nehmen die Filmthemen vom Zuschauer ausgehend in den Blick und verstehen den Filmplot als ein Mittel, im Erleben des Zuschauers eine bedeutsame Komplexentwicklung auszulösen.

Von Dostojewskij stammt die Äußerung, die menschliche Psychologie sei ein »Stock mit zwei Enden«. Man kann diese Beobachtung auf die wirksamen Filmthemen anwenden. Sie verstehen ihr Publikum zu fesseln, indem sie ein bipolares Verhältnis aufbauen und sich entwickeln lassen. Im Leben ebenso wie im Kino kommt immer dann Spannung auf, wenn zwei entgegengesetzte Richtungen einander brauchen oder miteinander kämpfen. Der Halt wird bedeutsam in Zeiten der Zerstörung. Der Ruf nach Ordnung erwächst aus dem Chaos, und die Sehnsucht nach Verbindlichkeit wird gerade im Wandel aller Dinge zur Forderung. Eins ist auf das andere angewiesen. Macht sich die eine Seite des »Stocks« breit, beginnt die andere ihr Recht einzufordern. So entsteht das bunte Spiel des Lebens. Und darum drehen sich die wirksamen Filmthemen.

Autoren und Produzenten gibt das Konzept der Grundkomplexe ein Einschätzungsinstrument zur Hand. Mit ihm lassen sich Geschichten in Hinblick auf ihre Wirksamkeit untersuchen und optimieren. Eine klare Vorstellung über die

Relevanz eines Filmstoffes für die Alltagserfahrungen der Menschen erlaubt es, die Erwartungen und Reaktionen der Zuschauer von Anfang an zu berücksichtigen. Das hat mit einer Anbiederung an den Massengeschmack nichts zu tun. Es handelt sich darum, in einem Metier, bei dem es wesentlich um die Planung und Herstellung von Wirkungsprozessen ankommt, auch tatsächlich – wie es Edgar Allan Poe ausdrückte – »mit der Erwägung einer Wirkung anzufangen«.

Grundkomplexe müssen nicht erfunden werden. Da es sich bei ihnen um die wichtigsten Themen des menschlichen Lebens handelt, sind sie bereits im Zuschauer wirksam und warten darauf, belebt zu werden. Sie finden im besonderen Glanz des Films eine herausgehobene Behandlung. Viele Filme legen es darauf an, bereits in den ersten Szenen den von ihnen behandelten Grundkomplex anklingen und ihn bis zum Finale nicht mehr aus dem Auge zu lassen. Wenn ihnen das gelingt, entfalten sie eine ungewöhnliche Stringenz.

Da wirksame Filmthemen von den Alltagserfahrungen der Menschen ausgehen, werden wir bei der nun folgenden Auflistung der Grundkomplexe jeweils beschreiben, welche Bedeutung sie für das menschliche Leben haben und in welchen Konstellationen sie sich bemerkbar machen. Die Kinogänger haben kein konturiertes Bild von ihnen und doch haben sie mit ihnen ihre Erfahrungen gemacht. Diese Erfahrungen sind es, die eine Brücke zwischen Publikum und Film schlagen, und über die letztlich die Frage der Wirkung entschieden wird.

### 1. Zerstören – Erhalten

Wenn wir es uns auch nur selten deutlich machen, wissen wir doch, daß unser Leben endlich und von mannigfachen Gefahren und Übergriffen bedroht ist. Daher schockieren uns Naturkatastrophen und Wirtschaftskrisen, Berichte über die Zerstörung der Erdatmosphäre ebenso wie Verkehrsunfälle und Gewaltverbrechen. Wenn der Alltag in ruhigen Bahnen verläuft, können Bilder der Zerstörung die Menschen aber auch anziehen. Erregt verfolgen sie Berichte, die von Flugzeugabstürzen, Bombenexplosionen, Serienmördern und Krankheiten erzählen. Ohne es sich immer deutlich zu machen, vergewissern sie sich auf diese Weise ihrer eigenen Unversehrtheit.

Gewalt und Zerstörung können uns faszinieren, solange sie uns nicht zu nahe kommen. Wenn wir jedoch selbst vom Tod eines Freundes oder Verwandten erfahren, wenn uns das Schicksal trifft, sehnen wir uns nach Trost und Beruhigung. Wenn uns eine Krankheit schwächt, suchen wir die Hilfe eines Arztes auf. Wenn wir persönlich bedroht werden, setzen wir uns dafür ein, daß unser Besitz und unser Leben erhalten bleiben. Filme, die Zerstörungen thematisieren, sind daher wirksam, wenn sie zugleich auf die Wünsche nach Halt und Sicherung eingehen. Um sie als unterhaltsam zu erleben, brauchen die meisten Zuschauer die Gewißheit, daß selbst in größter Not Abhilfe und Rettung in Aussicht stehen. Auch im Kino hofft das breite Publikum, daß es wirksame Mittel gegen Krankheiten, Rettung in der Katastrophe und entschlossene Sicherheitskräfte zum Schutz vor krimineller Gewalt gibt.

Zerstören – Erhalten ist ein von Spielfilmen häufig behandeltes Thema. Das liegt zum einen an seiner universalen Gültigkeit, zum anderen aber auch daran, daß es sich auf spektakuläre und die Schaulust der Zuschauer reizende Weise umsetzen läßt. Die Menschen haben sich das Kino auch deshalb geschaffen, weil sie dort auf einem sicheren Stuhl den erschütterndsten Gefahren ins Auge blicken können. In *Jurassic Park* (USA 1993) nimmt die Zerstörung die Gestalt von Dinosauriern an. In *Outbreak* (USA 1994) sind es unsichtbare Viren, die das Leben bedrohen. *Dantes Peak* (USA 1996) bedient sich eines mächtigen Vulkans, um den Grundkomplex zu beleben. Und *Mars Attacks* (USA 1996) behandelt die vernichtende Invasion von Außerirdischen im Rahmen einer drastischen Komödie. Bei jedem dieser Filme wird das Drama von Zerstören und Erhalten aktuelle Wirklichkeit. Mal bedrängender, mal komischer. Das Publikum genießt die Szenerien der Vernichtung als erregenden Kitzel und beruhigt sich an den Bemühungen zum Erhalt des Lebens, die die Story ins Feld führt.

*Independence Day* (USA 1996) von Roland Emmerich rückt wie kein anderer Film zuvor die Bedrohung der Erde auf eine zugleich imponierende und comicartige Weise ins Bild. Der Erdball ist umstellt von außergalaktischen Raumschiffen riesigen Ausmaßes. Sie drohen die Menschheit systematisch auszurotten. In ihrem feuerspeienden Angriff auf die Metropolen des Planeten können die Zuschauer all die Zerstörungen, von denen sie sich im Alltag bedroht fühlen, unterbringen und zugleich als harmloses Spektakel bestaunen. Die Bedrohung des Lebens wird zum lustvollen Zeitvertreib. Die Zuschauer können sicher sein, daß alle filmischen Gestaltungsmittel eingesetzt werden, um ihre Lust an der Zerstörung zugleich zu befriedigen und vor sich selbst geheimzuhalten. Und ebenso wissen sie, daß das Inferno schließlich doch nicht stattfinden wird. Die Eindringlinge werden im letzten Augenblick vernichtend geschlagen. Die Zuschauer gehen in dem Gefühl nach Hause, daß der vorübergehend verlorengegangene Halt wiederhergestellt wurde. *Independence Day* realisiert sich als ein aufregender Flirt mit dem Weltuntergang.

Manche Filme gehen noch einen Schritt weiter als die breitenwirksamen Blockbuster. Sie konfrontieren den Zuschauer mit Bildern und Geschichten, die sein Fassungsvermögen aktuell strapazieren. Sie ziehen ihn in eine Wirklichkeit hinein, in der die vertrauten Naturgesetze außer Kraft gesetzt zu sein scheinen oder zeigen ihm Spielarten menschlichen Lebens, die sich dem Verständnis und der Einfühlung entziehen. Bei Filmen wie *Der Nebel des Grauens* (USA 1979), *Das Schweigen der Lämmer* (USA 1990), *Alien* (USA 1979) oder *Kleine Morde unter Freunden* (GB 1994) wird die Zerstörung auf der Leinwand zu einer Belastungsprobe des Zuschauers. Er verliert seine Gelassenheit, weil er das Muster des Films nicht durchschaut. Es sind über lange Strecken keine verläßlichen Maßnahmen zur Rettung in Sicht – der Zuschauer findet im Film keinen Anhalt für seinen Wunsch nach Halt und bekommt Angst.

Horrorfilme haben aus diesem Grund ein relativ kleines Publikum. Es finden sich nicht viele Menschen, die sich mit

Haut und Haar einer solchen Belastung aussetzen wollen. In der Regel sind es Jugendliche und junge Erwachsene. Zerstörung, Perversion und Vernichtung sind für ein breites Publikum nur dann unterhaltsam, wenn der Film zu erkennen gibt, daß die Lage nicht völlig hoffnungslos ist und die gewohnte Ordnung sich schließlich wieder durchsetzt. Es spricht für die Wirksamkeit des Kinos, wenn es selbst hundert Jahre nach seiner Erfindung noch immer Zuschauer gibt, die vergessen, daß sie sich einen Film anschauen. Sie fühlen sich unmittelbar bedroht, ringen um Fassung und können sich manchmal nur dadurch schützen, daß sie die Hände vor die Augen halten oder den Kinosaal verlassen.

## 2. Verkehrung – Halt

Das Leben läuft nicht immer so, wie wir es planen. Wir schenken Vertrauen und werden verletzt. Wir wollen Gutes tun und ernten Vorwürfe. Zuversichtlich nehmen wir etwas in Angriff, um nach einiger Zeit festzustellen, daß wir uns damit selbst eine Falle gestellt haben. Die besten Absichten kehren sich gegen uns. Freunde werden zu Feinden, Wohltäter zu wahren Quälgeistern. Die Dinge entgleiten uns, und wir können uns selbst nicht mehr weiterhelfen. Jetzt stecken wir fest und finden keinen Ansatz für Veränderung. Es ist, als habe uns ein Fluch getroffen. Verkehrt gelaufen, nichts geht mehr!

In solchen Lagen fühlen wir uns hilflos und verloren. Wir sehnen uns nach jemanden, der uns eine Stütze sein kann. Man möchte den Halt einer starken Schulter genießen. Das ist der Augenblick, wenn wir verzweifelt Vater und Mutter herbeiwünschen oder Gott anrufen. Sie wirken wie Retter in der Not, und manchmal bewirken sie tatsächlich Wunder. Sie geben uns die verlorene Zuversicht zurück. Sie beruhigen mit ihrer Entschlossenheit und Kompetenz. Mit ihrer Hilfe finden wir aus der verqueren Lage wieder heraus.

In *Waterworld* (USA 1995) hat sich der technologische Fortschritt gegen die Menschen gekehrt. Fast die ganze Erde ist überflutet, und das Leben spielt sich auf dem Wasser ab. Die

Dinge des Alltags haben ihre vertraute Bedeutung verloren. Das Trinkwasser ist so kostbar wie Gold. Mit Papierschnitzeln kann man Handel treiben. Die Menschen sind dazu gezwungen, auf dem Wasser zu leben. Das alles wirkt im ganzen wie eine verkehrte Welt. Kameraführung und Schnitt erzeugen den Eindruck einer schwankenden Wirklichkeit. Die unter diesen Bedingungen aufkommende Sehnsucht nach stabilem Halt konzentriert sich auf den Mariner (Kevin Costner) und seinen perfekt funktionierenden Trimaran. Er steuert das Boot mit beruhigender Souveränität durch die Wellen. Der immer ernste Mann verspricht Halt in der aus dem Lot geratenen Welt. Er nährt unsere Hoffnung, wieder festen Grund unter den Füßen zu spüren.

In *Absolute Power* (USA 1996) deutet im ersten Drittel kaum etwas darauf hin, daß der Film von dem Grundkomplex Verkehrung – Halt getragen wird. Luther (Clint Eastwood) ist ein Meisterdieb. Wir begleiten ihn, als er in ein Haus einbricht und sich in einem geheimen Zimmer daran macht, Schmuck, Uhren und Münzen einzusammeln. Doch bevor er seine Spuren verwischen kann, wird er zufällig Zeuge eines Mordes: Während eines entgleisten Liebesspiels bringt der Präsident der Vereinigten Staaten (Gene Hackman) seine Geliebte um. Sie ist die Ehefrau eines einflußreichen Mannes, der die Wahl des Präsidenten im guten Glauben an dessen Integrität unterstützt hat. Von nun an ist Luther bedroht. Er wird von allen gejagt: Den Sicherheitsbeamten des Präsidenten, dem Ehemann der Ermordeten und von der Polizei. Erst im letzten Drittel des Films gewinnt Luther die Initiative zurück. Geschickt setzt er den gewissenlosen Politiker unter Druck und kann sich schließlich von allen Verdächtigungen befreien.

Das ist die äußere Geschichte, die für reichlich Spannung sorgt. Doch indem der Drehbuchautor William Goldman darüber hinaus das Thema Verkehrung – Halt behandelt, verleiht er dem Film eine ungewöhnliche Tiefe. Es findet Ausdruck in der Beziehung zwischen Luther und seiner erwachsenen Tochter. Kate (Laura Linney) bringt ihre Enttäuschung über den kriminellen Vater mit ihrer Berufswahl zum Ausdruck: Sie ist Staatsanwältin und möchte nicht, daß Luther Kontakt zu ihr aufnimmt. Sie hält ihn für egoistisch und verantwortungslos. Immerhin hat er Jahre ihrer Kindheit, für sie unerreichbar, im Gefängnis verbracht. Er hat ihre Anlehnungswünsche und ihre Liebe verraten.

Was Kate nicht weiß, erfährt der Zuschauer mit dem Fortgang des Films: Luther hat sie nie aus den Augen verloren. Er war bei ihren Examen zugegen und hat Fotos gemacht. Regelmäßig schleicht er sich in ihre Wohnung und sieht in ihrem Kühlschrank nach, ob sie sich auch gut ernährt. Er hat den Kontakt zu ihr – auf seine Art – immer »gehalten«. Als der skrupellose Präsident auch Kate in die schmutzige Affäre hineinzieht, ist sie ganz auf ihren Vater angewiesen. Er rettet ihr das Leben, und erst jetzt erkennt sie, daß sie seinen Schutz schon immer genossen hat. Luther hat seine Fürsorge nur nicht an die große Glocke gehängt. Kates Bild von ihrem Vater gerät ins Wanken. Nun kann sie den Halt, den ihr Vater ihr anbietet, doch noch annehmen und genießen. Der Film bringt ihre Veränderung zum Ausdruck, wenn die erwachsene Frau ihn zum ersten Mal mit »Daddy« anspricht.

Filme haben eine tiefe Wirkung, wenn sie im Erleben der Zuschauer Drehfiguren erzeugen. Dies ist bei *Absolute Power* gelungen. Indem der Film das Bild einer sich verkehrenden Wirklichkeit zeichnet, manifestiert sich zugleich Stück für Stück die Verbindlichkeit des Vaters gegenüber seiner Tochter. Es ist, als wechsle die Welt ihr Standbein und als rücke mit dem Wandel aller Dinge schließlich ein Halt in das Blickfeld, der ohne die Verkehrungen nicht sichtbar geworden wäre.

In *Terminator 2* (USA 1991) haben sich die von Menschen entwickelten Maschinen gegen ihre Schöpfer gekehrt. Die Welt versinkt in dunklem Chaos. Indem der Terminator (A. Schwarzenegger) sich als eine Art Schutzengel für die Menschheit erweist, findet der Zuschauer einen Anhalt für seine Wünsche nach Anlehnung und Rettung. Die TV-Serie *Hallo Onkel Doc!* (SAT.1) macht das Verhältnis von Verkehrung und Halt zu einem wöchentlichen Erlebnis. Die Arztserie zeigt, wie Kinder unter den Schwächen Erwachsener zu leiden haben. Mit ihrer Vertrauensbereitschaft geraten sie in schmerzliche Situationen, aus denen sie sich nicht mehr befreien können. Sie fühlen sich allein gelassen und hilflos. Onkel Doc ist nicht nur Mediziner, sondern zugleich ein Retter, der die Schieflagen wieder richtet. Er wirkt auf das Umfeld der Kinder ein und befreit sie aus ihrer Not.

Soweit Filmthemen, die das menschliche Bedürfnis nach Sicherheit und Halt thematisieren und damit freilich auch die Sensationslust, den erregenden Kitzel der Gefahr beleben. Spektakuläre Zerstörungsszenerien und aus dem Ruder geratene Welten sind anziehend, weil die Menschen unbewußt auch immer mit der Zerstörung dessen liebäugeln, was ihnen Halt und Sicherheit verleiht. Sie wollen den Halt auf die Probe stellen und herausfinden, ob er tatsächlich trägt. Nur wenn das reale Leben aus den Angeln zu springen droht, wenn die kulturellen Institutionen vollends versagen, suchen die Menschen im Kino nach Erlebnissen, die sie durchgängig in Sicherheit wiegen. Am Ende des Zweiten Weltkriegs lag die Welt in Trümmern, aber in den Kinos sahen sich die vom Leid Geprüften am liebsten heitere Komödien und Musikfilme an.

### 3. Erniedrigung – Triumph

Im Laufe des Lebens geraten wir unvermeidlich in Ordnungen, die wir nicht selbst geschaffen haben. In der Familie, in der Schule und am Arbeitsplatz bestimmen andere, was getan und was gelassen wird. Wir treffen auf Menschen, die uns ausnutzen oder uns ihre Macht spüren lassen. Institutionen wie Internat, Kirche und Militär verlangen Gehorsam und Unterordnung. Manchmal spitzt sich die Situation zu. Dann fühlen wir uns ungerecht behandelt, unterdrückt und erniedrigt. Wir wollen uns aus der Bestimmung durch andere befreien. In den modernen Gesellschaften kündigen die Menschen ihre Arbeitsstelle oder rufen ein Gericht an. Unter dem Diktat eines totalitären Regimes organisieren sie die Revolte.

Letztlich kommt kaum ein Mensch um das Ausfechten solcher Machtproben herum. Für Jugendliche ist die Revolte gegen die elterliche Ordnung untrennbar mit der Notwendigkeit verknüpft, eine eigene Identität auszubilden. Viele Menschen ziehen es vor, Konfrontationen auszuweichen und fügen sich den vorgefundenen Regeln. Manchmal um den Preis ihres eigenen Glücks und ihrer Gesundheit. Andere setzen sich für die Belange von Mitmenschen ein und finden darin ihren Lebenssinn. Sie folgen den Pfaden Robin Hoods. Wenn es nicht wirklich jemanden zu befreien gibt, wirken diese Zeitgenossen allerdings eher komisch. Wieder andere erkämpfen sich eine Position, in der sie den Spieß herumdrehen und andere führen, vielleicht sogar erniedrigen können. Doch auch sie können das Verhältnis von Erniedrigung und Triumph nicht ignorieren. Je mehr Macht sie bekommen, desto mehr müssen sie sich mit den Bestrebungen ihrer Untergebenen auseinandersetzen, gegen die Vorherrschaft zu revoltieren.

Das Thema Erniedrigung – Triumph will nicht so recht in eine Zeit passen, in der Soziologen davon sprechen, daß es keine Klassengesellschaft mehr gibt und die Vätergeneration – wie ein Psychiater es ausdrückte – »keine ödipale Revolte wert« ist. Heute erscheint alles möglich und erreichbar. Trotzdem gibt es immer wieder Filme, die diesen Grundkomplex behandeln. Vielleicht auch deshalb, weil sich die Menschen in der flirrenden Vielfalt der Postmoderne insgeheim nach eindeutigen hierarchischen Verhältnissen sehnen.

*Braveheart* (USA 1995), bei dem Mel Gibson Regie führt und den schottischen Freiheitskämpfer William Wallace spielt, zeigt das Leiden der von den Engländern unterdrückten Schotten im Mittelalter. Obwohl der Film eine Story aus längst vergangenen Zeiten erzählt, kam er besonders bei dem jungen Publikum gut an. Wallace verliert als Kind Bruder und Vater und muß als erwachsener Mann zusehen, wie seine geliebte Frau von den Statthaltern des englischen Königs ermordet wird. Die Erniedrigung ist unerträglich. Seine persönlichen Rachegefühle verknüpft Wallace mit der Sehnsucht der schottischen Bauern, über ihre Belange und ihr Land selbst bestimmen zu können. In zahlreichen listig ausgeführten Überfällen, aber auch in massigen Konfrontationen auf dem Schlachtfeld, geht es um die Frage, ob die Schotten über die zynischen Besatzer triumphieren können.

*Rob Roy* (USA 1994) erlaubt dem Zuschauer ein ähnliches Erlebnis wie *Braveheart*. Auch hier geht es um einen schottischen Freiheitskämpfer, der sich gegen die Übermacht der Engländer durchsetzt. In *Robin Hood – König der Diebe* (USA 1991) führt Kevin Costner den Sheriff von Nottingham an der Nase herum und setzt sich für die Armen und Entrechteten ein. *Bandits* (D 1997) erzählt die Geschichte einer Gruppe von Rockmusikerinnen. Sie werden im Gefängnis gedemütigt und brechen aus. Schließlich avancieren sie zu Heldinnen der von ihrer Musik begeisterten Fans und triumphieren über ihre Verfolger. TV-Serien wie *Columbo* (RTL) oder *Der Bulle von Tölz* (SAT.1) thematisieren den Komplex weniger eindeutig. In beiden Serien stehen polizeiliche Ermittler im Mittelpunkt, die aufgrund ihres Auftretens oder ihrer Körperstatur unterschätzt werden. Die Täter, in der Regel mächtige Menschen in Politik und Wirtschaft, wiegen sich in Sicherheit und können sich manch offene Geringschätzung nicht verkneifen. Schließlich aber erweisen sich Inspector Columbo (Peter Falk) und Kommissar Berghammer (Otfried Fischer) doch als klüger und triumphieren über diejenigen, die sie vorher mit ihrer Macht zu demütigen suchten.

## 4. Angriff – Flucht

Die Menschen geraten auch unabhängig von hierarchischen Ordnungen in Streit. Sie rivalisieren miteinander. Sie kämpfen um ihre Position in der Warteschlange ebenso wie am Arbeitsplatz. Wer setzt sich durch? Wer hat den längeren Atem, die größere Kraft? Die »Hackordnung« muß immer wieder neu ausgehandelt werden.

Wir können vor der Stärke des anderen kapitulieren oder uns gegen ihn zur Wehr setzen. Wir haben die Wahl zwischen Angriff und Flucht. Geben wir vorschnell auf, werden wir an den Rand gedrängt und schließlich übersehen. Wählen wir den Kampf, können wir uns schmerzhafte Wunden zuziehen. Freilich können wir auch als Sieger hervorgehen, aber selbst dann kann sich das Blatt schnell wieder wenden. Als die

Menschen noch mit physischer Gewalt die Hackordnung aushandelten, schwebten sie ständig in Lebensgefahr. Sie waren wachsam wie die wilden Tiere. Gerade noch auf der Flucht, formierten sie ihre Kräfte und verfolgten den Angreifer. Das sind Wendungen, die so alt sind wie die Menschheit. Männliche Jugendliche verbringen einen Großteil ihrer Zeit mit Kämpfen und Kräftemessen – sei es mit Worten, unter Einsatz von Statussymbolen und Markenartikeln oder unmittelbar körperlich.

Der Komplex Angriff – Flucht realisiert sich im zeitgenössischen Alltag selten als physischer Kampf Mann gegen Mann. In unserer Zeit ist es nicht angebracht, Konflikte mit Fäusten oder Waffen auszutragen. Doch so weit sind wir davon auch wieder nicht entfernt. Daher drehen sich viele Begegnungen unterschwellig um die Frage, wer siegen und wer unterliegen wird. Das einfache Muster von Flucht und Angriff ist auch in den nebensächlichsten Gesprächen wirksam. In TV-Talks ebenso wie in intellektuellen Streitgesprächen. Es kommt in Blicken, Gesten und in der Wortwahl zum Ausdruck. Es ist daher verständlich, daß auch dieser Komplex zu denjenigen gehört, die vom Kino am häufigsten behandelt werden. Als Kernstück des Actiongenres wird er in Form einer unendlichen Bandbreite von Kampfszenen und Verfolgungsjagden realisiert.

*Stirb Langsam* (USA 1987) von John McTiernan handelt von einem Kampf auf Leben und Tod, den zufällig in einem Hochhaus zusammentreffende Widersacher miteinander ausfechten. Auf der einen Seite steht eine Terroristengruppe und auf der anderen der Polizist John McClane (Bruce Willis). Er muß einiges an Hieben, Stichen und Schüssen einstecken, aber mit Intelligenz und Witz weiß er den richtigen Augenblick für den entscheidenden Gegenangriff zu nutzen und überwältigt die Gangster. Der harte Actionfilm hält den Zuschauer über den Drehpunkt von Angriff und Gegenangriff in Spannung. Es ist ein Katz- und Mausspiel unter Einsatz von Körperkräften und Zerstörungstechnologien. Mal hat die eine, mal die andere Seite das Übergewicht. Nachdem die Aussichten McClanes auf ein Nichts zusammengeschrumpft sind, setzt er sich schließlich doch noch durch. Es ist diese erregende Wendung von Angriff in Flucht und vice versa, die den wirksamen Kern des Actionfilms ausmacht.

In *Blue Steel* (USA 1989) verfolgt die Polizistin Megan Turner (Jamie Lee Curtis) einen psychotischen Serienmörder. Sie verwickelt sich mit ihm in heftige Kämpfe und muß feststellen, daß sie eine unheimliche Seelenverwandschaft mit dem Mann verbindet. Die Protagonisten sind durch das Muster von Angriff und Flucht miteinander verschweißt. Sie können sich aus der Besessenheit des Kampfes nicht mehr lösen. In *Eine verhängnisvolle Affäre* (USA 1987) erfährt der Grundkomplex Angriff – Flucht eine Sexualisierung. Nach einem Seitensprung wird die Familie Dan Gallaghers (Michael Douglas) von seiner Geliebten (Glenn Close) verfolgt. Die heftigen Umdrehungen zwischen den Angriffen der Frau und den Gegenangriffen des Mannes halten den Zuschauer durchgängig in Atem.

Wenige Actionfilme der 90er Jahre beschränken sich auf die Behandlung des Themas Angriff – Flucht. In der Regel bringen sie einen zweiten Grundkomplex ein, der dem Publikum eine intensivere emotionale Beteiligung erlaubt. *Last Boy Scout – Das Ziel ist überleben* (USA 1991) ist hierfür ein Beispiel. Der ehemalige CIA-Agent und jetzige Privatdetektiv Joe (Bruce Willis) ist eine traurige Figur. Sein Einkommen ist schmal, seine Frau betrügt und seine Tochter verachtet ihn. Das Schlimmste aber ist: Er haßt sich selbst. »Du bist ein Mistkerl, Joe!« sagt er sich wiederholt, um dann fortzufahren: »Schlimmer als das.« Ein Job verwickelt ihn und seinen Freund in eine Serie von Kämpfen. Das entspricht dem Muster von Angriff – Flucht. Indem der Film jedoch auch Joes Charakter fokussiert, bezieht er sein Publikum in eine zweite, als noch

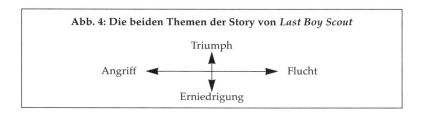

Abb. 4: Die beiden Themen der Story von *Last Boy Scout*

bedeutsamer erlebte Thematik ein. Seine schon fast peinliche Selbstdemütigung wandelt sich in einen Triumph nicht nur über seine Widersacher, sondern auch über sich selbst. Am Ende erhält Joe die Achtung seiner Tochter zurück, deren Verlust ihn so sehr schmerzte. Indem der Film von Tony Scott zwei Thematiken in einer Story zusammenführt, erschließen sich dem Zuschauer mehrere Dimensionen eines Ganzen. Man kann dies wie in Abbildung 4 veranschaulichen.

## 5. Direkt – Vermittelt

Ich will ein Leben im Luxus, also hole ich mir die Millionen dort, wo sie aufbewahrt werden: in der Bank. Ein Rivale steht mir im Weg: Ich ruiniere ihn durch Rufmord oder bringe ihn um. Ich begehre eine Frau. Warum nehme ich sie mir nicht hier und jetzt? Es gibt immer direkte Wege zum Ziel. Jede Kultur ist durch eine Anarchie der Wünsche bedroht. Auch wenn wir uns nicht mehr gegenseitig die Köpfe einschlagen, geht von Formen direkter Durchsetzung und Inbesitznahme eine unheimliche Anziehung aus. Selbst differenzierte Menschen können unter gegebenen Umständen davon mitgerissen werden.

Die Kultur baut auf Steuerung und Mäßigung obsessiver Handlungen auf. Moral und Recht haben die Funktion, das Lebensrecht des einzelnen und die Ordnung der Gesellschaft zu schützen. Sie stellen Vermittlungen bereit, welche die Sprengkraft einfacher Befriedigungsmuster entschärfen. Nur diejenigen Formen der Durchsetzung und Aneignung werden akzeptiert, die das Recht des anderen berücksichtigen. Ich will ein Leben im Luxus, also wähle ich einen Beruf, in dem ich Geld verdienen kann, und arbeite hart. Mein Rivale steht mir im Weg, also stelle ich ihn durch Leistung in den Schatten. Ich begehre eine Frau, also werbe ich um sie und verzichte, wenn sie mich nicht ebenfalls liebt.

*Falling Down* (USA 1992) von Joel Schumacher zeigt Michael Douglas als namenlosen Bürger (»D-Fens«) von Los Angeles. Während eines bedrückend inszenierten Autostaus dreht er durch und gerät in den obsessiven Kreislauf von Bedrängnis und Freikämpfen. Es wird auf eindringliche Weise spürbar, wie ein Mann von dem einfachen Muster direkter Durchsetzung erfaßt wird und sich nicht mehr daraus befreien kann. Mit der Figur des Inspektor Prendergast (Robert Duvall), der den Amokläufer schließlich stellt, kommen vermittelnde Lösungen ins Spiel. Als sich D-Fens über seine Zwanghaftigkeit und die Enge seines Lebens im klaren wird, ist es für ihn jedoch zu spät. Die von ihm hinterlassene Spur der Zerstörung läßt sich nicht mehr verwischen.

*Set it off* (USA 1996), Regie F. Gary Grant, erzählt von vier jungen schwarzen Frauen aus dem Ghetto von Los Angeles. Sie brauchen Geld. Sie wählen den schnellsten Weg zum Ziel und rauben eine Bank aus. Da der erste Coup ganz gut geklappt hat, folgt ein zweiter. Der Film macht erfahrbar, wie verlockend und einfach der direkte Weg zum Ziel sein kann, und zeigt, wobei er mit Witz und Ironie nicht spart, daß sich auf diese Weise die Besitzverhältnisse schnell wandeln können. Er macht aber auch deutlich, daß kulturell geforderte Zwischenschritte übergangen werden. Die vier Bankräuberinnen werden schließlich von den Vertretern des Gesetzes umstellt. Stony (Jada Pinkett), die wegen des Todes ihres kleinen Bruders am meisten hat leiden müssen, ist die einzige, die entkommen kann. Zur Flucht verhilft ihr bezeichnenderweise derjenige Polizist, der den Tod des Jungen zu verantworten hat. Solche unabhängig von Recht und Staatsgewalt gefundenen Lösungen sind für Filme der 90er Jahre charakteristisch. Mit dem Gesetz in Konflikt geratene Helden müssen nicht zwangsläufig scheitern, sondern dringen mitunter in den Bereich einer »höheren Gerechtigkeit« ein.

Direkt – Vermittelt ist das Kernstück einer jeden Kriminalgeschichte. Ob eine Gruppe von Gentlemangangstern in der Aussicht auf ein Leben im Luxus den Postzug ausraubt oder ein Landarbeiter seine Frau ertränkt, weil er mit einer anderen ein neues Leben beginnen möchte –, immer geht es um das erregende Versprechen direkter Handlungen. Unsere Nacht- und Tagträume stehen den Krimis bekanntlich in nichts nach. In der Phantasie steuern wir ersehnte Ziele ohne Umwege an und lassen unsere Widersacher sterben. Die Verlockung des Direkten ist aus dem Leben nicht zu eliminieren. Daher werden Kriminalfilme auch weiterhin ihr Publikum finden.

## 6. Tun – Getanwerden

In der Manege wird umgebaut. Der Clown kommt herein und stellt sich als Direktor des Zirkus vor. Mit großen Gesten dirigiert er die Arbeiter, die jedoch keine Notiz von ihm nehmen. Das Publikum lacht vor Vergnügen. Warum? Weil der Clown ihnen ihre eigene Situation vor Augen führt. Auch wir bilden uns ein, Herren im eigenen Haus zu sein. Dabei übersehen wir, daß wir von einem Betrieb gesteuert werden, der über unser konkretes Tun und unsere bewußten Absichten hinausgeht. Sigmund Freud mutete den Menschen die kränkende Erkenntnis zu: Was wir »Bewußtsein« nennen, ist nur die Spitze eines riesigen Eisberges. Und der »freie Wille«, den wir so gerne hochhalten, ist nur ein Rädchen in einem auch ohne sein Dazutun arbeitenden Getriebe.

Wir haben den Seelenbetrieb nicht erfunden, wir führen ihn nur aus. Wir haben auch die kulturellen Institutionen nicht selbst geschaffen. Und doch bestimmen sie unseren Alltag. Ohne sie wären wir hilflos. Wir werden von Zusammenhängen bestimmt, die wir kaum überblicken. Der größte Teil unserer Lebenswirklichkeit ist unbewußt und damit nicht verfügbar. Weil wir das nicht ertragen können, machen wir uns vor, Schöpfer unserer Handlungen zu sein. Wir wiegen uns in der Illusion des Wissens und der Kontrolle. Tatsächlich aber setzen wir nur Akzente in einem von uns nicht zu überblickenden Wirkungszusammenhang. Wie der Clown winken wir heran und weisen ab. Wir reißen unsere Arme hoch. Das sieht beeindruckend aus. Doch der Betrieb geht auch ohne solche Gesten weiter.

*Der unsichtbare Dritte* (USA 1959) von Alfred Hitchcock ist eine teils amüsante, teils spannende Realisierung dieses Themas. Roger Thornhill (Cary Grant) ist Werbemanager und hat seine Agentur fest im Griff. Aber schon die ersten Szenen lassen ahnen, daß er sich etwas vormacht. Und tatsächlich: Kurze Zeit später zwingen ihn zwei Gangster, in ein Auto zu steigen und fahren mit ihm davon. Mit Ach und Krach kann sich Thornhill aus der fremden Gewalt befreien, gerät aber im selben Zuge unter die Fuchtel seiner kontrollierenden Mutter. Hat er sie abgeschüttelt, wird ihm schon eine geheimnisvolle blonde Frau (Eva Marie Saint) zum Verhängnis. Erst ganz zum Schluß gelingt es Roger Thornhill, an seiner zu Beginn des Films gezeigten Souveränität wieder anzuknüpfen. Er befreit sich aus den fremden Mächten und gewinnt die Liebe der blonden Frau.

Der Zuschauer hat bei diesem Film die Möglichkeit, das Drama von Tun und Getanwerden auf einem stabilen Stuhl zu durchleben. Er gerät wiederholt in Situationen, in denen sich das Gefühl, Herr des eigenen Geschicks zu sein, in ein Getanwerden durch andere Mächte wendet. Lange Zeit ist der Betrieb, in den Thornhill gerät, undurchsichtig und mächtiger als er. Er strampelt und bemüht sich darum, den verloren gegangenen Einfluß zurückzugewinnen. So hat auch Cary Grant Züge des dummen August im Zirkus. Sein Talent zur Komik eignet sich dazu, die Wendungen zwischen Tun und Getanwerden auf eine liebenswerte Art zu verkörpern. Er bringt Verhältnisse zum Ausdruck, in denen sich jeder von uns wiederfinden kann.

Krankenhäuser symbolisieren das Verhältnis von Tun – Getanwerden. Denn unser Körper ist ebenfalls ein »Betrieb«, dessen Funktionieren wir als selbstverständlich voraussetzen. In der Regel werden wir erst dann auf ihn aufmerksam, wenn er ausfällt. Wenn wir uns auf den eigenen Organismus nicht mehr verlassen können, sind wir vorübergehend bereit, uns dem Betrieb des Krankenhauses anzuvertrauen. Er verspricht, die Störung aufzuheben. Im Krankenhaus stellen wir unser Tun zurück und lassen uns behandeln. Es überbrückt die Störung mit seinen Apparaturen und einem hoffentlich engagierten Personal. TV-Serien wie *Emergency Room* (ProSieben), *OP ruft Dr. Bruckner* (RTL) und *Alphateam* (SAT.1) haben dies thematisiert. Sie machen erfahrbar, daß unser Lebensbetrieb nur dann weitergeht, wenn der ganze Apparat in Bewegung bleibt. Gerät er ins Stocken, können wir uns auf ihn nicht mehr verlassen, tut es gut zu wissen, daß es ein kompetentes Team von Ärzten gibt, die entschlossen eingreifen und die Störung beheben.

## 7. Beweglichkeit – Zwang

Theoretisch kann in unserer Kultur ein jeder machen, was er will. Er kann reisen, wohin er will, und auf die unterschiedlichste Facon glücklich werden. Er kann mehrmals seinen Beruf wechseln und seine Individualität bis zur Skurrilität ausleben. Das persönliche Leben läßt sich aus einem reichen Angebot an Bildern zu einer schillernden Collage zusammensetzen. Heute lebt man nicht sein Leben, sondern man konstruiert es. Nichts ist unmöglich! Häufig geht es darum, einen guten Auftritt zu haben. Wir experimentieren mit Wirkungen und flirten mit Entscheidungen. Mal bringen wir dies und mal jenes auf die Bühne. Wir sind zwar nicht ungebunden, aber in unseren Wahlmöglichkeiten noch nie so frei gewesen. Durch Werbung, Mode und Medien mehrfach gebrochen und gespiegelt, hat unser Alltag künstliche Züge angenommen. Das alles macht den Eindruck einer ungeheuren Beweglichkeit.

Bei genauem Hinsehen zeigt sich jedoch, daß nur sehr wenige in ihrer Lebensgestaltung tatsächlich so frei sind, wie sie glauben. In der Regel besteht die Freiheit darin, sich mit den Notwendigkeiten zu arrangieren. Unumgänglich ist allein schon die Befriedigung der großen Körperbedürfnisse: Wir müssen essen, trinken und schlafen. Nicht verzichtbar sind bestimmte Gegenstände des täglichen Gebrauchs wie Zahnbürste, Seife, Kleidung. Auf geradezu »dämonische« Weise wird die Kunst des Lebens jedoch von Zwängen und Hemmungen, von Abhängigkeiten und Obsessionen eingeschränkt. Auch wenn sie uns angst macht, wenn sie unsere Existenz zu zerstören droht, können wir manche Abhängigkeit nicht umgehen. Unsere geliebte Beweglichkeit droht zu erstarren. Wir müssen uns eingestehen, daß wir von Zwängen beherrscht werden, die wir nicht steuern können.

In *Verhängnis* (F / GB 1992) verliebt sich ein auf dem Zenith seiner Karriere stehender Politiker (Jeremy Irons) in die Freundin seines Sohnes. Der Zuschauer kann miterleben, wie sich eine zufällige Anziehung allmählich zu einem mörderischen Zwang verengt. Alles wird davon mitgerissen und gerät in den Sog der Zerstörung. In *Breaking the Waves* (DK 1996) kann eine junge Frau die Liebe zu ihrem Mann nicht steuern – mit tödlichen Konsequenzen. Das ist das Besondere am Kino. Er eröffnet Erfahrungen, die uns im realen Leben zerstören würden. Es macht die Dramen einer ungeheuren Wirklichkeit zum unterhaltsamen Ereignis. In *Trainspotting* (GB 1995) werden die Beweglichkeit der Kunst und der Zwang der Drogensucht zu einem einheitlichen Filmwerk zusammengeführt. Die Story erzählt von einem Heroinabhängigen und macht dessen selbstmörderische Obsession auf die drastischste Art spürbar. Zugleich aber konstruiert der Film von Danny Boyle mit seiner eigenwilligen Form ein überaus bewegliches und differenziertes Erlebnis. Die Enge eines Zwangs findet in diesem Film eine ungewöhnlich kunstvolle und witzige Behandlung.

Welche Zwänge und Besessenheiten kommen beim Kinopublikum heute an? An den Einspielzahlen läßt sich ablesen, daß nicht alle Filme mit dieser Thematik gut laufen. *The Fan* (USA 1996) beispielsweise, der mit Robert de Niro in der Hauptrolle eigentlich gut besetzt war, konnte die in ihn gesteckten Erwartungen nicht erfüllen. Der Film über einen alternden Baseballfan verlangt vom Zuschauer, sich auf eine Obsession einzulassen, die das Leben des Protagonisten schließlich zerstört. So etwas ist im Kino nur dann zu genießen, wenn es sich wie bei *Verhängnis* um eine sexuelle Obsession handelt oder wenn der Film – wie etwa *Trainspotting* – zumindest auf stilistisch-technischer Ebene auch das Bedürfnis nach Beweglichkeit zufriedenstellt.

*Obsession* (D 1997) von Peter Sehr erzählt die Geschichte einer Frau, die zwei Männer liebt und sich nicht entscheiden kann. Der Titel des Films verspricht ein mitreißendes Erlebnis. Jedoch ist der Film im ganzen nicht darauf angelegt, dem Zuschauer tatsächlich eine Probe obsessiver Verfallenheit nahezubringen. Zu schnell und übergangslos kommt die Liebe ins Spiel. So hat sie für den Zuschauer keine Magie. Zuviel wird über Gefühle gesprochen, und zuwenig werden sie als Erlebnis gestaltet. Man bleibt distanziert und fragt sich, warum gerade diese Frau (Heike Makatsch), die mit kindlicher Stimme philosophische Weisheiten verkündet, den beiden Männern derart den Kopf verdrehen kann. Im Kino wollen die Zuschauer die Spannungen eines Konflikts verspüren. Sie wollen die damit verbundenen Verheißungen und die Bedrohungen aktuell erfahren. Sie wollen ein Erlebnis, das spürbar um einen menschlichen Grundkomplex kreist.

### 8. Perspektiven – Eine Wirklichkeit

Im 18. Jahrhundert zerstörte die Aufklärung die Vorstellung einer für alle Menschen gültigen Wahrheit. Man begann die Wirklichkeit als ein vernünftig organisiertes Ganzes zu verstehen, in dem eine Vielzahl von Perspektiven miteinander streiten. Heute sieht man es als eine Selbstverständlichkeit an, daß die Kulturen, ja die einzelnen Menschen die Welt von unterschiedlichen Standpunkten her auslegen. Interessen entscheiden darüber, was als Wahrheit und Lüge, was als richtig und falsch gesehen wird. Der Standpunkt ist auch ausschlaggebend für die Werte, die ein Leben bestimmen. Die Menschen sind keine Schachfiguren in einer objektiven Realität, sondern Konstrukteure ihrer Wirklichkeit. Das 20. Jahrhundert glaubt nicht an allgemeingültige Axiome. Es glaubt an den Streit der Perspektiven und Konstruktionen.

Die Wirklichkeit als Ganzes teilt sich auf in eine quirlige Vielfalt von Lebensformen. Jede behandelt auf ihre Weise das allgemeine menschliche Drama. Hier wird ein Mensch geboren, dort kämpft ein anderer mit dem Tod. Während sich ein Mann und eine Frau verlieben, findet woanders ein Scheidungskrieg statt. Der eine ist auf Erfolgskurs, der andere macht bankrott. Jeder lebt sein Schicksal, leidet und genießt auf seine Art. Und trotzdem, auf wunderliche Weise hält das Ganze irgendwie zusammen, löst es sich nicht in heillosem

Chaos auf. Es ist ein und dieselbe Wirklichkeit, die den unzähligen Perspektiven einen Rahmen bereitstellt. Eine Wirklichkeit, die nach einer überschaubaren Anzahl von Regeln funktioniert.

*Short Cuts* (USA 1993) von Robert Altman stellt einen Tag in Los Angeles aus unterschiedlichen Perspektiven dar. Familien, Pärchen und Singles in ihren Wohnungen, Clubs und Kneipen. Es gibt keinen herausgehobenen Protagonisten. Dafür viele untreue Männer und Frauen, hilflose Eltern, seelisch verwahrloste Kinder. Sie werden von Obsessionen getrieben und pflegen die Wunden, die sie sich im Austausch mit anderen zugezogen haben. Die unterschiedlichen Lebenslinien bewegen sich, zunächst kaum bemerkbar, dann aber immer deutlicher aufeinander zu: Ein Erdbeben erschüttert die Stadt und stellt die Menschen unter ein gemeinsames Schicksal. Für jeden hat die Katastrophe eine andere Bedeutung. Für den einen bedeutet sie die Chance, einen Mord im allgemeinen Tumult zu vertuschen. Der andere kann sich endlich als Held erweisen und den Opfern zu Hilfe kommen. Für eine ältere Frau ist das Beben jedoch bedeutungslos: Da sie gerade ihre Tochter verloren hat, ist sie in einem viel stärkerem Maße emotional erschüttert. Das Wackeln der Wände kann sie nicht beeindrucken. Altmans Film bezieht den Zuschauer in die perspektivischen Wechsel einer komplizierten Wirklichkeit ein, indem er mehrere Tagesläufe zu einem Werk zusammenfügt. Er konfrontiert uns mit der ganzen perspektivische Vielfalt der Realität. Der Titel des Films verweist darauf, daß wir unsere Lebenswege stückweise modellieren: Wir »schneiden« sie aus dem Wirkungsganzen heraus.

Viele Filme ohne herausgehobenen Helden eröffnen dem Publikum ein ähnliches Erlebnis. In *Smoke* (USA 1994) werden die unterschiedlichen Lebensrichtungen einer Reihe von Stadtbewohnern über einen Kiosk miteinander verknüpft. *The Birdcage* (USA 1995) von Mike Nichols – wenn auch kein Episodenfilm wie *Short Cuts* – macht dem Zuschauer auf komische Weise eine Fülle von Lebenswelten zugänglich. Aber in dem Song »We are family«, zu dem sich schließlich der konservative Politiker, der schrille Homosexuelle und das mit

Hoffnungen bedachte Liebespaar gleichermaßen im Tanz bewegen, finden die unterschiedlichen Welten der Protagonisten eine anrührende, gemeinsame Ausrichtung. Deutsche Produktionen wie *Das merkwürdige Verhalten geschlechtsreifer Großstädter zur Paarungszeit* (D 1998) und *Bin ich schön?* (D 1998) haben diese Thematik ebenfalls für sich entdeckt. Wie selbstverständlich der Perspektivismus im 20. Jahrhundert geworden ist, zeigt sich vor allem aber in dem andauernden Erfolg von zahlreichen Seifenopern ohne herausgehobenen Helden. Serien wie die *Lindenstraße* (ARD) und *Gute Zeiten, schlechte Zeiten* (RTL) eröffnen ein schier endloses Spiel zwischen dem Ganzen und seinen Perspektiven.

### 9. Verlockende Vielfalt – Richtung

Die Welt konfrontiert uns mit einer Vielfalt von Verlockungen. Wir sehen uns einer schillernden Fülle reizvoller Möglichkeiten gegenübergestellt. Jeder Tag führt uns in Versuchung, die vertraute Spur zu verlassen. Dieser Mann, diese Frau ziehen uns an. Jene Unternehmung verspricht außergewöhnliche Erregung. Sollen wir es nicht mit einem neuen Beruf, einem anderen Partner oder einem anderen Lebenssinn versuchen? Die Kirschen in Nachbars Garten schmecken besser. Wir begehren, was wir nicht besitzen.

Würde man jedem Reiz folgen, ginge man in der Vielfalt schnell verloren. Daher wählen wir aus, weisen zurück und verzichten auf vieles. Indem wir uns gegenüber den mannigfachen Verführungen zu behaupten suchen, finden wir eine Richtung. Sie verleiht unserem Tag und unserem Leben Ordnung. Doch sie entläßt uns nicht aus der Aufgabe, die gefundene Spur immer wieder mit den verlockenden Alternativen, dem Wandel aller Dinge abzustimmen.

*Forrest Gump* (USA 1994) von Robert Zemeckis setzt einen Taumel der vielfältigen Lebensmöglichkeiten in der zweiten Hälfte des 20. Jahrhunderts in Gang und zeigt, wie man darin verlorengehen kann. Auf der anderen Seite bietet er mit der nur schwer von flüchtigen Versuchungen zu beeindruckenden Figur Forrest (Tom Hanks) eine Orientierung an. Die Dumpfheit seines Intelekts schützt ihn davor, in der Vielfalt zu zerfließen. So versuchen Millionen von Menschen die Frage »Wie kann man in einer pluralistischen Gesellschaft eine Richtung finden?« zu beantworten. *Forrest Gump* sagt ihnen: Laßt euch nicht von allem beeindrucken, versucht nicht alles zu verstehen. Ein wenig Verzicht auf Neugier hält euer Schiff auf Kurs.

Die erfolgreiche TV-Serie *Anna Maria – Eine Frau geht ihren Weg* (SAT.1) wurde zum großen Teil von Zuschauern mittleren Alters, besonders aber von Frauen gesehen. Viele haben sich entweder durch Ehe und Kinder oder einen Beruf festgelegt. Damit haben sie sich dem Reigen vielfältiger Aufregungen entzogen. Eine ihrer quälendsten Sorgen ist es nun, etwas zu verpassen. Denn in der zeitgenössischen Kultur muß sich jede entschiedene Richtung gegen eine Vielfalt von verlockenden Alternativen behaupten. *Anna Maria* zeigt eine Reihe von Menschen, die oft den schnellen Weg zum Glück suchen. Sie lassen sich zu kurzsichtigen Aktionen hinreißen und verwickeln sich in die dabei entstehenden Komplikationen. Inmitten dieser Irrenden lebt die Kiesgrubenbesitzerin Anna Maria (Uschi Glas). Sie ist nicht so leicht verführbar, überrascht mit weitsichtigen Entscheidungen und würde sich nie zu einer unüberlegten Leichtsinnigkeit hinreißen lassen. Durch eine verlockende Wirklichkeit hindurch hält sie an ihrem Selbstverständnis, an ihren Zielen und an ihrem Besitz fest. Bei alledem bleibt sie anständig. Indem sie andere nicht übervorteilt und auf Rache verzichtet, hebt sie sich von den anderen Figuren der Serie ab. *Dr. Stefan Frank* (RTL) bietet den Menschen ein ähnliches Erlebnis an. Die Zuschauer haben über diese Serien allwöchentlich die Möglichkeit, die Verheißungen und Gefährdungen des Grundkomplexes Verlockende Vielfalt – Richtung abzuschmecken.

Von *Jenseits der Stille* (D 1995) wurde häufig gesagt, der Film thematisiere die Welt der Gehörlosen. Doch dies ist eine oberflächliche Betrachtung. Der Film hätte ohne ein alle Menschen berührendes Tiefenthema nicht einen solchen Erfolg gehabt. Er behandelt den Grundkomplex von verlockender

Vielfalt und Richtung als Problem der Identitätsfindung. Die achtjährige Lara (Tatjana Trieb) wächst bei ihren taubstummen Eltern auf dem Lande auf. Ihre Tante Clarissa (Sibylle Canonica), die in Berlin lebt, schenkt ihr eine Klarinette. Lara entwickelt ein musikalisches Talent, das sie von ihren gehörlosen Eltern entfremdet. Mit achtzehn Jahren zieht Lara (Sylvie Terstud) zur Tante nach Berlin, erlebt eine Reihe von Enttäuschungen, aber auch ihre erste Liebe. Der unerwartete Tod der Mutter macht es Lara schwer, den Vater (Howie Seago), der ihre Liebe zur Musik nicht verstehen kann, mit der kleinen Schwester zurückzulassen. Trotzdem bleibt sie in Berlin, löst sich von dem Einfluß Clarissas, besteht die Aufnahmeprüfung zur Musikhochschule und söhnt sich mit ihrem Vater aus.

Der mit dem Film verbundene Erlebensprozeß macht erfahrbar, was es bedeutet, eine eigene Richtung im Leben zu finden. Zunächst scheint Lara nicht so recht zu wissen, welche Richtung sie einschlagen soll. Ihre Schwärmerei für Tante Clarissa, ihr Schwanken zwischen der Lebensform ihrer Eltern und dem eigenen Entwicklungsdrang wirken zerfahren. Mal droht sie dem Vorbild Clarissas verhaftet zu bleiben. Mal zeigt sie Anstalten, auf die Entfaltung ihres Talents zugunsten der gehörlosen Eltern zu verzichten. Es ist ein bewegender Moment, wenn sich schließlich in der erwachsenen Lara die geweckten Versprechungen und Befürchtungen formen. Es kommt das anziehende Bild einer jungen Frau heraus, das sich von den Vorbildern gelöst und zu sich selbst gefunden hat. Der rührendste Moment entsteht am Ende, als angedeutet wird, daß der Bruch zwischen der musikalischen Tochter und dem in der Stille lebenden Vater heilbar ist. Diese Wendung erfüllt die Sehnsucht aller Menschen, im Zuge der Suche nach der eigenen Identität die Liebe der anderen nicht zu verlieren. Lara ist die Verkörperung des Rotkäppchens, das Gefahr läuft, sich in den am Wegesrand vorgefundenen Dingen zu verlieren, das sich aber schließlich aus dem Bauch des Wolfes herauslöst und als eigene Gestalt behauptet.

## 10. Zerfließen – Konsequenz

Nicht jedem erscheint es erstrebenswert, in der verlockenden Vielfalt Richtung zu halten. Besonders jüngere Menschen wollen sich lange Zeit alle Optionen offenhalten. Sie benutzen die Verlockungen der Welt zur Ausgestaltung nicht endender Erregungswellen. Sie erklären die Ziellosigkeit zum Ziel und lassen sich treiben. Die Medien- und Spaßgesellschaft der Jahrtausendwende stellt ihnen dafür das Material bereit. Auf diese Weise kommen sie beinahe überall hin und lernen sehr viel kennen. Aber sie wissen immer weniger, wer sie selbst eigentlich sind.

Je mehr man sich treiben läßt, desto leichter gerät man in den Wirkungsbereich einer »fremden Macht«. Daher lassen sich manchmal erstaunliche Umschwünge beobachten. Auf der Suche nach der Bewußtseinserweiterung findet man sich im strengen Reglement einer Sekte wieder. Globetrotter werden mit einem Mal seßhaft, ziehen ins Reihenhaus und bepflanzen den Vorgarten. Lebenskünstler und Nachtschwärmer ziehen einen Anzug an und machen Karriere in der Bank. Der Übergang vom Sichtreibenlassen zu einer konsequenten Ausrichtung des Lebens findet bei ihnen wie aus heiterem Himmel statt. Doch meistens beginnen nach solch einer Kehrtwende erst recht die Schwierigkeiten. Man gelangt vom Regen in die Traufe. Man fühlt sich entfremdet, antriebslos, leer und wird von Angstgefühlen geplagt. Das Leben beschenkt einen mit seinem Reichtum jedoch erst dann, wenn die Konsequenzen auf selbst gewählte Entscheidungen zurückgehen.

*Der Trost von Fremden* (I / USA 1989) macht die Wandlung vom Unbestimmten zum Bestimmten zum Kinoerlebnis. Harold Pinter schrieb das Drehbuch, Paul Schrader hat den Film in Szene gesetzt: Colin (Rupert Everett) und Mary (Natasha Richardson) haben sich entfremdet. Um ihrer Beziehung einen neuen Anstoß zu geben, sind sie nach Venedig gefahren. Nun ziehen sie durch die Gassen und warten auf eine Belebung ihrer Leidenschaft. Venedig – das ist für sie die Hoffnung auf einen zündenden Funken. Ihre Befindlichkeit gleicht den schwankenden Gondeln auf dem Wasser: ein

Schwebezustand ohne Ziel. So laufen sie an den Kunstschätzen vorbei, ohne davon berührt zu werden. Sie plaudern miteinander, doch die Worte wirken wie leere Hülsen. Sie necken sich, doch es ereignet sich nichts. Unendlich scheint der Irrweg des Paares durch das Labyrinth der dunklen Gassen. Sie wenden sich mal rechts, mal links. Sie zerfließen in den Formen der großen Stadt. Das Publikum wird ungeduldig.

Und dann ereignet sich das, worauf sie insgeheim warteten: Ein Fremder in weißem Anzug taucht aus einer dunklen Gasse auf und fragt: »Brauchen Sie Hilfe?« Nichts mehr als das! Colin und Mary folgen dem Mann, der sich mit Robert (Christopher Walken) vorstellt und vertrauen damit sich einer alles verändernden, fremden Macht an. Sie werden Teil der Besessenheit eines Perversen. Darüber bekommen ihre Worte Inhalt, und zwischen ihnen entsteht die Erregung, die sie so sehr vermißt haben. Immer wieder greifen sie auf den Trost des Fremden zurück. Damit zieht sich der Kreis um sie jedoch langsam zu. In dem Maße, in dem sie sich fremdbestimmen lassen, unterliegen sie der Logik der Perversion. Das kostet Colin das Leben.

Für den Zuschauer ist dieser ungewöhnliche Film außerordentlich interessant. Er führt ihn an die Stelle heran, an der ein menschlicher Leerlauf in eine Fremdbestimmung übergeht. Auch den Zuschauern wurde das ziellose Laufen durch die Gassen zu lang. Sie wollten, daß endlich etwas passiert. Auch sie wollten sich von einem Fremden trösten lassen. Und nun passiert es. Das ist ein erregender Augenblick, weil er zugleich entlastet und beschwert. Man ist der Suche nach einer Richtung enthoben, und es zeigen sich Qualitäten, die im Schwebezustand vermißt wurden. Aber man läuft damit auch Gefahr, in einen fremden Zwang zu geraten und die Kontrolle zu verlieren.

*Der bewegte Mann* (D 1994) von Sönke Wortmann zeigt mit viel Witz und feiner Beobachtungsgabe, wie ein junger Mann in den mannigfachen Reizen der 90er Jahre verlorenzugehen droht. Bei einem gedankenlosen Seitensprung verliert Axel (Til Schweiger) die Liebe seiner Freundin Doro (Katja Riemann). Sie schmeißt ihn aus der gemeinsamen Wohnung. Er läßt sich durch ein Panorama unterschiedlicher Lebensformen treiben. Das Leben als buntes Karussell entfaltet sich vor den Augen der Zuschauer. Alles ist möglich! Alles ist witzig! Doch dann stellt sich heraus, daß Axels Freundin ein Kind bekommt. Eine unausweichliche Konsequenz schiebt sich in den folgenlosen Fluß und richtet Axels Leben schließlich neu aus. Er ringt sich dazu durch, die Verantwortung für sein Kind zu übernehmen. Damit geht *Der bewegte Mann* bei der Behandlung des Themas Zerfließen – Konsequenz einen Schritt weiter als *Der Trost von Fremden*. Er führt die Zuschauer an den Punkt heran, an dem eine selbst gewählte Entscheidung den Zwang der Fremdbestimmung durchbricht.

*Nach Fünf im Urwald* (D 1995) erzählt die Geschichte eines jungen Mädchens (Franka Potente), das sich treiben läßt und dadurch den Zorn ihres Vaters erregt. Sie reißt aus und macht sich auf den Weg in die Großstadt. Während ihrer nächtlichen Irrfahrt ist sie mehreren Verführungen ausgesetzt. Aber diesmal läßt sie sich nicht einfach treiben, sondern bestimmt selbst, welche Richtung ihre Reise nehmen soll. Der besondere Witz des Films von Hans-Christian Schmid liegt darin, daß zur gleichen Zeit, in der Anna durch konsequente Abgrenzung an Kontur gewinnt, deren Eltern in Erinnerungen an ihre Jugend und im Haschischrausch zerfließen.

Das Tiefenthema Zerfließen – Konsequenz weist einen starken Bezug zu Grundproblemen der zeitgenössischen Kultur auf; es liegt sozusagen im Trend. Unter der Überschrift »Wunsch nach Grenzen« werden wir in Kapitel 11, das die wirksamen Filmthemen der Jahrtausendwende behandelt, noch einmal darauf zurückkommen und es an weiteren zeitgenössischen Erfolgsfilmen veranschaulichen.

## 11. Beliebigkeit – Wertsetzung

In unserer durch Pluralismus und Individualismus geprägten Gesellschaft sind die Menschen immer weniger dazu bereit, sich einer für alle geltenden Wertordnung unterzuordnen. Wir haben es heute mit einer Vielfalt von gleichberechtigten

Lebenszielen zu tun. Jede Lebensform hat ihre Berechtigung und verdient, geschützt zu werden. Doch mit dieser Gleichwertigkeit ist eine Gefahr für das Ganze und den einzelnen verbunden. Denn konsequent durchgesetzt, mündet sie schließlich in ein Gefühl von Beliebigkeit oder auch Gleichgültigkeit. Im Extremfall scheint es dann egal zu sein, ob man sein Geld als Börsenspekulant, als Kaufmann oder als Betrüger verdient. Es geht nur darum, gute Geschäfte zu machen. Und im Umgang der Menschen untereinander droht sich die Auffassung durchzusetzen, daß es nicht so wichtig sei, sich an Verträge und Regeln zu halten – entscheidend ist, was Eindruck macht und Wirkung hat.

Weil sie uns an der ganzen Lebenswirklichkeit teilnehmen läßt, ohne reale Konsequenzen tragen zu müssen, begünstigt die Medienwelt das Gefühl von Beliebigkeit. Wir betrachten die Sprengung eines Hochhauses mit derselben Ergriffenheit wie einen Sonnenuntergang. Wir verspüren Anerkennung gegenüber der Intelligenz eines kriminellen Coups, und wir begutachten die Ausführung eines Mordes wie ein Kunstwerk. Zerstörungs- und Kampfszenen werden im Film als ästhetische Augenblicke genossen; isoliert von den im realen Leben damit verbundenen Leiden.

Zugleich aber werden auch immer wieder verbindliche Werte eingefordert. Denn die Tendenz zur Gleichwertigkeit könnte schließlich die Sicherheit des einzelnen und den Erhalt der Gemeinschaft bedrohen. Man kommt um die Frage, was gut und was schlecht für das Ganze ist, was richtig ist und was falsch, nicht herum. Ohne verbindliche Wertsetzungen kann auf Dauer keine Gemeinschaft bestehen. So bringt die moderne Vielfalt an Lebensentwürfen paradoxerweise eine starke Sehnsucht nach Werten hervor. Sei es, daß eine Rückbesinnung auf Grundpfeiler der christlichen und humanistischen Moral stattfindet, sei es in dem Bestreben, neue Werte und Regeln aufzustellen. Im Kino wird diese Auseinandersetzung mitunter zu einem bewegenden Erlebnis.

*Schindlers Liste* (USA 1993) erzählt von dem ungeheuren Terror des Nazi-Regimes an den Krakauer Juden. Zugleich zeigt der Film von Steven Spielberg, wie eine auf Zynismus und Profitstreben basierende Lebensform allmählich eine Wertorientierung findet. Schindler macht Geschäfte mit den Nazis. Er trifft sich mit ihnen auf Partys und wird Zeuge ihrer menschenverachtenden Haltung. Weil es ihm darum geht, Geld zu machen, ignoriert er das alles zunächst. Als der Ring des Terrors um die Juden immer bedrängender wird, findet bei dem kühl kalkulierenden Geschäftsmann jedoch eine Veränderung statt. Er setzt sich für eine Gruppe für ihn arbeitender Juden ein. Schließlich laufen seine Bemühungen um die Rettung der Todgeweihten mit einer bewegenden Befreiungsaktion zusammen. So schält sich aus dem unmenschlichen Terror der Nazis eine von humanitären Werten bestimmte Haltung heraus.

Bei *Der Duft der Frauen* (USA 1992) geht es um die von Al Pacino wundervoll gespielte und mit dem Oscar ausgezeichnete Physiognomie eines Blinden. Frank Slade, pensionierter Oberstleutnant der US Army, stellt einen Zyniker dar, dem alles egal ist. Trotzdem fällt es dem Zuschauer schwer, ihn abzulehnen. In seiner trotzigen Verweigerung gegenüber den Werten der Gesellschaft hat Slade sich etwas Anziehendes bewahrt. Er ist eine traurige Gestalt, der seine Einsamkeit mit großen Auftritten zu überspielen sucht. Der Schüler Charlie Simms (Chris O'Donnell) soll Frank Gesellschaft leisten. Aus dem Zusammenspiel der beiden ergibt sich eine bewegende Entwicklung.

Sie reisen nach New York und steigen im Hotel Waldorf ab. Als Zuschauer hat man einen gewissen Spaß an Franks lauten Auftritten, seinem ironischen Aufdrehen und Hochputschen alltäglicher Situationen. In einer Szene mietet der Blinde einen Ferrari und rast damit eine Straße entlang. Frank weist alle Bedenken und Hilfestellungen Charlies zurück. Er inszeniert den Auftritt eines vom Leben Enttäuschten, der kurz davor ist, sich die Kugel zu geben. Doch allmählich kehren sich die Verhältnisse um. Durch Zynismus und Rücksichtslosigkeit hindurch tritt etwas Verläßliches und Liebendes heraus, das mehr und mehr zum Zentrum des Films wird.

Franks Tanz mit einer schönen fremden Frau leitet die Wende ein. Der lange Kampf um die Waffe, mit der Frank sich erschießen will, markiert den Durchbruch. Es entsteht eine Lebensform, die nicht dem Leitfaden bloßer Beliebigkeit folgt, sondern sich Werte setzt und anderen zur Stütze wird. Eine sittlich verwahrloste Figur findet ihren Platz in der Gesellschaft. Als hätte sein destruktiver Trotz endlich den Widerstand aufgegeben, zeigt Frank nun Verantwortung, Rücksicht und Verläßlichkeit. Aus dem ausgerasteten Treiben des »großen Jungen« wird eine väterliche Gestalt, die einer haltlosen Gruppe von Schülern – Charlies Freunden – Orientierung bietet. Diese Verwandlung von Beliebigkeit in Wertsetzung löst bei vielen Zuschauern eine starke Rührung aus.

Das Tiefenthema Beliebigkeit – Wertsetzung wird derzeit von den unterschiedlichsten Genres behandelt. *Kleine Morde unter Freunden* (GB 1994) ist so etwas wie ein moralischer Horrorfilm. Der Film zeigt, wie Menschen kaltblütig getötet, zerteilt und beseitigt werden. Er läßt den Zuschauer mitvollziehen, wie ehemalige Freunde sich gegenseitig übervorteilen und verletzen. Zugleich aber läßt er, durch alle Beliebigkeiten hindurch, im Zuschauer den Wunsch nach einem wertenden Gegenpol entstehen – verkörpert in der Sehnsucht nach einer idealen Freundschaft. In der Komödie *Dave* (USA 1993) von Ivan Reitman schlüpft nach dem plötzlichen Tod des amerikanischen Präsidenten sein Doppelgänger (Kevin Kline) in die Rolle des Verstorbenen. Zum Erstaunen aller erweist sich das politische Greenhorn als der bessere Politiker. Es gelingt ihm, die zynische Beraterclique des alten Präsidenten auszutricksen und für einige Zeit die Regierungsgeschäfte nach dem Wohl der Menschen auszurichten. Der Actionfilm *Das Kartell* (USA 1994), der Historienfilm *Der erste Ritter* (USA 1995), aber auch die Gesellschaftskomödie von Sönke Wortmann *Der Campus* (D 1997) thematisieren ähnliche Verwandlungen von Beliebigkeit in Wertsetzung.

## 12. Täuschung – Wahrheit

Das Leben funktioniert nicht ohne Täuschungen. Ohne daß wir es uns immer deutlich machen, definieren wir etwas als

real, was nur in unserer Vorstellung existiert. Der Glaube, so
sagt man, versetzt Berge. Nur mit ihm können wir große Aufgaben angehen. Lügen können Tatsachen schaffen, geheu-
cheltes Zustimmen kann eine Beziehung erhalten. Mit ge-
konnten Auftritten gewinnen wir die Herzen der Menschen.
Dem jungen Mann mit den guten Umgangsformen und dem
teuren Anzug sieht man nicht an, ob er in einer Eigentums-
wohnung oder im Studentenheim lebt. Ist sein Auftritt beeindruckend, kann er als Geschäftsmann viel erreichen. Wir
leben in einer Wirklichkeit, in der das Konstruierte und
Inszenierte ebenso Wirkung zeigt wie das Authentische und
Unmittelbare.

Trotzdem schätzen wir Täuschungen geringer als die
Wahrheit. Wer einmal lügt, dem glaubt man nicht. Mit Recht
haben wir Angst, uns in unseren Täuschungen zu verlieren.
Wer zulange auf ein falsches Bild setzt, kann sich in eine
ernsthafte Identitätsstörung hineinmanövrieren. Er weiß
schließlich nicht mehr, was falsch und was richtig ist. Er
kennt sich selbst nicht mehr. Daher achten wir auf die Ur-
teilskraft unseres Gefühls und nutzen es zur Orientierung im
Alltag. Man kann es oft nicht genau erklären, aber man spürt
es: Diese Entscheidung ist richtig. Die andere ist falsch. Mit
solchen emotionale Wertungen versuchen wir, im Alltag der
Wahrheit näher zu kommen.

Das Thema Täuschung – Wahrheit wird vom Kino in den
unterschiedlichsten Geschichten behandelt. Mal steht es im
Vordergrund, mal wird es nebenbei angerissen. *Hallo, Mr. President* (USA 1995) von Rob Reiner erzählt eine Geschichte, in
der es um eine private Liebesaffäre des Präsidenten der Vereinigten Staaten geht. Der verwitwete Andrew Shepherd
(Michael Douglas) verliebt sich in eine Frau, die zu seinen
schärfsten Kritikern gehört, die Umwelt-Lobbyistin Sydney
Bale (Annette Bening). Der Präsident muß erfahren, daß die
öffentliche Bekundung seiner wahren Gefühle seinen politischen Niedergang einläutet. Andrews und Sydneys Liebe
droht zunächst von der Politik verschlungen zu werden, setzt
sich aber schließlich gegen Heuchelei und Intrige durch. Der
Film läßt aus dem Zeremoniell der großen Politik, den pro-

fessionellen Auftritten eine schlichte und alltägliche Liebe entstehen. Der Zuschauer kann mitvollziehen, wie sich die wahre Liebe gegen ein falsches Spiel schließlich behauptet.

Meg Ryan in *French Kiss* (USA/GB 1995) und Sandra Bullock in *Während du schliefst* (USA 1995) sind Opfer einer folgenschweren Selbsttäuschung. Sie verlieben sich in einen Mann, der nicht richtig für sie ist. Das tritt in beiden Fällen allerdings erst dann zutage, als sie jemanden kennenlernen, den der Zuschauer sehr schnell als den Richtigen erkennt. So schält sich in beiden Filmen aus einer als unwahrhaftig erlebten Entscheidung, die sich wie ein Gespinst von Täuschungen ausbreitet und zu erhalten sucht, allmählich die wahre Liebe heraus. Gegen deren Überzeugungskraft können die beiden Frauen sich schließlich nicht erwehren. Ihre Täuschungen fallen in sich zusammen, und die als richtig empfundene Liebe bricht zur Genugtuung des Publikums mit aller Macht hervor.

*Sommersby* (USA 1992) geht das Thema von Täuschung – Wahrheit von einer anderen Seite an. Die Zuschauer werden in einen Betrug hineingezogen, den sie gerne für wahr halten möchten. Immer wieder werden sie an einen Punkt herangeführt, an dem die Täuschung auffliegen könnte. Aber sie spüren, daß ihnen die Lüge lieber ist als die Wahrheit. Der Film von Jon Amiel erzählt die Geschichte von einem Mann, der aus dem amerikanischen Bürgerkrieg in einen kleinen Ort in Tennessee zurückkehrt. Die Zuschauer erfahren, daß Jack (Richard Gere) nicht der Sommersby ist, der er vorgibt zu sein. Er hat dessen Identität angenommen, um nach dem Krieg ein neues Leben auf fremdem Wohlstand zu beginnen. Laurel (Jodie Foster) weiß, daß Jack nicht der Mann ist, der vor Jahren in den Krieg zog und sie mit ihrem gemeinsamen Sohn zurückließ. Aber sie gibt ihr Wissen nicht preis, weil der jetzige Mann ihr besser gefällt als der alte. Den echten Ehemann verabscheute sie, den falschen lernt sie schließlich lieben. Eine Liebe, die auf einer stillschweigenden Täuschung basiert.

Es gibt noch andere Stimmen, die an Jacks Identität zweifeln, aber er ist der einzige, der den Wiederaufbau nach dem Krieg mit Elan angeht und das verödete Tal zum Blühen bringt. Die Täuschung schafft Realitäten, die sich zu Gewohnheiten auswachsen. Die Versuche von Jacks Widersacher und Rivalen Orin (Jack Pullman), den Hochstapler zu entlarven, stoßen bei den Farmern auf Widerstand. Der Glaube ist stärker als die Wahrheit.

*Sommersby* bezieht sein Publikum in eine dramatische Zuspitzung seiner Tiefenthematik ein, wenn er Jack schließlich an einem Mord scheitern läßt, den nicht er, sondern der Mann, für den er sich ausgibt, begangen hat. Jack könnte seinen Kopf aus der Schlinge ziehen, indem er seinen eigenen Betrug gesteht. Für einen Moment erscheint dies als ein gangbarer Weg. Doch als er ihn einschlägt, will niemand an die Wahrheit glauben. Jack erkennt, daß er den Farmern ihren Lebensinhalt nehmen würde. In einer mitreißenden Selbstanklage dreht er – zur Zufriedenheit der Zuhörer – das Ganze wieder zurück in die Geschichte des Jack Sommersby, der nach vielen Jahren aus dem Krieg zurückkam und seinem Heimatort Wohlstand und Ansehen brachte. Wort für Wort setzt sich die Täuschung, die für einen Augenblick gefährdet schien, erneut zusammen. Freilich muß Jack auf diese Weise für das Vergehen des anderen geradestehen. Die Welt der Bilder siegt über die Wahrheit.

So stirbt Jack am Galgen, doch sein Geist lebt fort in jedem Brett, mit dem der Kirchturm des Ortes in den letzten Szenen des Films repariert wird. Die Zuschauer erfahren, daß Glaube und Täuschung das physische Leben überdauern. Der sterbliche Körper Jacks liegt auf dem kleinen Friedhof über dem Dorf. Doch das Bild, das er in die Welt setzte, das allen Hoffnung und Lebenssinn gab, malt unten im Tal die hübschen Zäune weiß und läßt die Tabakpflanzen in den Himmel wachsen. Lüge und Glaube haben eine neue Welt hervorgebracht.

### 13. Wiederholen – Verändern

Für die meisten Menschen folgt der Alltag einem festgelegten Muster, das sich jeden Tag wiederholt. Schon der durchschnittliche Tageslauf (Aufstehen, Frühstücken, Arbeiten, Mittagessen, Arbeiten etc.) reiht uns ein in die ewige Wiederkehr des Gleichen. Im Lauf des Lebens bilden wir ein Gefüge von Gewohnheiten, Eigenarten und Vorlieben, insgesamt einen relativ stabilen Charakter aus. Das gibt Kontinuität, legt uns aber auch fest. Je älter wir werden, desto deutlicher werden uns die Chancen, aber auch die Grenzen unseres Lebens. Manche erfahren es wie einen Fluch, wenn sie sich immer wieder an den falschen Partner binden, wenn sie den gleichen folgenschweren Fehler mehrmals machen und einfach nicht aus ihrer Haut können.

Genauer betrachtet gleicht jedoch niemals eine Situation der anderen aufs Haar. Durch die Monotonie der sich wiederholenden Muster hindurch setzt sich die Notwendigkeit zum Wandel dennoch durch. Alles unterliegt einer Veränderung. In Krisen wird spürbar, daß die uns vertrauten Muster nicht zu den neuen Verhältnissen passen wollen. Veränderte Umstände fordern unsere Anpassungsbereitschaft heraus. Wir können versuchen, uns zu ändern. Wir können aber auch am Vertrauten festhalten und das Neue damit zu ersticken suchen – oft um den Preis einer quälenden Neurose. Manchmal ist es die Liebe, die uns schließlich dazu bringt, ungewohnte Wege zu gehen. Um die Zuneigung eines anderen zu gewinnen oder nicht zu verlieren, leisten wir den Aufwand der Veränderung.

In *Die Reisen des Mr. Leary* (USA 1988) von Lawrence Kasdan spielt William Hurt einen Mann, der sich in seiner kleinen Welt hoffnungslos festgefahren hat. Und das, obwohl er sein Geld damit verdient, Reiseführer zu schreiben! Als seine Frau ihn verläßt, gerät er aus dem Gleichgewicht, und der Zuschauer kann miterleben, wie sich Mr. Leary allmählich auf die neuen Bedingungen einstellt. Er lernt eine ihm, aber auch dem Zuschauer seltsam erscheinende Frau (Geena Davis) kennen und nähert sich ihr zögerlich an. Ein Spiel von Annähern und Zurückweisen entfaltet sich. Leary schreckt vor einer Bindung mit der ungewöhnlichen Frau immer wieder zurück. Doch in der bewegenden Schlußszene überwindet er seine Angst vor dem Neuen und steigt zu der Frau ins Auto, deren Liebe ihm lange Zeit unheimlich war. Hier wird das Problem von Wiederholen und Verändern im Gefühl der Zuschauer Wirklichkeit.

*Und täglich grüßt das Murmeltier* (USA 1992) von Harold Ramis zeigt den selbstverliebten und schrulligen Fernsehmoderator Phil (Bill Murray), der aus einem bestimmten Tag, dem »Murmeltiertag« nicht herauskommt. Jeden Morgen, wenn der Wecker klingelt, muß er feststellen, daß sich alles wiederholt wie am Tag zuvor. Dasselbe Wetter, dieselben Gespräche, dieselben Ereignisse und – vor allem – dieselbe Unfähigkeit Phils, anderen mit Sympathie zu begegnen. Der Zuschauer erfährt auf zugleich drastische und unterhaltsame Weise, wie es ist, wenn ein Mensch es nicht schafft, aus seiner Spur herauszukommen. Phil kann aus dem Kreislauf der Wiederholung nur entkommen, wenn es ihm gelingt, innerhalb eines Tages die Liebe seiner Kollegin Rita (Andie MacDowell) zu gewinnen. Doch dafür muß er sich auf das Wagnis der Veränderung einlassen. Seine wiederholten erfolglosen Bemühungen machen spürbar, wie schwer es ist, ein anderer zu werden. So wirkt es als willkommene Befreiung, wenn eines Morgens der Wecker klingelt, Phil neben Rita aufwacht und das Wetter gewechselt hat. Der Ring der Wiederholung ist durchbrochen. Das Leben geht endlich weiter.

In *Besser geht's nicht* (USA 1997) spielt Jack Nicholson den zwangsneurotischen Schriftsteller Melvin Udall. Er ist ein wahres Ekel und versteht es immer wieder, mit seinem unflätigen Benehmen auch diejenigen Menschen vor den Kopf zu stoßen, die es im Grunde gut mit ihm meinen. Der von ihm unfreiwillig in Pflege genommene Hund seines Nachbarn führt Melvin zaghft auf seine tief verschüttete Liebesfähigkeit zu. Es ist jedoch die Kellnerin Carol (Helen Hunt), der zuliebe er sich schließlich – so gut es eben geht – von einigen seiner Zwänge und Schrullen befreit. Der Zuschauer setzt auf Melvins Veränderungsfähigkeit und wird immer wieder enttäuscht. Das alte Ekel will sich einfach nicht geschlagen geben. Erst ganz zum Schluß trägt die Liebe den Sieg davon, und Melvin zeigt Ansätze zu einer akzeptablen Veränderung. Der Film von James L. Brooks erzählt zwar eine Liebesgeschichte, aber deren Zentrierung um Melvins Charakter führt dazu, daß der Zuschauer auf der Tiefenebene mit dem Problem von Wiederholen – Verändern beschäftigt ist.

## 14. Begrenzt – Darüber hinaus

Jeder Mensch muß mit Begrenzungen leben, die er sich nicht ausgesucht hat. Sein Körper, die Verhältnisse, in denen er aufwächst, seine Begabungen und Schwächen bilden zusammen das Fundament, auf dem sein Leben aufbaut. Viele Menschen arrangieren sich mit dem, was sie vorfinden. Vielleicht, weil sie Risiko und Verantwortung eines expansiveren Lebens fürchten. Andere erklären sich ihre Begrenzungen mit dem Schicksal. Wieder andere leben zwar bescheiden, geben sich aber heimlich Größenphantasien hin. Sie haben die Hoffnung, irgendwann doch noch einmal als ein ganz anderer groß herauszukommen. Denn ein Drang, über sich hinaus zu wachsen, ist immer wirksam.

Man muß nicht zwangsläufig so bleiben, wie man ist. Begrenzungen können überwunden oder kompensiert, ungenutzte Ressourcen können freigesetzt werden. Der Mensch ist wandlungsfähig. Bei dem hier beschriebenen Grundkomplex geht es nicht um allgemeine Veränderungen (s. o.: Wiederholen – Verändern), sondern um das Herausbilden bisher nicht gelebter Seiten, die den Spielraum des ganzen Lebens erweitern. Der Feige gerät in Gefahr und entwickelt Mut, der Unmoralische entdeckt seine Anständigkeit, und der Ängstliche wird anderen zur Stütze. Wenn Menschen über ihre Grenzen hinauswachsen, wenn sie bisher nicht gezeigte Fähigkeiten entwickeln, können sie zu wahren Helden werden.

Bei dem Grundkomplex handelt es sich um eine Thematik, die sich hervorragend dazu eignet, in Spielfilmen behandelt zu werden. In der einen oder anderen Form bezieht sich beinahe jeder Mainstreamfilm auf sie. Das Publikum kann von Entwicklungen, die den Mythos von der Geburt des Helden nachzeichnen, nicht genug bekommen. Denn sie ermöglichen die Erfahrung wahrhaft märchenhafter Verwandlungen. Die von Joseph Campbell geprägte, amerikanische Filmdramaturgie hat diesen Aspekt zur Leitlinie bei der Entwicklung von Geschichten erhoben.

*Männerpension* (D 1995) erzählt von den Häftlingen Steinbock (Til Schweiger) und Hammer-Gerd (Detlev Buck), die von der Justizvollzugsanstalt eine Chance zur Bewährung erhalten. Sie sollen zeigen, daß in ihnen anständige Kerle stecken und daß sie zu einem Leben in Freiheit in der Lage sind. Steinbock und Hammer-Gerd können ihre Grenzen nicht überwinden und wandern zurück ins Gefängnis. Ein wirklich rührendes und mitreißendes Übersichhinauswachsen findet auf einem Nebengleis statt. Maren (Heike Makatsch) wird als blondes, lispelndes Dummchen eingeführt, das vorgibt, Sängerin zu sein. Niemand nimmt ihr das ab. Doch in eben dem Moment, in dem Hammer-Gerd seine Chance vermasselt, verwandelt sich das häßliche Entlein Maren in einen singenden Schwan. Die unverwechselbare Art, in der sie das Lied »Stand by Your Man« interpretiert, bringt zum Ausdruck, welch ein Schatz in dieser Frau verborgen lag. Diese Szene ist der wohl bewegendste Moment in dem Film von Detlev Buck.

In *Mrs. Doubtfire* (USA 1993) findet der verspielte und kindliche Daniel (Robin Williams) nach vielen Umwegen schließlich in die Rolle des verantwortungsbewußten Vaters hinein. In *König der Löwen* (USA 1993) versucht der kleine Simba zunächst, seinen Aufgaben als Thronfolger zu entfliehen. Dann aber stellt er sich der Bestimmung und entwickelt sich zum Helden, der sein Land vor einer schlimmen Bedrohung befreit. In *Das Superweib* (D 1995) ist es Veronica Ferres, die zunächst unterschätzt wird und schließlich Fähigkeiten entwickelt, mit denen sie über diejenigen hinauswächst, die sie nicht ernst genommen haben.

*Mr. Hollands Opus* (USA 1995) erzählt von einem eigenbrötlerischen Musiklehrer (Richard Dreyfuss), der seinen Schülern zum geliebten Vorbild wird. Die TV-Serie *Columbo* (RTL) mit Peter Falk in der Hauptrolle zeigt in jeder Folge, wie der von seinen Widersachern unterschätzte Mann im zerknitterten Trenchcoat sich schließlich doch durchsetzt und mit der ihm eigentümlichen Intelligenz die Hochmütigen als Verbrecher entlarvt. In der SAT.1-Serie *Der Bulle von Tölz* spielt Otfried Fischer einen Polizeikommissar, der wegen seines Übergewichts nicht ernst genommen wird. Ähnlich wie bei *Columbo* wiegen sich die Verdächtigen in Sicherheit und müssen schließlich überrascht feststellen, daß sich der ungelenke Berghammer als weitaus schlauer erweist, als sie dachten.

## 15. Vertraut – Fremd

Jeder Mensch hat einen Ort, an dem er sich zu Hause fühlt. Hier kennt er sich aus. Die Menschen und die Regeln, nach denen das Leben abläuft, sind ihm vertraut. Es ist die Welt, in der er lebt. Außerhalb dieser Welt liegt das andere, das Unvertraute und das Fremde. Das kann schon der Nachbar sein, dessen Verhalten man seltsam findet. Das sind Menschen, denen man begegnet und die man nicht einschätzen kann. Sie erscheinen glücklicher, interessanter, aber auch seltsamer und gefährlicher als man selbst. Ein natürliches Maß an Zurückhaltung gegenüber Fremden schützt vor Übergriffen und Enttäuschungen.

Meistens aber verbinden wir das Fremde mit anderen Ländern und Kulturen und mit dem Abenteuer. Indien, Mexiko, Afrika, Asien sind Länder und Kontinente, die uns fremd sind, aber uns deshalb auch anziehen. Das Unvertraute beunruhigt uns nicht nur, sondern übt eine Faszination auf uns aus. Viele Menschen reisen durch die ganze Welt auf der Suche nach dem Neuen und dem anderen. Sie genießen es, Ordnungen kennenzulernen, die sie noch nicht verstehen. Sie sind beeindruckt von anderen Lebensformen. Manchmal verlieren sie sich auf diesen Reisen. Meistens aber geraten sie dabei auch nur an die Grenzen ihrer eigenen Welt. Sie lernen sich selbst in der Fremde ein Stück besser kennen.

Die Unterscheidung von Vertraut – Fremd ist für das menschliche Leben unumgänglich. Nur in der Abgrenzung vom anderen kann sich das Eigene konturieren. Wir müssen diese Grenze ziehen, weil wir sonst in der Welt zerfließen.

133

Allerdings gehen wir in diesem Bemühen auch manchmal zu weit. Vorurteile gegenüber dem Nachbarland, das immer wieder zu beobachtende Aufflackern von Rassismus, die Ausgrenzung von Normabweichungen zeigen, daß mit dem Grundkomplex letztlich ein höchst virulentes Problem verbunden ist. Die vernichtenden Auswüchse, zu denen er in der Geschichte der Menschheit geführt hat, können und dürfen wir daher nicht vergessen.

*Der mit dem Wolf tanzt* (USA 1989) von Kevin Costner erlaubt dem Zuschauer die Annäherung an eine fremde und unvertraute Lebensordnung. Er führt ihn von einer aus den Angeln gehobenen und zynischen Welt in die Lebenswirklichkeit der Sioux-Indianer hinein. Es ist aufregend, die ersten Schritte der Verständigung zu verfolgen. Es ist schön, das Leben der Indianer kennenzulernen. Was zunächst befremdlich erscheint, offenbart Sinn und Zweckmäßigkeit. Was zunächst bedrohlich ist, wird vertraut. Wenn Dunbar (Kevin Costner) sich schließlich wie ein Sioux kleidet, ist die Annäherung an das Fremde abgeschlossen. Man wird im unvertrauten Leben der Indianer auf Dinge aufmerksam, die im selbstverständlichen Fluß des eigenen Alltags untergehen. Man wird heimisch in dieser fremden Welt, lernt deren Rituale und Gebräuche schätzen. Selbst das Töten, das am Anfang des Films sinnlos und grausam wirkte, rückt in ein Licht, in dem es als notwendig erscheint. Bei der Büffeljagd und der Verteidigung des Stammes gegen Feinde wird es mit Genugtuung mitvollzogen.

In *Stunde des Lichts* (1997) begibt sich eine hübsche junge Frau in die Tundra des Polarkreises, um dort in der Hütte eines einsam lebenden Trappers ein Jahr ihres Lebens zu verbringen. Der in Cinemascope gedrehte Film von Stijn Coninx führt den Zuschauer behutsam in eine fremde, aber faszinierende Welt ein. Die endlose Weite der Landschaft, der völlig anders geordnete Alltag des Trappers Lars (Joachim Król) und die ungewöhnlichen Lebensbedingungen ermöglichen dem Publikum, sich über den Film auf eine fremde Wirklichkeit einzulassen.

Als Lars sich in Ellen (Francesca van Telen) verliebt, kreist die Annäherung an das Fremde um seine ungepflegte Erscheinung und sein nur wenig entgegenkommendes Wesen. Immer wieder fällt das Wort »abscheulich«. Der Film mutet dem Zuschauer in seinem Mittelteil einiges zu. Es entsteht weder eine hintergründig erotische Atmosphäre noch die Aussicht auf eine wirklich Glück versprechende Liebesbindung. Wohl nur, weil der wenig anziehende Trapper von dem immer sehenswerten Schauspieler Joachim Król gespielt wird, steigt man als Zuschauer in der Dunkelheit der langen Polarnacht nicht aus. Ellens veränderter Blick führt schließlich zum Durchbruch. Sie schneidet dem ungepflegten Mann die Haare und schläft mit ihm. Erst jetzt bekommt der Zuschauer das Gefühl, daß ihm das Fremde vertraut wird.

Der Komplex Vertraut – Fremd läßt sich im Film auf recht unterschiedliche Art behandeln. In einer Zeit, in der die Länder der Erde über den globalen Markt und die globale Vernetzung einander immer näher rücken, hat das Sciencefiction-Genre Konjunktur. Da wir heute die ganze Welt per Bildschirm ins Wohnzimmer holen können, bringen wir das Andere und Unvertraute auch gerne in Regionen unter, von denen wir noch kein Bild haben. Lockten früher fremde Länder, so sind es jetzt ferne Galaxien, die wie z.B. in *Contact* (USA 1997), das Herz des Abenteurers klopfen lassen. In den vergangenen Jahren sind Mystery-Serien im Fernsehen sehr beliebt geworden. Die Serie *Akte X* thematisiert den hier behandelten Grundkomplex, indem sie unseren Alltag mit außerirdischen oder übernatürlichen Ordnungen konfrontiert. In dem Bemühen, die Umtriebe von Aliens, Freaks und anderen Seltsamkeiten aufzuklären, entsteht eine Faszination des Unvertrauten. Das Fremde kommt einem nahe, und das Vertraute rückt in die Ferne.

Auch Psychothriller leben von dem hier besprochenen Tiefenthema. Sie machen uns mit einer Figur vertraut und lassen sie dann immer fremder erscheinen. *Die Hand an der Wiege* (USA 1991) enthüllt das fürsorgliche Kindermädchen als mörderische Bestie. In *Eiskalte Leidenschaft* (USA 1991) und *Die schwarze Witwe* (USA 1986) sind es schöne und anziehende Frauen, die sich schließlich als lebensgefährlich erweisen.

135

## 16. Getrennt – Vereint

Menschen sind unterschiedlich. Ihre Lebensumstände und persönlichen Eigenarten trennen sie voneinander. Ein Mann und eine Frau können über Jahrzehnte in unmittelbarer Nachbarschaft leben, ohne ein Wort miteinander zu wechseln. Sie sind einander räumlich nahe, und doch liegen zwischen ihnen Welten. Eines Tages treffen sich ihre Blicke. Sie gehen dem geweckten Interesse nach, sprechen miteinander und geraten in einen Sog gegenseitiger Anziehung. Nun sehen sie sich mit anderen Augen. Es kommt ihnen so vor, als hätten sie schon immer aneinander gedacht. Als würden sie einer Sehnsucht folgen, die schon immer zwischen ihnen bestand. Die Magie der Liebe deutet alles um. Eine wundersame Verwandlung nimmt ihren Lauf.

Die erotische Liebe ist ein Motiv, das das Gefühlsleben der Menschen vielleicht am meisten bestimmt. Sich zu verlieben ist ebenso phantastisch wie banal. Es ereignet sich überall und zu jeder Zeit. Weil dieses Gefühl von jedem als vielversprechend erlebt wird, gehört das Thema Getrennt – Vereint zu den unsterblichsten aller Filmthemen. Liebesfilme werden immer ein – allerdings vorwiegend weibliches – Publikum finden. Es kommt darauf an, frische Storys zu entwickeln, die den seit Urzeiten Glück verheißenden Sog beleben können.

In *Schlaflos in Seattle* (USA 1993) von Nora Ephron verlieben sich der Architekt Sam (Tom Hanks), der an der Westküste der USA lebt, und die Journalistin Annie (Meg Ryan) von der Ostküste ineinander. Das erstaunliche an diesem Liebesfilm ist, daß er das Paar nur ganz am Schluß, in einer Einstellung, zusammenkommen läßt. Und auch hier ist die Vereinigung nicht im engeren Sinne sexuell, sondern wird durch Blicke und einige wenige Worte angedeutet. Trotzdem verspürt der Zuschauer den magischen Zug dieser romantischen Vereinigung. Die Zusammenführung der Getrennten wird über Medien – Radio und Telefon – hergestellt. Interessant ist auch, daß sie in einem anderen Film ihr Vorbild findet: *An Affair to Remember* (USA 1957) von Leo McCarrey. Damals hatten sich Cary Grant und Deborah Kerr auf dem Dach des

Empire State Buildings verabredet, um für immer zusammenzukommen. Ein Unfall machte ihnen jedoch einen Strich durch die Rechnung. In *Schlaflos in Seattle* zieht es Sam und Annie an den gleichen Ort. Der Film aus den 50er Jahren gibt ihnen die Richtung vor und führt sie schließlich zusammen.

Eine das Publikum mitreißende Zusammenführung ist besonders fesselnd, wenn ihr scheinbar unüberwindbare Hindernisse in den Weg gestellt werden. Auf diese Weise entfacht man die Sehnsucht im Zuschauer. Daher treffen in romantische Komödien oft Protagonisten aufeinander, die auf den ersten Blick nicht zusammenpassen. Ein Milliardär und eine Prostituierte in *Pretty Woman*, eine Schönheit und ein Ungeheuer in *Die Schöne und das Biest* (USA 1991), zwei Kinder von miteinander aufs Blut verfeindeten Familien in *William Shakespeares Romeo und Julia* (USA 1996) und zwei junge Menschen aus unterschiedlichen sozialen Schichten in *Titanic* (USA 1997).

Eines der absurdesten Hindernisse der Liebe ist jedoch in *Forever Young* (USA 1992/93) zu sehen. Daniel (Mel Gibson) hat schon mehrmals versucht, seiner Freundin Helen (Isabel Glassner) einen Heiratsantrag zu machen. Doch jedesmal verließ ihn der Mut. Kurz nach dem letzten seiner unbeholfenen Anläufe hat Helen einen schweren Unfall und fällt ins Koma. Daniel ist verzweifelt. Je länger der todesähnliche Zustand der Verunglückten anhält, desto deprimierter und seltsamer wird er. Schließlich verlangt er von seinem Freund, ihn in einem Kühlbehälter einzufrieren und erst dann wieder zum Leben zu erwecken, wenn Helen aus dem Koma aufgewacht ist. Gesagt, getan. Allerdings gerät der Kühlbehälter in Vergessenheit und wird erst 53 Jahre später von spielenden Kindern entdeckt. Als Daniel erwacht, macht er sich auf die Suche nach Helen und erfährt, daß sie noch lebt. Gegen seinen nun rapide einsetzenden Alterungsprozeß muß es ihm gelingen, die Achtzigjährige ausfindig zu machen. In letzter Minute kann er sie dann tatsächlich doch noch fragen, ob sie seine Frau werden möchte.

*Forever Young* kam beim Publikum gut an. Das zeigt, daß die Zuschauer die absurdesten Geschichten akzeptieren, wenn diese ihnen ermöglichen, eine bewegende Vereinigung der Getrennten zu erfahren. Es handelt sich um ein Erlebnis, das so tief in den menschlichen Sehnsüchten verankert ist, daß die Zuschauer grundsätzlich dazu bereit sind, ihre Zweifel an der Wahrscheinlichkeit zurückzustellen, wenn ein Film ihnen ein solches in Aussicht stellt.

## 17. Wandel – Verbindlichkeit

Die Welt ist im Wandel, und mit ihr verändern sich die Verhältnisse zwischen den Menschen. Eltern ziehen ihre Kinder groß und werden im Alter von ihnen abhängig. Die erotischste Frau und der attraktivste Mann verlieren irgendwann an Reiz. Freundschaften werden auf die Probe gestellt, weil sich im Laufe der Zeit die Menschen verändern. Verabredungen und Verträge verlieren ihre Verbindlichkeit und werden nicht mehr eingehalten. In einer sich wandelnden Welt drohen immer wieder Untreue und Verrat. In *Hamlet* heißt es: »Die Welt vergeht: Es ist nicht wunderbar, daß mit dem Glück selbst Liebe wandelbar.«

Verbindlichkeit ist eine nicht sexualisierte Form der Bindung. Sie trägt dazu bei, den Wandel der Welt zu stabilisieren. Ohne Bindung und Treue geht es nicht. Wir setzen uns für unsere Freundschaften ein und pflegen sie. Wir achten darauf, daß sich die versprengte Familie zumindest zu den Festtagen trifft. Damit steuern wir dem Wandel aller Dinge entgegen. Wenn wir jemandem die Treue halten, bedeutet dies, daß wir bei den ersten Spannungen und Differenzen nicht gleich das Handtuch werfen. Wir unterdrücken unseren Ärger und unseren Hang zu schnellen Lösungen und halten die Eigenart des anderen aus. Wir ertragen die Schmerzen, die er uns zufügt. Das ist mit einem Aufwand verbunden, den allerdings nicht viele Menschen zu leisten bereit sind.

Die rührendsten Momente im Kino erwachsen aus der Thematik von Wandel – Verbindlichkeit. Die Rührung ist immer dann am stärksten, wenn wir als Zuschauer feststellen können, daß ein lange drohender Verrat, eine sich ankündigende

Trennung schließlich doch nicht stattfinden. Zunächst sieht es so aus, als liefe alles auf eine Trennung, einen Verrat hinaus. Wenn sich dann der aktive Protagonist dem zurückgebliebenen erneut zuwendet, bleibt im Kino kaum ein Auge trocken. Denn damit bringt er zum Ausdruck, daß die Verbindlichkeit über den Verrat obsiegt. Das ist eine Wendung, die uns an unseren schmerzhaftesten Erfahrungen mit der Brüchigkeit von Beziehungen berührt. Wir finden solche Augenblicke in beinahe allen Filmen, die Liebe, Freundschaft und Beziehung thematisieren.

*Leaving Las Vegas* (USA 1995) erzählt von dem Alkoholiker Ben (Nicolas Cage), der nach Las Vegas fährt, um sich zu Tode zu trinken. Er trifft dort auf seine letzte – vielleicht auch erste große – Liebe. Sera (Elisabeth Shue) arbeitet als Prostituierte und findet bei Ben erstmals die Wärme, nach der sie sich sehnt. Doch seine Krankheit macht es ihr nicht leicht. Sie hofft, daß Ben zu trinken aufhört, aber in seinem Leben ist es für einen Richtungswechsel zu spät. Die Zuschauer können nachempfinden, welchen Aufwand es darstellt, zu jemandem zu halten, der einem Abstoßendes zumutet. Sie werden ausgiebig mit den Widerwärtigkeiten des Trinkers, aber auch den Fragwürdigkeiten der Prostituierten konfrontiert. Zugleich verspüren sie etwas von der Kraft der Liebe, die Spannungen überwindet und einem schnellen Davonlaufen entgegenwirkt. Auch wenn die Story des Films im Desaster endet, hat man als Zuschauer doch ein Gefühl dafür bekommen, daß sich in den menschlichen Beziehungen einiges ausrichten läßt, wenn man bereit ist, bei Schwierigkeiten nicht gleich aufzugeben.

*When a Man loves a Woman* (USA 1993) von Luis Mandoki stellt Alice (Meg Ryan) und Michael (Andy Garcia) als attraktives und glückliches Paar vor. Sie ziehen ein gemeinsames Kind und eine Tochter aus Alices erster Ehe groß und wirken auch nach mehreren Jahren Ehe stets wie frisch verliebt. Das Glück der beiden scheint perfekt. Doch nach und nach entpuppt sich Alice als krank. Sie ist Alkoholikerin. Ihre beiden Töchter wissen das schon lange. Auch das Bild von Michael ändert sich. Zunächst ist er der Mann, der seine Frau unumstößlich liebt. Doch gerade damit scheint er ihr zu schaden: Seine Liebe erweist sich als Kontrolle, seine Fürsorge als erstickender Zwang. Er muß sich sagen lassen, daß sein Verständnis dazu beigetragen habe, Alice in die zerstörerische Abhängigkeit zu treiben. Die Psychotherapie, die Alice beginnt, nährt Hoffnungen auf eine Lösung. Doch sie erweist sich als Trennungsanstoß. Alice gewinnt einen anderen Blick auf ihr Leben und distanziert sich von Michael. Erst nachdem er das gemeinsame Haus verlassen hat, beginnt es ihr besser zu gehen. Gegen Ende, als all das Schöne vom Anfang verloren scheint, kommt es – zumindest andeutungsweise – noch einmal zu einer Wende. Alice macht wieder einen kleinen Schritt auf Michael zu. Es scheint, als habe die Trennung das Paar schließlich auf einer neuen Ebene vereint.

Die Zuschauer geraten bei diesem Film in eines alles verändernden Taumel. Alles wandelt sich und enthüllt eine andere Seite. Was schön ist (Alice), erweist sich als krank. Was Halt verspricht (Michaels Liebe), ist zerstörerisch. Was zusammenbringen soll (die Therapie), führt schließlich zur Trennung. Ohne ein entscheidendes Zutun des Zuschauers wäre das nicht genießbar. Indem *When a Man loves a Woman* seinem Publikum die Möglichkeit gibt, trotz aller häßlichen Entlarvungen und Kehrtwenden in der Geschichte an einer Verbindlichkeit festzuhalten, vermittelt er das seltene Erlebnis, im Schutz eines tragenden Halts die größten Desillusionierungen hinzunehmen.

*When a Man loves a Woman* ist ein Rührstück erster Klasse. Noch nie soll nach der Vorstellung vor den Spiegeln der Toiletten ein solches Gedränge beobachtet worden sein. Dutzende von Frauen – die Männer trockneten sich schon im Dunkel des Kinosaals die Wangen – waren damit beschäftigt, das zerlaufene Make-up zu richten. Man kann dies mit der Bemerkung abtun, der Film sei kitschig. Doch damit hat man nichts erklärt. Der Film bezieht den Zuschauer in die Zerstörung eines Bildes vom Glück ein und behandelt damit Erfahrungen, die wohl in jedem menschlichen Leben Bedeutung haben. Alle Menschen müssen sich daran gewöhnen, daß sich die Verhältnisse ändern und die Menschen im Lauf der Zeit ein anderes Gesicht enthüllen. Und die meisten Menschen sind ergriffen, wenn sich in solchen schmerzhaften Momenten eine unumstößliche Verbindlichkeit als wirksam erweist.

In *When a Man loves a Woman* entstehen die stärksten Momente der Rührung immer dann, wenn durch seine Wandlungen hindurch um den Erhalt der Familie, der Bindung gekämpft wird. Das ist zum Beispiel der Fall, wenn sich die Liebe zwischen Michael und Alice als stabil erweist. Oder wenn die Story die starke Bindung zwischen Michael und Jessica (Tina Majorino), Alices Tochter aus erster Ehe, verdeutlicht: In dem Gesicht des Mädchens spiegelt sich das Gefühlschaos, das der Zuschauer ebenfalls durchlebt. Jessica hat schon einmal ihren Vater verloren und sieht sich nun erneut einem Verlust ausgesetzt. Wenn Michael – gegen die Wahrheit und das bessere Wissen des Mädchens – der Kleinen einschärft, er sei und bleibe ihr Vater, was auch immer geschehe, kann sich kaum ein Zuschauer der Tränen erwehren. Wenn im unvermeidlichen Wandel der Welt der Verrat nicht stattfindet, entstehen im Film die Momente stärkster Rührung.

## 18. Unperfekt – Perfekt

Leben bedeutet, auf dem Weg zu sein. Wir wollen Aufgaben bewältigen, ein Ziel erreichen. Wir streben eine neue Stelle an oder wollen unsere Position verbessern. Manchmal sind wir einfach nicht zufrieden. Eine Sehnsucht oder ein Mangel, manchmal auch ein Schmerz, lassen uns nicht zur Ruhe kommen. Solche Zustände machen wohl den größten Teil des Lebens aus. Wir erleben sie als unperfekt, weil sie uns deutlich machen, daß wir noch nicht angekommen sind.

Zugleich streben wir Lebensordnungen an, in denen Mangel, Unzufriedenheit und Spannung aufgehoben sind. Wie der Glanz des Paradieses locken sie als Ziel in der Ferne: Glücksvorstellungen. Es muß doch so etwas wie einen perfekten Zustand geben, der uns das Gefühl verleiht: »Jetzt sind wir fertig! Besser und schöner kann es nicht kommen.« Die Sehnsucht nach dem Glück wird genährt durch das Erleben glücklicher Augenblicke. In diesen seltenen und flüchtigen Momenten haben wir das Gefühl gesteigerter Harmonie, Kraft und Lebendigkeit. Es erscheint uns, als bekämen wir die sonst unverfügbare Wirklichkeit mit einem Mal in den Griff. Die Welt rückt ins Lot, wir fühlen uns von ihr gehalten.

Freud war der Auffassung, das Glück als dauerhafter Zustand sei »im Plan der Natur nicht enthalten«. Es widerspreche der Grundkonstruktion des Lebens. Vielleicht kann es aus diesem Grunde auch nicht vom Kino thematisiert werden. Für die Zuschauer wäre das jedenfalls langweilig. Alles stünde still wie die Luft an einem heißen Sommertag. Filme sind jedoch dann interessant, wenn sie spannungsvolle Übergänge behandeln – Momente des Verfehlens und des Gewinnens. Daher eignet sich der Spielfilm wohl eher dazu, das Streben nach dem Glück und dessen Verlust zu thematisieren.

*Perfect World* (USA 1993) von Clint Eastwood beginnt mit einem glücklichen Augenblick: Ein Mann döst auf einer Sommerwiese. Dann führt der Film in Not und Gewalt hinein. Daraus entsteht die Beziehung zwischen dem entflohenen Häftling Butch (Kevin Costner) und seiner Geisel, dem siebenjährigen Phillip (T.J. Lowther). Paradoxerweise stellt sich heraus, daß dem vaterlosen Kind nichts Besseres hätte passieren können, als von Butch entführt zu werden. Erstmals in seinem Leben findet er Halt und Verständnis bei einem Mann, den er bewundern kann. Die ungleichen Freunde bilden mit der Zeit ein perfektes Team. Aber das Glück des Kindes kann nicht lange dauern, da die Polizei Butch auf den Fersen ist. In einer perfekten Welt hätten sich das Kind und der erwachsene Mann unter anderen Bedingungen kennengelernt. Doch am Ende der fiktiven Realität wird Butch auf einer blühenden Wiese erschossen. Bevor er stirbt, durchlebt er den sommerlichen, glücklichen Augenblick, mit dem der Film begann. Eine Geschichte aus Kampf, Leid und Schmerzen, eingerahmt von einem Moment des Glücks.

*Die Brücken am Fluß* (USA 1995) erzählt die Liebesgeschichte des Fotografen Robert (Clint Eastwood) und der Farmersfrau

Francesca (Meryl Streep). Er ist um die 60 Jahre alt und hat ein ungebundenes, abenteuerliches Leben geführt. Sie wohnt mit ihrem gutmütigen Mann und zwei netten Kindern in einem abgelegenen Haus und hat das Gefühl, in dem eintönigen ländlichen Lebensfluß vieles verpaßt zu haben. Die Unberechenbarkeit der Liebe führt die beiden zusammen. Als Zuschauer wird man nicht nur in ihre Annäherung hineingezogen, sondern zugleich darauf aufmerksam gemacht, welche Konsequenzen damit verbunden sind. Das gibt dem aufkeimendem Glück einen schmerzhaften Beigeschmack.

Dieses Gewicht der Schuld ziehen die meisten Liebesfilme nicht mit sich. Sie stellen sich auf den Standpunkt der Liebe und lassen die Vereinigung als Triumph des Glücks erscheinen. *Die Brücken am Fluß* versetzt die Zuschauer zwischen ihre Sehnsucht nach perfekten Zuständen und die Zwickmühlen des realen, unperfekten Lebens. Würde Francesca mit Robert weggehen, müßte sie ihren Mann verraten, ihre Kinder enttäuschen und all das preisgeben, was ihrem Leben bisher Richtung und Sinn gegeben hat. Sie müßte mit einem Male alles, was wichtig für sie ist, aufs Spiel setzen. Auch an dem Bild, das sie von sich selbst hat, könnte sie nicht länger festhalten. Wenn das Leben eine Richtung gefunden hat, kann eine neue Liebe alles umwerfen. Der Film von Clint Eastwood blendet diese Implikationen nicht aus, sondern hält sie im Erleben des Zuschauers stets gegenwärtig. Die vielversprechende Hoffnung auf das perfekte Glück findet in der Spannung zu den damit verbundenen Konsequenzen statt. Insgesamt thematisiert der Film das Liebesglück als explosive Ladung.

Die Lösung, die der Film anbietet, läuft auf einen Verzicht hinaus. Robert und Francesca gehen jeder für sich die von ihnen begonnenen Lebenswege weiter. An dem Tag ihres Abschieds regnet es in Strömen. Francesca fährt mit ihrem Mann in die Stadt zum Einkaufen. Als sie im Auto auf ihn wartet, sieht sie Robert auf der anderen Straßenseite. Vom Regen durchnäßt, blickt er sie an, als wolle er sie dazu bewegen, doch noch zu ihm zu kommen. Doch Francescas Mann steigt ins Auto und fährt los. Er hat keine Ahnung von dem

Konflikt seiner Frau. An einer Ampel müssen sie warten. Vor ihnen steht Roberts Wagen. Sein Blinklicht zeigt an, daß er abbiegen wird. Die Ampel springt auf Grün, doch Roberts Wagen setzt sich nicht in Bewegung. Francesca hat den Türgriff in der Hand und ist kurz davor, aus dem Auto zu springen. Sie könnte das Ruder noch herumreißen. Ihr Mann drückt verärgert auf die Hupe. Roberts Wagen fährt los und biegt ab. Francesca fährt mit ihrem Mann geradeaus. Sie hat Tränen in den Augen. Die Zuschauer müssen es in dieser außerordentlich intensiven Abschiedsszene hinnehmen, daß die Aussicht auf das Glück verlorengeht. Alles in ihnen drängt auf den Sieg der perfekten Liebe. Doch der Aufbau der Szene verlangt ihnen den Verzicht ab.

Soweit die wichtigsten vom Kino behandelten Tiefenthemen. In Kapitel 11 wird die Liste weitergeführt mit Themen, die sich zur Zeit durch besondere Aktualität auszeichnen.


## Zusammenfassung

Filme sollten ihre Geschichten so erzählen, daß sich die Handlung auf der Leinwand in ein erlebtes Drama der Zuschauer umwandeln läßt. Denn im Kino wollen die Menschen nicht nur dem Helden zusehen, sondern über seine Taten und Leiden den Wendungen des Lebens näherkommen.

Die wirksamsten Kinothemen fallen daher mit Grundkomplexen des menschlichen Seelenlebens zusammen. In unseren Unternehmungen, Werken und Träumen suchen wir dafür eine Behandlung. Jeden Tag aufs neue. Damit verbinden wir mal unser Glück und mal unser Leiden. Immer aber unsere Lebendigkeit. Das Kino ist der wohl am besten geeignete Ort, solche Grundkomplexe in zentrierter Weise und ohne die damit verbundenen Konsequenzen zu durchleben. Im Kino lassen wir uns von den Grundkomplexen des Lebens unterhalten.

Autoren und Produzenten können die Wirksamkeit ihrer Projekte einschätzen und optimieren, wenn sie sich die Frage stellen, ob ihr Film tatsächlich einen solchen Lebensnerv berührt. Die in diesem Kapitel beschriebenen 18 Grundkomplexe stellen eine Übersicht über die wichtigsten und wirksamsten Filmthemen dar.

1. Zerstören – Erhalten
2. Verkehrung – Halt
3. Erniedrigung – Triumph
4. Angriff – Flucht
5. Direkt – Vermittelt
6. Tun – Getanwerden
7. Beweglichkeit – Zwang
8. Perspektiven – Eine Wirklichkeit
9. Verlockende Vielfalt – Richtung
10. Zerfließen – Konsequenz
11. Beliebigkeit – Wertsetzung
12. Täuschung – Wahrheit
13. Wiederholen – Verändern
14. Begrenzt – Darüber hinaus
15. Fremd – Vertraut
16. Getrennt – Vereint
17. Wandel – Verbindlichkeit
18. Unperfekt – Perfekt

# 6
# Von Anfang an gebannt

*Falling Down* (USA 1992) beginnt mit einer Großaufnahme männlicher Lippen. Die Kamera geht zurück, und das Gesicht von Michael Douglas ist zu erkennen. Der namenlose Bürger aus Los Angeles ist mit seinem Wagen in einen Stau geraten. Joel Schumacher, der den Film nach dem Drehbuch von Ebbe Roe Smith drehte, fesselt das Publikum mit einer Abfolge von Bildern, die ein Gefühl zunehmender Gereiztheit erzeugen: tropfende Auspuffrohre, hupende Fahrer, kreischende Kinder, häßliche Stofftiere. Zusätzlich schwillt die Geräuschkulisse stetig an. Eine Fliege im Auto läßt Douglas fast ausrasten. Sein unruhiger Blick fällt auf eine Frau, die sich die Lippen anmalt, auf einen Mann, der in sein Handy schreit, und einen Jugendlichen, der wie in Trance an seinem Walkman hängt. In die Geräusche mischt sich die schrille Sirene eines Polizeiwagens. Die Atmosphäre ist zum Zerreißen gespannt. Es muß etwas passieren! Douglas reißt die Fahrertür auf, und der Lärm verstummt. Er nimmt seine Aktentasche und sucht das Weite. Ein anderer Autofahrer will ihn aufhalten. Doch Douglas rechtfertigt seine Flucht mit einem banalen Motiv. »Ich will nach Hause!« ruft er und verschwindet in den Büschen am Straßenrand.

Der Blick des Zuschauers fällt nun auf ein anderes Auto im Stau. Martin Prendergast (Robert Duvall) wirkt nicht so nervös wie der Unbekannte. Mit einem Schmunzeln auf den Lippen betrachtet er eine Plakatwand. Dort hat ein Witzbold dem Model ein Männchen in den Ausschnitt gemalt. Das kleine Gesicht guckt zwischen den Brüsten der Frau hervor, über ihm eine Sprechblase: »Help!« Eine komische Brechung der Szene, die wir gerade gesehen haben. Prendergast wird auf eine herannahende Motorradstreife aufmerksam. Der Polizist hält neben dem verlassenen Fahrzeug mit dem Nummernschild »D-FENS«. Prendergast steigt aus. Er wirkt entspannter als die anderen Leute im Stau. Vielleicht, weil es sein letzter Arbeitstag als Officer des Raub- und Morddezernats ist. Er scheint der einzige besonnene Mensch auf dieser hoffnungslos verstopften Autobahn zu sein. Er bietet dem Polizisten seine Hilfe an. Was die Zuschauer noch nicht wissen: Der Ausbruch des unbekannten Mannes und die Besonnenheit Prendergasts markieren den Erlebensspielraum des gesamten Films.

### Dynamische Übergänge

Die Zuschauer kommen aus den unterschiedlichsten Alltagszusammenhängen ins Kino. Der eine ist erst vor kurzem aufgestanden, der andere hat einen langen Tag hinter sich und ist müde. Die eine hat sich mit ihrer Kollegin zerstritten, die andere hat ein Geschäft erfolgreich unter Dach und Fach gebracht. Im Saal sitzen Akademiker neben Menschen, die kaum je ein Buch gelesen haben. Pensionäre teilen sich die Sitzreihen mit Teenagern. Alle kommen ins Kino, um sich für zwei Stunden einer anderen Wirklichkeit zu überlassen. Sie suchen ein außergewöhnliches Erlebnis. Sie wollen, daß ein noch ungeformtes Drängen eine fesselnde Gestalt findet.

Filmanfänge sind wirksam, wenn sie die Unruhe des menschlichen Seelenlebens in packende Bilder einwickeln. Daher haben Filmemacher einen besonderen Ehrgeiz, die ersten Minuten möglichst aufregend zu gestalten. Sie wollen die schweifende Aufmerksamkeit des Publikums bündeln und vereinheitlichen. Die Zuschauer sollen in eine Stimmung versetzt werden, die ihre Zweifel an der Wahrscheinlichkeit der Geschichte ausräumt und sie die ganze Vorstellung über nicht mehr losläßt. Filmanfänge haben die Funktion, einen *dynamischen Übergang in die fiktive Welt* zu gewährleisten. Dabei setzen die einen mehr auf die Beeindruckung der Sinne über Action, während die anderen eher unbewußte, deshalb aber nicht weniger wirksame Reaktionen im Zuschauer zu entfesseln suchen. Die meisten Filmanfänge bewegen sich freilich zwischen diesen beiden Polen.

Bei dem spektakulären Anfang von *Vierzehn Tage lebenslänglich* (D 1996) wird der Zuschauer zum Zeugen eines sexuellen Aktes. Das ist ein gezielter Angriff auf seine Sinne. Der Film von Roland Suso Richter führt in ein Badezimmer. Dort bereiten sich der Anwalt Konrad (Kai Wiesinger) und seine Freundin auf eine Party vor. Konrad nimmt eine Prise Kokain zu sich und bietet der Frau etwas davon an. Hieraus entwickelt sich überraschend eine heftige, aber auch kalte Liebesszene. Fast überrollt sie den Zuschauer. Auf jeden Fall aber nimmt sie ihn gefangen. Er ahnt bereits, daß der Macho Konrad mit seiner kalten Art in Probleme kommen wird.

*Pretty Woman* fängt sehr viel zurückhaltender an. Der Film führt den Zuschauer auf eine Party in den Hügeln Hollywoods. Die eleganten Gäste, das luxuriöse Haus, die teuren Autos beschreiben die Welt des Geschäftsmannes Edward (Richard Gere). Per Telefon teilt seine Freundin ihm mit, daß sie sich von ihm trennen wird. Sie wolle nicht länger eins der schönen Stücke in seiner Ausstattung sein. Edward wirkt verärgert, aber nicht erschüttert. Er verläßt die Party. Der Einstieg macht deutlich, daß Edward ein ziemlich reicher Mann ist und zur Zeit Single. Damit informiert der Filmanfang die Zuschauer über den Lebenshintergrund des Protagonisten. Gespannt wird er beobachten, wie die hierauf folgende erste Begegnung mit der Prostituierten Vivian (Julia Roberts) ausgehen wird.

Auch *Während du schliefst* beginnt mit einer eher zurückhaltenden Annäherung an das Leben der Protagonistin. Zunächst stellt der Film seinen Schauplatz in mehreren Ansichten des winterlichen Chicago vor. Dann zeigt er Szenen aus Lucys Kindheit. *Voice over* erzählt sie von ihrem Vater und ihrer verstorbenen Mutter. Ein Hauch von Enttäuschung durchzieht ihre Rede. Das Leben, das sei das Vermächtnis ihres Vaters, nehme nicht immer die Richtung, die man plant. Auf diese Weise lernen wir Lucy (Sandra Bullock) als eine Frau kennen, die auf Umwegen und über Enttäuschungen zu ihrem Ziel gelangt. Wenn sie kurze Zeit später auf ihre vermeintliche große Liebe trifft, wissen wir bereits, daß das nicht gutgehen wird. Der Film hat uns für sich eingenommen.

Es gibt viele Möglichkeiten, einen Film zu beginnen. Die bisher angeführten Beispiele machen eine Unschlüssigkeit oder eine bestimmte Problematik spürbar und erzeugen damit im Zuschauer eine Spannung, die auf Weiterführung drängt. Ehe er sich richtig besinnt, ist er schon in die Dynamik einer Geschichte eingebunden. Man muß dem Zuschauer deren Thema oder die Eckpunkte ihrer Handlung nicht unbedingt verraten. Man kann ihn auch längere Zeit im unklaren halten. In der Regel wird er allerdings über den Titel und die ihm zugänglichen Informationen trotzdem eine dynamische Erwartung entwickeln. Bei *Eine verhängnisvolle Affäre* streifen wir zunächst über die abendliche Skyline New Yorks, tauchen ab zu einem beleuchteten Fenster und geraten in die heimelige Wohnung der Familie Gallagher. Während ihr Kind fernsieht, bereiten sich die Eltern darauf vor, auszugehen. Diese Szene besticht durch ihre Alltäglichkeit. Sie zeigt Michael

Douglas und Ann Archer in Unterwäsche, beim Ankleiden und beim Zähneputzen. Nichts verweist auf eine spannende Geschichte. Trotzdem sind die Zuschauer mittendrin. Denn der Titel des Films »Eine verhängnisvolle Affäre« sagt ihnen, daß der Alltag der Familie schon sehr bald aus den Fugen geraten wird. Als der Babysitter kommt, folgt ein Schnitt und die Überblendung zu einer Party. Dort wird Dan eine Frau kennenlernen und mit ihr eine Nacht verbringen. Und diese Affäre wird der Familie fast zum Verhängnis werden ... Das den Film durchziehende Thema von Angriff – Flucht gibt sich in der Eröffnungssequenz noch nicht zu erkennen, aber die Zuschauer stellen ihre Erwartungen dennoch darauf ein.

*Die Geliebte des französischen Leutnants* (GB 1981) beginnt mit dem langen Gang einer schwarz gekleideten Frau auf der Mole eines kleinen englischen Hafens. Die rauhe Landschaft und die einsame Frau vor dem Meer prägen sich ein. Der aufmerksame Zuschauer erkennt, daß hier ein Film im Film gedreht wird. Doch dann vergißt er dies zunächst einmal wieder. Denn die Story zeigt nun den Gesteinsforscher Charles (Jeremy Irons) bei der Arbeit. Er scheint in Gedanken woanders zu sein. Er unterbricht seine Tätigkeit und macht sich kurzentschlossen mit der Kutsche auf den Weg zu seiner Verlobten Ernestina (Lynsey Baxter). Im idyllischen Wintergarten ihres Elternhauses unterbreitet er ihr einen unbeholfen wirkenden Heiratsantrag. Die Bediensteten beobachten die Szene durch ein Fenster und kommentieren sie mit ironischen Bemerkungen.

Ohne daß es den Zuschauern bewußt sein muß, wirkt die geheimnisvolle Frau des Anfangs in diese Szene hinein. Sie hat sich als ein rätselhaftes, aber irgendwie faszinierendes Bild festgesetzt, das den Heiratsantrag kommentiert. Wir sehen einen Mann seine Ehe planen, aber das Wissen um die Frau im schwarzen Cape bringt eine andere Richtung ins Spiel. Indem das Drehbuch von Harold Pinter, Charles und Ernestina in den leicht abschätzigen Blick der Dienstboten rückt, verstärkt es diese Wirkung. Wir glauben nicht wirklich, daß Charles in diese Frau verliebt ist. Der Fortgang der Geschichte gibt dem Verdacht recht: Er wird eine besessene

Liebe zu der Frau in Schwarz entwickeln und darüber seine Beziehung zu Ernestina zerstören. Der Anfang läßt in kaum faßbaren Andeutungen bereits die ganze tragische Weite des Films verspüren.

Der Unterschied zwischen dem Beginn von *Die Geliebte des französischen Leutnants* und den weiter oben angeführten Beispielen besteht darin, daß der Filmanfang von Karel Reisz den Zuschauer stärker unbewußt einbezieht. *Pretty Woman* zum Beispiel beschreibt die Situation eines Mannes und setzt damit bewußte Erwartungen in Gang. Wenn Richard Gere einige Szenen später auf Julia Roberts trifft, wissen die Zuschauer: Auch wenn es nicht einfach sein wird, die beiden werden ein Paar. Der Film mit Jeremy Irons läßt den Zuschauer demgegenüber eine *unterschwellige* Spannung zwischen der schwarz gekleideten Frau auf der Mole und Charles' Heiratsplänen herstellen. Er schlägt eine Richtung (unfassbare Anziehung) ein und konfrontiert sie kurz darauf mit einer ganz anderen (braver Heiratsantrag). Damit erzeugt er das Gefühl, daß eine Vereinigung stattfindet, die bereits zum Scheitern verurteilt ist. Und zwar ohne, daß es dafür eindeutige Anhaltspunkte gäbe. Man kann es folgendermaßen ausdrücken: Der Zuschauer weiß noch nicht, daß er weiß, worauf die Geschichte hinauslaufen wird. Solch ein unbewußtes Wissen kann ihn allerdings stärker fesseln als ein bewußtes.

## Probe auf das Tiefenthema

Die bisher beschriebenen Anfänge sind interessante und dynamische Übergänge in die Welt des Films. Doch es gibt auch Eröffnungen, die noch einen Schritt weiter gehen. Sie sind so etwas wie ein Gleichnis für das Ganze. Sie lassen bereits in den ersten Minuten anklingen, welch ein Grundkomplex den Film im ganzen bewegt. Der zu Beginn des Kapitels beschriebene Anfang von *Falling Down* ist hierfür ein gutes Beispiel. Wenn einem Film eine solche Eingangssequenz gelingt, erhält er eine ungewöhnliche Stringenz. Er ist ein Werk aus einem Guß.

*Der bewegte Mann* (D 1994) gibt dem Publikum bereits in der Titelsequenz eine Kostprobe seiner Tiefenthematik. Er beginnt in einem großen Tanzlokal. Paare drehen sich auf der Tanzfläche. Am Rand steht Axel (Til Schweiger). Er ist Kellner in dem Lokal und macht eine Zigarettenpause. Man sieht ihm an, daß er sich lieber wie die Gäste amüsieren würde, anstatt zu arbeiten. Auf der Bühne singt Max Raabe einen alten Schlager mit dem Text: »Ja und Nein, das kann dasselbe sein …« Da trifft sich Axels träumerischer Blick mit dem einer tanzenden Frau. Ein Flirt entsteht, die Frau entschuldigt sich bei ihrem Partner und geht Richtung Toiletten. Mit fragenden Augen dreht sie sich zu Axel um. Der zögert nicht lange und folgt ihr. Die Zufallsbekannten beginnen eines stummes Liebesspiel, das von einer Frau in der Nachbarkabine (Katja Riemann in der Rolle der Doro) mit amüsiertem Lächeln quittiert wird. Doch dann fällt ein Schlüsselbund auf den Boden. Doro scheint es zu erkennen. Sie klettert auf die Toilette und blickt nun von oben in die Nachbarkabine. Ihr Verdacht bestätigt sich. Sie erwischt ihren Freund Axel mit einer fremden Frau. Die Situation ist komisch und peinlich zugleich und Doro eine temperamentvolle und kurzentschlossene Frau. Sie verläßt Axel auf der Stelle und verlangt von ihm, daß er noch am selben Tag die gemeinsame Wohnung räumt.

Diese Szene charakterisiert den Protagonisten Axel, eröffnet zudem eine Situation, die den Anstoß zur Handlung des Films gibt, und – das ist in diesem Zusammenhang wichtig – sie erlaubt dem Zuschauer schon einmal die ganze weitere Entwicklung in wenigen Minuten vorzukosten. Das Tiefenthema des Films ist das Verhältnis von Zerfließen – Konsequenz. Der Film von Sönke Wortmann zeigt schon in der ersten Szene, wie sich die beiden Seiten des Verhältnisses berühren: Axel läßt sich von einer Anziehung zur nächsten treiben und gerät als Konsequenz in eine Situation, mit der er nicht gerechnet hatte. Das Lied Max Raabes ist passend ausgewählt, denn es charakterisiert die Unbestimmtheit seines Treibens. Alles ist gleich. Ja kann Nein und Nein kann Ja bedeuten. Axel, der sich auf diese Weise durchs Leben treiben läßt, wird von Konsequenzen eingeholt, die er nicht selbst gewählt hat. In der Story des Films ist es das Kind, das er gedankenlos gezeugt hat, das ihn schließlich dazu bringt, seinem Leben eine Richtung zu geben.

Auch *Forget Paris* (USA 1995) führt schon am Anfang seinen Grundkomplex ein. Die Titelsequenz zeigt eine Folge von Schwarzweißfotografien. Es sind Bilder aus Frankreich, die im wesentlichen Liebespaare beim Küssen zeigen. Die Musik und die nostalgische Stimmung der Aufnahmen rufen die Atmosphäre einer unbekümmerten Verliebtheit hervor. Wie schön ist es, sich im Sommer treiben zu lassen und seine Sinne zu erfahren. Dann kommt – nun in Farbe – eine alte Dame an der Orgel ins Bild. Umständlich nimmt sie einen Schluck aus dem Wasserglas und macht Lockerungsübungen mit den Fingern. Im nächsten Augenblick wirft sie sich derartig temperamentvoll in die Tasten, daß es nur so schallt. Doch was ist das? Die Kamera zieht nach oben, und hinter der Orgel wird ein Basketballstadion sichtbar. Ein entscheidender Moment des Turniers wird vorbereitet. Der Trainer der einen Mannschaft legt seinen Spielern die Taktik dar. Von der Orgel ist kaum noch etwas zu hören. Nun bestimmt das Toben der sportbegeisterten Menge die Szene. Das Spiel geht weiter, die Uhrzeit wird immer wieder eingeblendet. Es sind nur noch wenige Augenblicke zu spielen. Die eine Mannschaft punktet erneut. Der Schlußpfiff ist zu hören. Aufbrausender Jubel bei den Fans der Gewinner. Doch ein schmächtiger Mann stemmt sich mit rudernden Armen gegen den Strom. Es ist der Schiedsrichter Mickey (Billy Crystal). Er behauptet, der Ball sei erst nach Ablauf der Spielzeit in den Korb geflogen und daher ungültig. Das ganze Stadion richtet sich gegen diese Entscheidung auf. Keiner will sie hinnehmen. Doch Mickey bleibt dabei. Er nimmt den Sturm der Entrüstung unbeeindruckt hin und läßt sich unter Polizeischutz aus der Arena führen. So ist Mickey: schmächtig, aber verbindlich, klein, aber ungemein zäh und ausdauernd.

Der Anfang von *Forget Paris* (USA 1995) mutet dem Zuschauer einiges zu. Er wird hin- und hergeschleudert in diesen ersten Minuten. Erst wird er auf romantische Liebesgefühle eingestimmt, die die Erwartung wecken, daß die altertümliche

Orgelspielerin den Hochzeitsmarsch anstimmt. Dann findet er sich jedoch im Getöse eines Sportstadiums wieder. Er läßt sich von der Dynamik des Spiels mitreißen und wird abrupt aus ihr herausgerissen. Wie kann ein Mensch so konsequent und genau sein wie Mickey? Die digitale Zeitmessung ergibt: Der Ball berührte den Korb genau eine hundertstel Sekunde zu spät. Wie hält dieser schmächtige Mann den Haß der um den Sieg geprellten Spieler und des Publikums aus?

Die beschriebenen Szenen entfesseln das Thema, das der gesamte Film behandelt: Wandel – Verbindlichkeit. Der Sprung von der Orgel zum Wettkampf, die Spannung auf dem Spielfeld und der Siegestaumel lassen die Zuschauer den unvorhersehbaren Wandel, der unser Leben bestimmt, miterleben. Nur ein kleiner Schritt trennt manchmal die unterschiedlichsten Welten. Eine Handlung kann alles verändernde Weichen stellen. Das Leben ist ein Spiel, aus dem man mal als Gewinner und mal als Verlierer hervorgeht. Auf der anderen Seite erfahren wir an Mickeys Kompromiß- und Furchtlosigkeit, daß es auch Verbindlichkeiten gibt im Leben. Sie verleihen ihm Halt und Kontinuität. Mickeys sture Auslegung der Spielregeln ist faszinierend, aber wir fragen uns, ob wir selbst zu einer derartigen Hartnäckigkeit imstande wären. Hier wird ein bedeutsames Verhältnis aufgebaut, und die persönlichen Erfahrungen der Zuschauer greifen in den Wirkungsprozeß mit ein.

Die schon zu Beginn angerissene Thematik bleibt auch im weiteren Verlauf des Films zentral. Denn es geht in ihm generell um die Frage, ob sich die Liebe Mickeys zu seiner Freundin Ellen (Debra Winger) gegen den Wandel der Zeit und gegen die Schwierigkeiten des Lebens behaupten kann. Ihre Bindung löst sich in den Wendungen des Lebens auf, doch sie wird, aufgrund der Hartnäckigkeit der Liebenden, immer wieder belebt. Schließlich trägt die Verbindlichkeit den Sieg davon. So wie die Zuschauer schon am Anfang in den unvermuteten Szenenwechseln und Ereignissen Mickeys Verbindlichkeit als einen stabilen Punkt ausmachten, so finden sie auch in den Verstrickungen der Liebesgeschichte einen stabilen Punkt: Es liegt in der Verbindlichkeit zwischen Mickey

153

und Ellen, die sich schließlich gegen den Wandel aller Dinge behauptet. *Forget Paris* führt auf diese Weise die Wirkungen, die er in seiner Anfangssequenz bereits entfesselt hat, in einem durchkomponierten und stringenten Werk weiter.

Der Anfang von Hitchcocks *Der unsichtbare Dritte* (USA 1959): In der Fensterfront eines Wolkenkratzers spiegelt sich der pulsierende Verkehr New Yorks. Es ist Feierabend. Menschen strömen aus den Bürogebäuden und verschwinden in den Tiefen der Untergrundbahn. Andere beeilen sich, um den Bus zu erreichen – doch ein bekannter dicklicher Herr im dunklen Anzug kommt zu spät. Im Erdgeschoß eines Gebäudes eilen die Angestellten aus dem Lift. Eine Gestalt hebt sich ab: Roger Thornhill (Cary Grant) kämpft sich seinen Weg durch die quirlige Menge. Seine Sekretärin Maggie ist ihm auf den Fersen und nimmt gewissenhaft seine Anordnungen auf. Thornhill ist Werbemanager und hat sein Metier fest im Griff. Auf Wunsch Maggies steigen sie nun in ein Taxi. Dort setzen sie ihre Besprechung fort. Schön wäre es, ein solches Leben zu führen, einen solchen Einfluß zu haben wie Roger Thornhill.

Aber hat er wirklich alles im Griff? Wenn er auf seine Mutter zu sprechen kommt, wirkt er wie ein großer Junge. Er hat sich mit ihr fürs Theater verabredet und bittet Maggie, vorher ein Treffen zum Abendessen zu organisieren. Seine Nachricht an die Mutter, sie brauche seinen Atem nicht zu kontrollieren, denn er werde ganz sicher bereits zwei Martinis getrunken haben, ist zwar komisch, macht aber darauf aufmerksam, daß es im Leben Roger Thornhills Menschen gibt, die noch bestimmender sind als er. Als er das Taxi verlassen hat, fällt ihm ein, daß seine Mutter zu Hause gar nicht zu erreichen ist, da sie sich bei einer Freundin aufhält. Er will den Wagen noch stoppen, doch zu spät: Die Sekretärin fährt mit der falschen Information davon. Sie wird die Mutter nicht benachrichtigen können. Sie werden sich verpassen. Die Mutter wird ärgerlich sein … Roger Thornhill zeigt eine hilflose Geste. Offensichtlich hat der Manager doch nicht alles im Griff.

Hitchcocks Eingangssequenz konfrontiert den Zuschauer mit dem anonymen Gemenge der Großstadt. Doch sogleich erfüllt er den Wunsch der Zuschauer nach einer abgehobenen Gestalt und läßt eine konkrete Figur darin auftauchen: Cary Grant. Er verleiht der Gestalt Bewegung und spannt sie in ein dynamisches Verhältnis ein: Thornhill ist bestimmend, er liebt es zu handeln. Aber er läßt sich von Maggie dazu überreden, ein Taxi zu benutzen. Er hat sein Leben im Griff, aber er wird von der Mutter kontrolliert. Er sagt, was getan wird, kann aber auf das wegfahrende Taxi keinen Einfluß nehmen. Thornhill bestimmt und wird bestimmt. Das Verhältnis von Tun und Getanwerden unterlegt die Handlung von Anfang an mit einem spannenden und bedeutsamen Inhalt.

Die wirksamsten Filmanfänge sind diejenigen, die bereits eine Kostprobe für den ganzen Film geben. Sie lassen seine Tiefenthematik anklingen und lassen das Publikum in wenigen Minuten den Spielraum des Kommenden erfahren. Sie entsprechen der Ouvertüre einer Oper, die in gedrängter Form die wichtigsten Themen anklingen läßt. Im Bann eines Films, der sein Thema schon zu Beginn ins Spiel bringt, ist der Zuschauer in einer Art und Weise gefesselt, daß die Welt um ihn herum in Vergessenheit gerät. *Der unsichtbare Dritte* ist hierfür ein gelungenes Beispiel. Indem er das in den ersten Bildern belebte Verhältnis von Tun und Getanwerden nicht mehr aus dem Auge verliert, zurrt der Film im weiteren Verlauf seine Fesseln immer enger um den Zuschauer.

Als Thornhill dem Wunsch seiner Sekretärin nachgab, mit dem Taxi zu fahren, erfuhr seine Souveränität den ersten Knacks. Da ein anderer den Wagen steuert, kann er nicht verhindern, daß Maggie mit einer falschen Information davonbraust. Doch nun geht es erst richtig los. Thornhill wird entführt und von zwei Gangstern in ein Auto gesteckt. Hier kann er weder das Ziel bestimmen noch das Fahrzeug auf Wunsch verlassen. Selbst sein Witz vermag die Gangster nicht zu beeindrucken. So geraten die Zuschauer aus dem Übermut der Allmacht immer tiefer hinein in das Netz einer anderen Gewalt. Der Umschlag von Tun in Getanwerden findet einen ersten Höhepunkt, als der Drahtzieher der Entführung Van Dam (James Mason) Thornhill Whisky einflößen läßt. Nun ist er wirklich nicht mehr Herr seiner Sinne. Und wenn sein in

Schlangenlinien verlaufender Fluchtversuch – wieder im Auto – auch glückt, so liefert er ihn schließlich doch nur um so drastischer der Aktivität anderer aus: Erst wird er von der Polizei festgenommen und dann von der herbeigerufenen Mutter lächerlich gemacht.

Roger wird versuchen, den Lauf der Dinge wieder in den Griff zu bekommen. Doch es wird ein langer Kampf werden. Hat er seine Mutter abgeschüttelt, gerät er schon in den Anziehungsbereich einer blonden Eva (Eva Marie Saint), die mit ihm ein perfides Spiel treibt. Bis hierhin hat Thornhill nicht ein einziges Mal seine leichtfüßige Ironie aufgeben müssen. Er hat den Eindruck von Souveränität erhalten können. Doch als er in der berühmten Szene auf dem freien Feld von einem Flugzeug angegriffen wird, verliert er dann doch seinen Witz. Er stellt fest, daß die attraktive Frau ihn verraten hat. Er muß für sein Überleben kämpfen. Hier erhält der Umschwung zwischen Tun und Getanwerden eine erstmals bedrohliche Qualität. Erst ganz zum Schluß werden die Dinge wieder so laufen, wie Thornhill es will. Doch dann ist der Film zu Ende.

Filme wirken, wenn sie die Zuschauer in eine andere Wirklichkeit führen, dabei aber zentrale Grundkomplexe des Alltagslebens entfesseln. Filme mit Werkcharakter bringen diese schon in den ersten Szenen ins Spiel: *Der unsichtbare Dritte*: Tun – Getanwerden; *Forget Paris*: Wandel – Verbindlichkeit; *Der bewegte Mann*: Zerfließen – Konsequenz. Wenn sie in das Spannungsfeld solch dynamischer Verhältnisse geraten, spüren die Zuschauer, daß ihr eigener Seelenbetrieb tätig ist. Sie sind nicht nur in der Geschichte dort auf der Leinwand, sondern zugleich mit ihren Hoffnungen und Befürchtungen beteiligt. Film und Publikum verschmelzen zu einem lebendigen Organismus.

### Anfang ohne Held

Die im letzten Abschnitt besprochenen Filme bringen ihre Tiefenthemen schon in den ersten Szenen ein, indem sie die Handlungen der Protagonisten damit unterlegen. Noch einen

Schritt weiter gehen Filme, die ihre Thematik von Anfang an transparent machen, ohne dabei den Helden auftreten zu lassen. Das ist insofern interessant, als sie damit der These widersprechen, das Publikum erlebe den Film durch die Augen des Hauptdarstellers. Die bewegenden Themen des Kinos sind nicht an eine bestimmte Figur gebunden. Sie können in mehreren Figuren zugleich und auch in Dingen zum Ausdruck kommen. Sie können zunächst an Nebenrollen belebt und später von den Protagonisten weiter ausgeführt werden. Was nicht bedeutet, daß die Zuschauer vor dem Auftritt des Helden die Geschichte ohne innere Beteiligung an sich vorbeiziehen lassen. Sie sind mittendrin, auch wenn der Protagonist noch nicht zu sehen ist.

Ein schönes Beispiel für diese Art, einen Film zu beginnen, liefert *Ninotschka* (USA 1939) von Ernst Lubitsch. Es soll hier etwas ausführlicher dargestellt werden. Der Film, zu dem Billy Wilder und Charles Brackett das Drehbuch geschrieben haben, erzählt die Geschichte einer linientreuen sowjetischen Sonderinspektorin, die während eines Auftrages in Paris nicht nur den Verführungen eines Mannes, sondern auch den Reizen der westlichen Lebensweise anheimfällt. Lubitsch läßt die auf Greta Garbo zugeschnittene Geschichte folgendermaßen beginnen:

Zunächst versetzt er die Zuschauer mit einem Textvorspann in eine lasziv-ironische Stimmung. Es ist von der »Lichterstadt Paris« die Rede, von »Nachttischlampen«, »rauschenden Vorhängen« und »süßen Geheimnissen«. Dann wird eine Hotellounge in den Mittelpunkt gerückt. Musik und Atmosphäre drücken Wohlstand und elegante Leichtgängigkeit aus. Ein Mann im Frack, der mit geschäftigen Schritten die Halle durchquert, scheint der Direktor des Luxushotels zu sein.

Durch die Drehtür kommt ein Mann mit Schlägermütze herein. Mit großen Augen blickt er sich um. Der Direktor wird auf ihn aufmerksam und spricht ihn an: »Kann ich etwas für Sie tun, Monsieur?« Doch der Mann mit Mütze dreht sich um und verläßt das Hotel. Als der Direktor sich vom Eingang abwendet, kommt ein bärtiger Mann mit Fellmütze durch die

Drehtür. Auch er schaut sich mit ungläubigem Staunen um. »Bitte sehr, Monsieur?« fragt der Direktor. Doch ähnlich wie der erste, verläßt auch der Mann mit der Fellmütze das Hotel umgehend wieder: »Wollt' mich hier nur mal umsehen.« Der Hotelmanager wirkt verärgert, da wird sein Blick von einem dritten Eindringling angezogen. Der Mann mit dem breiten Pelzkragen läßt sich von der Tür hereindrehen und gleich wieder hinaus. Begierig saugt er die Eindrücke mit seinen Blicken auf.

Indem Lubitsch den Film in der eleganten Hotellounge beginnen läßt, stimmt er die Zuschauer auf einen befreienden »Hauch von Luxus« ein. Ihre Alltagsprobleme werden in eine andere Sphäre gehoben, eine Atmosphäre, welche die angenehmen Seiten des Lebens betont. Doch zugleich läßt der Film eine Wirkungsqualität anklingen, die jeder kennt, ob arm oder reich. Sie beruht auf dem Kontrast, den die drei vor dem Hintergrund des Luxushotels ärmlich und unpassend wirkenden Figuren hervorrufen. Da die ersten Bilder die Zuschauer auf Eleganz und Luxus eingestimmt haben, wirken sie irgendwie fremd, drollig und vielleicht sogar störend: In die Welt des Wohlstands dringt etwas ein, was diese Welt stört. Es kommt in drei Anläufen herein, wird aber jedesmal abgewiesen. Der Status quo bleibt erhalten. Es handelt sich freilich nicht um ein bedrohliches Eindringen, da ein Hauch von Ironie das Ganze durchzieht.

Hätte der Film von Anfang an den Blickwinkel der drei Männer eingenommen, hätten wir das Treiben in der Lounge aus einer größeren Distanz heraus gesehen. Vielleicht hätten wir über den Mann im Frack gelacht und die Atmosphäre wäre uns lächerlich vorgekommen. Doch Lubitsch wechselt erst jetzt die Perspektive. Er führt den Zuschauer auf die Straße. Der letzte Eindringling geht zu den beiden anderen: »Ich muß Euch wirklich recht geben, Genossen, sie ist wundervoll.« Der Bärtige meint: »Hab' ich gleich gesagt. Haben wir etwas derartiges in Rußland?« Die beiden schütteln den Kopf: »Nein!« Der Bärtige: »Stellt Euch vor, wie erst die Betten sein müssen in solch einem Hotel.« Der Genosse mit Pelzkragen: »Du brauchst nur einmal zu klingeln, sofort kommt ein Diener. Und klingelst Du zweimal, kommt ein Kellner. Aber klingelst Du dreimal – was kommt dann? Ein Zimmermädchen. Ein fesches Mädchen.« Genosse mit Bart: »Also brauchen wir nur neunmal zu klingeln, dann …« Sie bewegen sich auf die Drehtür zu, doch der Mann mit der Schlägermütze hält sie auf: »Einen Moment, einen Moment! Ich habe nichts dagegen einzuwenden. Aber ich muß Euch sagen, ich geh doch lieber zurück ins Hotel Terminus. Ihr wißt, daß uns Moskau dort angemeldet hat. Wir sind hier im dienstlichen Auftrag. Wir haben unsere Befehle, und es kann doch nicht jeder machen, was er will.« Er will sich entfernen, doch der bärtige Genosse hält ihn auf: »Du hast wohl keinen Mut, Genosse Buljanoff.« Und der dritte fügt hinzu: »Das will Buljanoff, der Held der Barrikaden sein? Und auf einmal hat er Angst vor einem Zimmer mit Bad?!« Die Gruppe ist jetzt bei einem Auto angekommen. Buljanoff dreht sich um: »Ich habe keine Sehnsucht nach Sibirien.« Genosse mit Bart: »Und ich habe keine Sehnsucht nach dem Hotel Terminus.«

Buljanoff steigt in das Auto. Der Mann mit dem Pelzkragen setzt sich ihm gegenüber: »Hör doch mal zu, Genosse Buljanoff. Lenin würde zu Dir gesagt haben: ›Buljanoff, Kamerad! Du bist das erste Mal hier in Paris – sei nicht so dumm, geh rein und klingel dreimal.‹« Der Genosse mit Bart schaltet sich ein: »Das würde er nicht sagen. Aber er würde sagen: ›Buljanoff, Du wohnst doch da in einem ganz billigen Hotel – ja bedeutet Dir denn das Prestige der Bolschewiken gar nichts? Willst Du in einem Hotel wohnen, wo man den Warmwasserhahn aufdreht und kaltes herauskommt, und wenn man den kalten Hahn aufdreht, kommt gar nichts raus? Aber Buljanoff!‹« Buljanoff schüttelt den Kopf: »Ich meine, wir sollten bei dem einfachen Volke bleiben. Wie dürfte ich Lenin widersprechen? Na, also gehn wir schon.« Sie steigen aus dem Auto.

So wie wir uns kurz vorher noch auf das Leben in Luxus eingestimmt haben, so werden wir jetzt mit den Schwierigkeiten der sowjetischen Gesandten vertraut. Die Männer, die zuerst ein Gefühl von Fremdheit erzeugten, werden uns sympathisch. Damit dreht sich das Abwehren des Eindringens um in die Vorbereitung eines Eindringens. Und das, ohne bedrängend nahezugehen, denn der ironische Touch des Ganzen erlaubt ein distanziertes Vergnügen über die Situation.

Vor einer massigen Säule der Lounge treffen die drei mit dem Hotelmanager zusammen. Sie stellen sich als Gesandte des russischen Handelsministeriums vor, und Buljanoff rückt mit der entscheidenden Frage heraus: »Können wir alle drei zusammen ein Zimmer haben?« Der Direktor lächelt. »Meine Herren, ich fürchte, das wird Ihnen zu teuer sein.« Buljanoff kontert: »Warum so furchtsam?« Seine Genossen bringt er zum Lachen: »Der fürchtet sich.« Da der Direktor kein Aufsehen möchte, lenkt er rasch ein: »Ja, ich glaube, es ist möglich, Ihre Wünsche zu befriedigen.« Er zeigt auf den großen Koffer, den zwei der Genossen tragen. »Das ist wohl alles Gepäck?« Die Russen bitten um ein Schließfach, doch der Direktor kann ihnen keines anbieten. »Für diese Größe haben wir hier im Hause kein Schließfach zur Verfügung. Aber vielleicht ein Zimmer mit Privattresor.« Die Russen stimmen zu. Der Direktor bringt noch ein weiteres Bedenken zur Sprache: »Allerdings muß ich noch eins dabei bemerken: Das Apartment dürfte nicht ganz Ihrer Weltanschauung entsprechen. Es ist das Fürstenzimmer.« »Fürstenzimmer?« wiederholt Buljanoff. »Einen Moment!« Er drängt seine Genossen beiseite: »Ich warne Euch, Genossen. Wenn die Moskauer erfahren, daß wir hier in einem Fürstenzimmer wohnen, sind wir alle drei erledigt.« Sein Kollege kontert: »Wir sagen, wir hätten es nehmen müssen wegen des Safes. Das ist eine vernünftige Entschuldigung. Die anderen waren eben zu klein.« Die Genossen stimmen zu, doch dann zögert Buljanoff wieder: »Moment. Vielleicht können wir die Stücke herausnehmen. Und dann verteilen wir sie auf drei oder vier Schließfächer, und dann können wir billig wohnen. Ein guter Gedanke, nicht wahr?« Die beiden anderen sehen ihn zweifelnd an: »Ja, das ist ein Gedanke. Aber wer sagt, daß wir denken sollen?« Begeistert stimmen sie sich gegenseitig zu. Buljanoff löst sich von der Gruppe: »Also, wir wollen das Fürstenzimmer.« Die Gruppe setzt sich in Bewegung.

Indem die Russen das Hotel beziehen, kommt der Film mit umgekehrten Vorzeichen noch einmal auf den Moment des

Eindringens zurück. Wurde es zu Beginn aus dem Blickwinkel des Direktors vor dem Hintergrund des luxuriösen Lounge als fremd empfunden und daher als Störung abgewehrt, so macht die aktive Variante aus der Perspektive der inzwischen vertraut gewordenen Genossen nun Spaß. Die Zuschauer wechseln die Front und stellen sich auf die Seite der Eindringlinge. Das Eindringen des Fremden, das sie vorher aus der passiven Position erlebten, erleben sie nun aus der aktiven mit. In der Aussicht auf weiterhin gute Unterhaltung begeben sie sich mit den Kommunisten in die Fürstensuite des Hotel Clarence.

Was hat die Autoren Brackett und Wilder dazu veranlaßt, *Ninotschka* mit dieser Sequenz zu eröffnen? Was haben die drei Russen, der Hoteldirektor und die Drehtür mit dem ganzen Film zu tun? Reiner Zufall, Ausdruck von Beliebigkeit? Nein. Die Antwort ist eindeutig: Die Sequenz belebt auf eine für Lubitsch charakteristische Art die Tiefenthematik, die den Film insgesamt bestimmt. Es geht in dieser Komödie um einen »Kampf« der Weltanschauungen. Die kommunistische sucht in die westliche und die westliche in die kommunistische einzudringen. Die drei Russen sind den Reizen des Westens sehr schnell erlegen. Der Anblick der Hotellobby war schon genug. Der gleiche Kampf findet noch einmal statt, wenn Greta Garbo als Inspektorin Ninotschka den Schauplatz betritt. Allerdings erweisen sich bei ihr die kommunistischen Werte als wesentlich resistenter. Graf Leon (Melvyn Douglas) wird sie mit seinen Verführungskünsten bedrängen. Sie wird ihm lange Zeit standhalten. Ein modischer Hut, der im Hotel ausgestellt ist, wird schließlich den Moment ihrer Kapitulation markieren. Viele Male ist Ninotschka an ihm vorübergegangen, hat ihn verstohlen betrachtet, doch schließlich trägt sie ihn auf dem Kopf.

Wie schon in der oben beschriebenen ersten Sequenz machen die Zuschauer das Eindringen des französischen *Savoir-vivre* in die rechtschaffene Kommunistin mal aus der aktiven und mal aus der passiven Position mit. Mal fühlen sie mit dem Verführer, der in Ninotschkas Welt einzudringen sucht, mal verstehen sie den Widerstand der Verführten. Damit bewegen sie sich innerhalb des Spielraums, den bereits die Eingangsszene hat anklingen lassen. Im Rahmen der unverwechselbaren Atmosphäre einer Lubitsch-Komödie erleben sie, wie Ninotschkas Widerstand sich allmählich auflöst. Die Wirkungsqualität des Eindringens, die *Ninotschka* von Anfang an thematisiert, ist von dem Grundkomplex Zerstören – Erhalten (s. o.) abgeleitet. Es geht in dem Film letztlich um die Frage, ob sich die Linientreue der Kommunisten erhalten kann oder ob sie von den süßen Verführungen, die das westliche Paris zu bieten hat, zerstört wird.

## Zusammenfassung

Filmanfänge stellen den Übergang vom Alltag in die Welt des Films her. Gezielt dynamisieren sie das Erleben der Zuschauer und fesseln es in einem packenden Augenblick. Wenn ihnen das gelingt, ist das Publikum von Anfang an gebannt.

Es gibt Filmanfänge, die eine bewußte Erwartung erzeugen. Bei *Pretty Woman* ist es die Erwartung, daß der frischgebackene Single Edward eine Frau trifft. Doch unbewußte Erwartungen wirken stärker als bewußte. Bei *Die Geliebte des französischen Leutnants* ist der Zuschauer von etwas gebannt, was er sich selbst kaum bewußt machen kann. Er sieht, wie ein Mann einer Frau einen Heiratsantrag macht, und spürt dabei, daß aus dieser Verbindung nichts werden wird. Manche Filmanfänge lassen schon in den ersten Minuten den thematischen Grundkomplex des Films anklingen: *Falling Down* oder *Der unsichtbare Dritte*. Mit diesem Konzept können sie sich ungewöhnliche Stringent entfalten.

Aber die größte Kunst beweisen Filmanfänge, die dem Zuschauer das Tiefenthema des gesamten Werkes von Anfang an zugänglich machen, ohne dabei den Protagonisten ins Spiel zu bringen. *Ninotschka* ist auch heute noch ein sehenswerter Film. Sicher auch wegen Greta Garbo. Vor allem aber, weil er ein und dasselbe Tiefenthema durch alle Einzelheiten hindurch verfolgt. Er läßt es bereits in der Eröffnungsszene anklingen, in der von der Protagonistin noch nichts zu sehen ist.

# 7
# Fesselungstechniken

Die Kinogänger verlassen das Haus, kämpfen sich durch den Verkehr, suchen einen Parkplatz und stehen vor der Kasse Schlange. Sie zahlen Eintrittsgeld. Für diesen Aufwand wollen sie etwas geboten bekommen. Sie wollen ein Erlebnis, das sie anderswo nicht haben können. Sie wollen das Leben in besonderer Intensität, sie möchten aufregende Augenblicke und mitreißende Wendungen erfahren. Sie wollen auf der »Achterbahn« der phantastischen seelischen Wirklichkeit fahren.

Die Menschen suchen das Kino auf, um sich verführen, mitreißen und einbinden zu lassen. Sie geben ihre Einflußnahme und ihren freien Willen mit dem Kauf der Eintrittskarte ab und erwarten dafür ein Erlebnis ungewöhnlicher Dichte und Intensität. Es gibt nur wenige Stunden im Alltag, in denen sie ähnlich konzentriert bei ein und derselben Sache bleiben. Das Kino realisiert sich als ein mitreißendes psychisches Werk. Es bringt eine Reihe von Zuspitzungen hervor, um seinen Part des Vertrages zu erfüllen: Techniken der Fesselung. Unter ihrer Wirkung erfahren sich die Zuschauer von ihrer besten Seite: dynamischer, intelligenter, witziger und phantastischer als im Alltag. Dieses Kapitel beschreibt die Wirkung solcher Techniken.

Die Vorstellungen, die man sich über die Wirkung von Filmen macht, hinken hinter den Fesselungstechniken, die das Medium selbst entwickelt hat, meist hinterher. Die Identifikationshypothese ist eine dieser Vereinfachungen, die nur wenig zum Verständnis des Filmerlebens beitragen. Sie behauptet, der Zuschauer versetze sich in die Situation des Protagonisten und erlebe die Geschichte aus seiner Perspektive. Mit diesem Konzept läßt sich aber nur ein kleiner Ausschnitt der Prozesse beschreiben, die tatsächlich stattfinden, wenn wir uns Filme ansehen. Das Filmerleben ist komplizierter, als es diese einfache Theorie nahelegt.

Drehbuchautoren sollten sich ein Schild über den Schreibtisch hängen, auf dem zu lesen ist: »Das Seelenleben ist intelligenter, als du denkst!« Damit ist nicht die Intelligenz gemeint, die von Intelligenztests gemessen wird. Es handelt sich um die Intelligenz des unbewußten Seelenbetriebes, die wirksam ist, ohne daß wir es wissen. Unverzichtbar arbeitet sie für uns im Alltag, und wenn wir ins Kino gehen, lieben wir es, ihre Fähigkeiten – zur Höchstleistung angetrieben – zu erfahren.

Wirksame Filme stellen sich auf den Seelenbetrieb der Zuschauer ein und regen ihn an. Sie suchen ihn mit allen verfügbaren Mitteln zu beleben und in Bewegung zu versetzen. Sie bringen das »Seeleninstrument« an mehreren Stellen zugleich zum Klingen. Sie beleben unbewußte Komplexe, geben ihnen eine Form und wandeln sie ab. Sie legen Richtungen an, die sie selbst wieder ändern. Sie erzeugen Konflikte, Spannungen und Unvereinbarkeiten und beziehen den Zuschauer in Wendungen ein, deren Wucht ihm nicht selten den Atem raubt. Geschickt verlangen sie dem Zuschauer Interpretationen und Ergänzungen ab, die sie ihm bewußt vorenthalten. Die Protagonisten bringen diesen Prozeß voran, aber auch die Musik, die Stimmung der Landschaft und die Gegenstände. Die visuelle Seite des Films steuert die Entwicklung eines seelischen Werkes. Und auch wenn ein Film keinen herausgehobenen Helden hat, kann er ein mitreißendes und bedeutsames Erlebnis erzeugen.

### Übergangserlebnisse

Wirksame Spielfilme eröffnen einen Raum für Übergangserlebnisse. Sie thematisieren Grundkomplexe des Lebens, ohne das Leben selbst zu sein. Sie bewegen sich auf das reale Leben zu und fallen doch nicht mit ihm zusammen. Im Kino kann man dem Tode, der Macht, dem Verhängnis nahekommen. Man erfährt das größte Glück und die stärkste Sehnsucht. Aber die Annäherungen an Wendepunkte des Lebens lösen sich wieder auf, bevor Folgen entstehen, die nicht mehr rückgängig zu machen sind. Wir geraten im Kino in eine Sphäre zwischen Leben und Traum.

Horror- und Pornofilme haben nicht nur deshalb ein kleines Publikum, weil sie von den staatlichen Institutionen zensiert werden. Ausschlaggebend ist, daß sie Eindeutigkeiten erzeugen, die den Übergangsbereich des Filmerlebens zu sprengen drohen. Im Kino wollen wir die Wirklichkeit als Probeerlebnis. Wir wollen alle erdenklichen Entwicklungen und Emotionen erfahren. Wir wollen durch sie aber nicht zum Handeln genötigt werden. Nimmt das Grauen überhand, bildet sich beim Zuschauer der Drang, ihm durch Flucht zu entkommen. Steigert sich die Erotik zu leiblicher Intensität, fühlt man sich angehalten, sie in sexuellen Handlungen auszuleben. Die spezifischen Möglichkeiten des Films gehen darüber verloren.

Übergangserlebnisse stellt der Film auch dadurch her, daß er die Wirklichkeit zu spannungsvoll erlebten Augenblicken zuspitzt. Im Alltag haben wir oft das Gefühl, daß sich nichts bewegt. Im Kino wollen wir eine größtmögliche Dynamik erleben. Die Filme versetzen uns in den Übergang zwischen Sehnsucht und Erfüllung, zwischen Offenheit und Geschlossenheit. Für zwei Stunden möchten die Zuschauer in diesem Zwischenzustand bleiben. Sie wollen sich auf dem Weg zum Ziel erfahren. Ankommen und Erfüllung sind bei diesem Prozeß nur die letzte Etappe. Sie haben die Funktion, die in Gang gebrachte Fesselung zu lockern und wieder aufzulösen. Doch die vielen erfolgreichen Filme ohne Happy-End zeigen, daß die Menschen auch dazu in der Lage sind, Übergangszustände mit nach Hause zu nehmen.

Die fesselnde Spannung bei Kriminalfilmen kommt nicht durch eine Identifizierung mit dem Kommissar – als Helden der Geschichte – zustande. Kriminalfilme fesseln ihr Publikum durch spannende Übergänge zwischen Rätsel und Lösung. Sie zeigen einen Toten und fragen, wer ihn umgebracht hat. Sie binden den Zuschauer ein, indem sie eine Fülle von Spuren, Indizien und Hinweisen ins Spiel bringen, die eine spannungsvolle Offenheit erzeugen. War es die Ehefrau, ein Nachbar oder ein Landstreicher? Mehrere Lösungen werden angedeutet, aber keine befriedigt vollständig. Kriminalfilme nutzen die Sehnsucht des Zuschauers nach einem geschlossenen Kreis aus. Sie konfrontieren ihn mit Vieldeutigkeiten und locken damit seine Erklärungen heraus. Sie lassen in ihm den Hunger nach Eindeutigkeit entstehen. Mit parallel aufgestellten Hypothesen und voraneilenden Vermutungen (»Who's done it?«) versucht er, das Rätsel zu lösen. Solange der Zuschauer in dieser Form aktiv ist, hat der Film ihn fest im Griff. Erst zum Schluß, wenn der Kommissar den Fall aufgeklärt hat, schließt sich der Kreis. Die Aktivität des Zuschauers kommt zur Ruhe. Der Film ist zu Ende. Bei Kriminalfilmen kommt es auf die eineinhalb Stunden zwischen Offenheit und Schließung an, nicht auf die Auflösung. Sie ist nur eine abrundende Formierung des Ganzen.

Psychothriller bauen eine andere Art von Übergangserlebnissen auf. Sie binden das Publikum ein, indem sie eine anziehende oder Halt versprechende Figur in den Mittelpunkt rücken und sie dann in eine bedrohlich wirkende Drehung versetzen. *Eiskalte Leidenschaft* (USA 1991) erzählt die Geschichte des Psychoanalytikers Isaac (Richard Gere), der sich in die attraktive Schwester einer Patientin verliebt und erst spät bemerkt, daß die beiden Frauen ihn nur dazu benutzt haben, einen Mord zu kaschieren. Die schönen Gesichter von Kim Basinger und Uma Thurman entfalten einen anziehenden Reiz, dem man folgen möchte. Dann entsteht der Verdacht, daß hinter der Schönheit der Frauen ein gefährlicher Plan verborgen ist. In dieser Phase des Films schwankt der Zuschauer zwischen Vertrauen und Befürchtung hin und her. Er möchte an die Integrität der Schönen glauben und kann es doch nicht. Schließlich spitzt sich der spannungsvolle Übergang zu, und Heather (Kim Basinger), die Drahtzieherin, zeigt das ganze Ausmaß ihrer Kaltblütigkeit. Richard Gere muß nun gegen die jetzt manifeste Bedrohung ankämpfen, die er und wir als Zuschauer lange Zeit als drohende Möglichkeit verspürt haben.

*Eiskalte Leidenschaft* täuscht das Erleben des Zuschauers, indem er eine Kippfigur einsetzt. Das ist eine Gestalt, die eine zweite, alle Einzelheiten anders ordnende Bedeutung in sich trägt: Die Schöne entpuppt sich als eiskaltes Biest. Das ist das Muster des Psychothrillers. Wir kennen solche Übergangserfahrungen auch aus unserem Alltag. Zum Beispiel, wenn wir feststellen, daß uns der Mensch, dem wir jahrelang vertraut haben, hintergeht und betrügt. Mit einem Male erhalten alle unsere Erfahrungen mit ihm eine neue Bedeutung. Es ist, als enthülle er ein zweites Gesicht.

Manche Filme halten den Zuschauer im Übergangsstadium gefangen, indem sie seine Sehnsucht nach Harmonie frustrieren. Die meisten romantischen Komödien funktionieren nach diesem Prinzip. Aber auch andere Filme fesseln ihr Publikum, indem sie ihm Harmonie und Einklang vorenthalten. *Die Commitments* (GB 1990) von Alan Parker beschreibt die Schwierigkeiten einer willkürlich zusammengestellten Soulband, unterschiedliche Persönlichkeiten auf eine gemeinsame Richtung zu verpflichten. In jeder Szene, ja fast in jedem Bild ist eine Spannung zwischen Einheit und Vielfalt spürbar. Zwar finden die Mitglieder der Band in ihren Songs immer wieder zusammen, ansonsten tun sie sich jedoch schwer damit, zu einem Team zusammenzuwachsen. Kaum verstummt die Musik, geraten sie in Streit. Persönliche Profilierungen und Ausbrüche aus der Gemeinschaft gefährden das gemeinsame Ziel. Den Film durchzieht das hartnäckige Bemühen, die Querschläger auf eine Richtung einzuschwören. Es ist diese immer wieder aufbrechende Disharmonie, die den Zuschauer einbindet. Filme potenzieren ihre Wirkung, wenn sie ähnliche Übergangserlebnisse ermöglichen.

### Dynamische Verhältnisse

Filme können ihre Wirkung optimieren, wenn sie dem Zuschauer ein Spiel mit dynamischen Verhältnissen eröffnen. Wenn die Story zwischen Gegensätze wie Vordringen und Zurückweichen, aktiv und passiv, zwischen eindeutig und mehrdeutig gerät, läßt der Film den Zuschauer nicht zur Ruhe kommen. Er eröffnet ihm ein Spektrum an Möglichkeiten, das ihn aktiviert und über das er den Schwerpunkt seiner inneren Beteiligung selbst regulieren kann. Dynamische Verhältnisse im Film ermöglichen es dem Zuschauer, die Seiten zu wechseln. Er bleibt in Bewegung und erfährt sich in einem Maße aktiv, das er im Alltag nicht ohne weiteres erreicht.

In *Enthüllung* (USA 1994) wird Michael Douglas von Demi Moore verführt. Man hätte diese Szene so aufbauen können, daß er zu ihr ins Büro geht, sie ihre Reize spielen läßt und er schließlich auf das sexuelle Angebot eingeht. Doch damit würde sie sich in nichts von Dutzenden ähnlicher Verführungsszenen abheben. Das Drehbuch von Paul Attanasio erzeugt eine intensive Einbindung des Zuschauers, indem das Verhältnis von aktiv und passiv die Handlung hindurch eigens spürbar ist und es mehrmals umgekehrt wird. Damit erhält die Szene eine dynamische Strukturierung. Sie wird mit einem bedeutsamen Grundkonflikt unterlegt.

Zunächst liegt der Schwerpunkt der Aktivität bei der Frau. Sie lockt Douglas in ihr Büro und versucht, eine erotische Anziehung zu beleben, die früher einmal zwischen ihnen bestanden hat. Der inzwischen glücklich Verheiratete lehnt das Angebot ab und bleibt passiv. Demi Moore spart nicht mit ihren Reizen, und im Erleben des Zuschauers bildet sich der Keim einer erotischen Spannung. Das ist an sich schon recht aufregend, aber es läßt sich noch steigern: Plötzlich reißt Douglas das Ruder herum. Er übernimmt die Initiative, packt Demi Moore und ist drauf und dran, in sie einzudringen. Der plötzliche Umschwung erzeugt eine neue Qualität der Erotik. Es ist, als würde das Erleben damit einen Gang höher geschaltet. Die Zuschauer stehen ganz im Bann des Geschehens. Die Erregung des Zuschauers, die nun eine Richtung gefunden hat, möchte weitergeführt werden und verlangt Bilder, an denen sie sich ausgestalten kann.

Doch an dieser Stelle erfolgt der zweite Wendepunkt. Michael Douglas sieht sich selbst im Spiegel agieren und unterbricht den beginnenden Liebesakt. Unter dem Protest der Frau wendet er sich ab. Er nimmt seine Aktivität zurück und veranlaßt damit Demi Moore, mit Haß und Beschimpfungen über ihn herzufallen. Das Erleben des Zuschauers ist jetzt damit beschäftigt, die Bedeutungsänderung zu verarbeiten. Der eine wird sich über den Entzug seiner Erregung ärgern, der andere macht die Wendung in Ernüchterung und Streit mit. In beiden Fällen kommt es zu einer Veränderung der bis dahin aufgebauten erotischen Atmosphäre.

Douglas verläßt den Raum. Moore ruft ihm Beschimpfungen hinterher. Douglas ist zwar auf dem Rückzug, doch dann bleibt er stehen und wendet den Spieß noch einmal herum. Die erotische Spannung lebt als Kampf der Geschlechter weiter. Seine verletzende Bemerkung macht die gerade noch siegesgewisse Frau hilflos. Demi Moore ist beschämt, lächerlich gemacht. Als Douglas schon die Szene verlassen hat, kehrt sich das Ganze noch einmal um: Eine Putzfrau hat den Streit beobachtet. Das sind Wendungen zwischen aktiv und passiv, Macht und Ohnmacht, die den Zuschauer vergessen lassen, daß er im Kino sitzt.

Die Technik der dynamischen Verhältnisse ist unverzichtbar beim Schreiben von spannenden und bewegenden Dialogszenen. Denn für einen wirksamen Kinofilm reicht es nicht aus, daß sich die Protagonisten an einen Tisch setzen, das Essen zu sich nehmen und im gemeinsamen Gespräch die Geschichte weiter erzählen. Reizvoll und einbindend sind Dialoge nur dann, wenn sie von einem dynamischen Verhältnis getragen werden, das die Beziehung der miteinander Sprechenden deutlich macht und weiter entwickelt. Einfaches Reden z.B. über die Vergangenheit der Protagonisten oder eine Nebenhandlung bindet den Zuschauer nicht ein. Wenn dabei aber ein unterschwelliger Machtkampf oder ein Flirt stattfindet, wenn der Zuschauer bemerkt, daß der eine den anderen mit seinen Worten beeinflussen möchte, ist auch er mit seinen Gefühlen an dem Austausch der Worte beteiligt.

### Zwei Auslegungen

Alfred Hitchcock räumt in den meisten seiner Filme dem Publikum einen größeren Blickwinkel ein als dem Protagonisten. Wenn in *Im Schatten des Zweifels* (USA 1943) Onkel Charly die Familie seiner Schwester aufsucht, um sich vor der Polizei zu verstecken, weiß der Zuschauer mehr, als sich die lieben Verwandten in ihren kühnsten Träumen vorstellen können: Onkel Charly wird von der Polizei gesucht. Er ist ein Frauenmörder. Die Heldin des Filmes ist Charlys Nichte mit gleichem Namen. In der Ereignislosigkeit der Kleinstadt hegt sie eine schwärmerische Liebe für den Onkel.

Der Reiz des Films besteht über lange Strecken darin, daß der Zuschauer das sympathische Mädchen durch den Onkel bedroht sieht und feststellt, daß es selbst keine Ahnung von der Bedrohung hat. Auf diese Weise wird dem Zuschauer ein Spiel mit zwei Auslegungen derselben Szene eröffnet. Hitchcock hat diese Wirkung bekanntlich *Suspense* genannt. Sie kommt zustande, weil der Zuschauer mehr weiß als die Figur auf der Leinwand. In jedem Wort, jedem Gegenstand brechen zwei Bedeutungskreise auf. Die Geschenke und netten Worte des Onkels bedeuten zugleich eine Bedrohung der ahnungslosen Nichte. Ist ein Film in dieser Art konstruiert, läßt sich der Zuschauer nicht berieseln, sondern interpretiert die Szenen aktiv. Das steigert die Intensität seiner Fesselung.

In *Mrs. Doubtfire* (USA 1993) gibt es eine Szene, in der Daniel (Robin Williams) in der Maske einer Gouvernante mit seiner Ehefrau Miranda (Sally Field) spricht, die ihn verlassen hat, weil er ihr zu kindlich und verantwortungslos ist. Daniel leidet unter der Trennung und möchte beweisen, daß er sich ändern kann. Um in der Nähe seiner Kinder zu sein, hat er sich als Mrs. Doubtfire verkleidet und besorgt nun den Haushalt seiner Familie. Dabei versucht er, besser zu sein als zu der Zeit, als er noch zu Hause lebte. Miranda ist ahnungslos. Daniel gelingt es, Miranda in ein Gespräch über ihre Ehe zu verwickeln. Gerne nutzt sie die Gelegenheit, mit der verständnisvollen Mrs. Doubtfire über ihren Kummer zu sprechen. Der Zuschauer hört zu, wie sie ihre Enttäuschung über den Kindskopf zum Ausdruck bringt. Er sieht, wie sehr Daniel daran zu schlucken hat, und weiß, daß Miranda von alledem keine Ahnung hat.

Die Szene hat eine ungemein fesselnde Wirkung. Das liegt daran, daß der Sinn, der sich aus diesem Gespräch entwickelt, mehrfach gebrochen ist. Das amüsierte Publikum ist weit davon entfernt, sich die komplizierte Konstruktion dieser Szene deutlich zu machen. Doch das ist zu deren Genuß auch nicht erforderlich. Ohne daß es ihnen im einzelnen bewußt ist, genießen die Zuschauer das blitzschnelle Hin- und Herwechseln zwischen den verschiedenen Bedeutungs- ebenen der Szene. Da der unbewußte Seelenbetrieb stets mit solchen Doppelungen und Mehrdeutigkeiten arbeitet, ist die Szene ein willkommenes Material, an dem er sein Können unter Beweis stellen kann.

Zwischen zwei Auslegungen ein und derselben Sache schwanken auch Filme, denen gegenüber die Zuschauer eine ironische Haltung einnehmen können. Auf den ersten Blick begünstigt Ironie eine Distanzierung und damit eine Reduk- tion der Fesselung. Doch näher betrachtet, eröffnet sie dem Zuschauer einen größeren Spielraum für eigene Reaktionen und bindet ihn damit stärker ein.

Wenn die Zuschauer in *Independence Day* den Angriff der feuerspeienden Raumschiffe auf die Erde ernst nehmen müß- ten, hätte der Film weitaus weniger Zuschauer gehabt. Viele hätten sich bedroht gefühlt und wären auf Distanz gegangen. Die Überzeichnungen und die offensichtliche Künstlichkeit des Films bewahren die Zuschauer jedoch vor dieser Angst. Ja, sie ermöglichen vielmehr, daß sie sich sicher fühlen. Die Zuschauer wissen: Das Ganze ist ein wohl kalkuliertes Spek- takel. Es wird sie nicht überfordern und wirklich beunruhi- gen. Sie begutachten dessen Realisierung und vergleichen es mit anderen Filmen. Unter dieser Voraussetzung können sie ihren Unglauben gegenüber der Wahrscheinlichkeit der Ge- schichte preisgeben. Paradox formuliert: Ohne Ironie könnte das Publikum ein derartiges Untergangsspektakel nicht ernst nehmen.

### Umschlag von Sinn in Gegensinn

An *Mrs. Doubtfire* wurde veranschaulicht, wie einbindend es wirkt, wenn Filme es dem Zuschauer erlauben, eine Szene auf Mehrdeutigkeiten hin auszulegen. Eine daraus abgeleitete Technik der Fesselung ergibt sich aus der Möglichkeit, den Augenblick herauszustellen, in dem eine Bedeutung in eine andere umschlägt. Wenn sie funktionieren, werden solche Wendungen vom Publikum mit lautem Lachen quittiert. Sie sind die tragenden Bausteine jeder Komödie und wirken wie die Pointe eines gut erzählten Witzes.

Sinn wird nicht vorgefunden, sondern gemacht. Perspektive und Motiv entscheiden darüber, wie jemand eine Situation versteht. Aus diesem Grund kann jeder Sinn auch umgedreht werden. In jeder Absicht, jeder Handlung kann ein verborgener Gegensinn aufgedeckt werden. Das wirkt witzig und manchmal entlarvend. Besonders im Kino binden Witz und Komik die Zuschauer stark ein. Denn die Umkehrung von Sinn in Gegensinn wird zwar vom Film vorbereitet, aber der entscheidende und das Lachen auslösende Moment vollzieht sich allein über die seelischen Tätigkeiten des Zuschauers.

Im Grunde sind Komödien, besonders Actionkomödien, Realisierungen einer maniformen Weltanschauung. Wenn alles drehbar ist, kann auch nichts belastend und schmerzhaft werden. Aber es tut beinahe jedem Film gut, und sei seine Thematik auch noch so ernst, wenigsten ein paar Momente aufzubauen, in denen der Zuschauer eine Wendung von Sinn in Gegensinn mitvollziehen kann. Viele Actionfilme der 80er Jahre neigten zu einer quälenden Humorlosigkeit. Das hat sich in den 90er Jahren deutlich gewandelt. In *Stirb Langsam – Jetzt erst recht* (USA 1994) konnte man den lautesten Lacher bei folgender Szene beobachten: McClane (Bruce Willis) und Zeus (Samuel L. Jackson) stehen auf einer Brücke und beobachten Simon (Jeremy Irons) und seine Leute auf einem großen Frachtschiff. Dann lassen sie sich an einem Drahtseil auf das Deck des Schiffes gleiten. Das Seil spannt und reißt einen der finsteren Schurken mit sich. McClane und Zeus schlagen auf dem Deck auf. Nur comicartige Figuren wie sie können das überleben. Sie stehen auf und laufen weiter. Dann bleiben sie stehen und sehen sich etwas an, was auf dem Boden liegt. Da wir nicht sehen, was sie sehen, können wir nur vermuten, daß sie den toten oder schwerverletzten Schurken gefunden haben. McClane fordert Zeus auf: »Du nimmst die Füße und ich die Hände.« In einer amerikanischen Einstellung sehen wir,

172

wie sie den Körper anheben und gemeinsam wegtragen. Doch was ist das? Nach einigen Schritten laufen sie nicht mehr hintereinander, sondern nebeneinander! An dieser Stelle beginnt sich der Sinn der Szene zu wenden. Und dann wird es ganz deutlich: Es gibt nur die Erklärung, daß McClane die obere und Zeus die untere Körperhälfte des vom Drahtseil auseinandergerissenen Mannes trägt. Die Bilder geben uns zwar nur eine Andeutung dieses Sinnes. Trotzdem wird er in unserer Vorstellung hergestellt und wirft für einen Moment das Ruder herum. Man kann diesen Witz mit Recht zynisch nennen. Das explosionsartig aggressive Lachen im Saal weist darauf hin, daß das Publikum ihn verstanden hat.

### Hindernisse und Verzögerungen

Der Spielfilm setzt im Zuschauer eine Interpretation in Gang, die Richtung gewinnt und nach Fortsetzung verlangt. Damit entstehen Erwartungen, die auf Erfüllung drängen. Je länger der Film dauert, desto konturierter bildet sich ein seelischer Organismus heraus – mit Hand und Fuß, Herz und Sinnen. Schon bald ist dieser bereit, für sein »Überleben« zu kämpfen. Wenn dann der Film reißt oder wenn im Fernsehen die Werbeunterbrechung kommt, wird spürbar, wie mächtig und fordernd er geworden ist. Im Filmtheater wird laut protestiert. Die Fernsehzuschauer springen auf und verlassen das Zimmer. Paßt die Werbung nicht in diesen Zusammenhang, hat sie wenig Chancen, wirksam zu werden. Wenn im Seelenleben erst einmal etwas eine Richtung gefunden hat, will es voranschreiten. Wird es dabei behindert, geht es auf die Barrikaden und sucht sich dennoch durchzusetzen. Filme können dies zur Steigerung ihrer Wirkung ausnutzen.

Der Spielfilm intensiviert die Fesselung der Zuschauer, wenn er einer langsam eingeschlagenen Richtung wohlkalkulierte Hindernisse entgegenstellt und Verzögerungen abverlangt. Denn damit fordert er sie erst richtig heraus. Der Zuschauer wird von dem Wunsch erfaßt, sie dennoch zum Ende zu führen. Er möchte in die Handlung des Films eingreifen: »Nun gib's ihm doch endlich!« Oder: »Laß nichts anbrennen, und nimm sie dir! Sonst ist es zu spät!« Gegen Verzögerungen treibt er zur Eile und fühlt sich selbst dazu aufgerufen, Hindernisse aus dem Weg zu räumen. Sicher braucht der Zuschauer auch immer wieder Abschnitte, in denen er Luft holen und sich im ruhigen Schoß einer Eindeutigkeit erholen und besinnen kann. Manchmal wäre es sogar falsch, die in Gang gekommenen Richtung zu bremsen. Doch in der Regel steigert die Technik der Hindernisse und Verzögerungen die Einbindung der Zuschauer erheblich.

*Vier Hochzeiten und ein Todesfall* (GB 1993) zeigt ziemlich am Anfang eine Trauungszeremonie. Es ist nicht die Hochzeit des Helden Charles (Hugh Grant). Er ist hier nur Trauzeuge und das Brautpaar kennen wir noch nicht einmal. Trotzdem nimmt in unserem Erleben die Eheschließung ihren Lauf und steuert, unterstützt durch den Gesang der Hochzeitsgäste, mit aller Konsequenz auf das Ja-Wort von Braut und Bräutigam zu. Man weiß, daß dieses mit dem Anstecken der Ringe besiegelt wird. Doch plötzlich geraten Charles' Finger in Unruhe. Sofort haben wir verstanden, daß der beste Freund des Bräutigams die Ringe vergessen hat. Nun geht gegen den Lauf der voranschreitenden Zeremonie die Suche nach einem geeigneten Ersatz los. Da der Geistliche im Begriff ist, dem Paar die entscheidende Frage zu stellen, muß schnell gehandelt werden.

Das Publikum spürt, daß die Handlung auf eine Krise zuläuft. Dem Abschluß der Trauung hat sich ein Hindernis entgegengestellt. Der Zuschauer vergißt fast, daß er im Kino sitzt und sich einen Film ansieht. Seine Einbindung wird erheblich gesteigert. Er hält den Atem an, als Charles noch nicht an seinen Platz vor dem Altar zurückgekehrt ist, wo das Ehebündnis besiegelt wird. Er ist erleichtert, wenn der nervöse Trauzeuge dem Priester die Ringe im letzten Augenblick doch noch aushändigt. Der Ausdruck des Geistlichen und der Brautleute läßt allerdings ahnen, daß es sich nur um Notlösungen handeln kann. Und tatsächlich: An der Hand der Braut steckt ein riesiges Konglomerat aus bunten Glasstücken und am Finger des Bräutigams blitzt ein silberner Totenkopf.

Das Gegeneinanderlaufen von Richtung und Hindernis hat eine witzige Abrundung gefunden. Von solchen Umsetzungen fühlt sich das Publikum gut unterhalten.

## Mitreißende Umschwünge

Eine weitere Technik zur Einbindung der Zuschauer besteht in der Konstruktion mitreißender und alles umdeutender Wendungen. Oben haben wir am Beispiel von *Enthüllung* dargelegt, wie der Film die Wirkung von Szenen intensiviert, indem er sie mit einem dynamischen Verhältnis unterlegt. Die nun besprochene Technik kann auch an Verhältnissen wie Macht – Ohnmacht oder aktiv – passiv ansetzen. Doch sie nutzt diese dazu, um wuchtige Umschwünge und Kehrtwendungen zu erzielen, die den Zuschauer buchstäblich mit Haut und Haar erfassen. Mit ihnen dreht sich der Sinn des Ganzen herum. Was gerade noch erstrebenswert erschien, erzeugt die heftigste Gegenwehr. Aus Opfern werden Täter und diejenigen, die sich gerade noch ihrer Macht erfreuten, müssen einsehen, daß sie von anderen kontrolliert werden.

*Heat* (USA 1995) ist ein eher ruhiger und melancholischer Thriller. Aber in dem Film von Michael Mann gibt es Sequenzen, die mit den beschriebenen Umschwüngen den Zuschauer zu fesseln versuchen. Wir wollen dies an einem Beispiel veranschaulichen: Die Gruppe um den Gangster Neil (Robert de Niro) ist auf einem weitläufigen Gelände mit großen Silos oder Tanks zu sehen. Sie besprechen den Fluchtplan nach ihrem nächsten großen Coup. Neil zeigt seinen Leuten, auf welchem Weg sie ihren Verfolgern am sichersten entkommen werden. Sie hören ihm aufmerksam zu und prägen sich seine Worte ein. Dann sehen wir den Gegenspieler Vincent (Al Pacino) mit seinem Polizeiteam auf einem Industrietank in der Nähe und stellen fest, daß er die ahnungslosen Gangster mit einem Peilmikrophon belauscht. Damit hat sich das Zentrum der Szene das erste Mal verschoben. Wir müssen uns an den Gedanken gewöhnen, daß der Polizei der Plan der Gangster bekannt ist. Wenn sie an ihm festhalten, wird die Falle zuschnappen. Vincent scheint im Vorteil zu sein.

Nachdem Neil mit seinen Leuten das Gelände verlassen hat, sammeln sich die Polizisten an dem Ort, an dem kurz vorher die Fluchtbesprechung der Gangster stattfand. Doch nun kommt es zu einer zweiten überraschenden Wendung: Vincent wird klar, daß der belauschte Plan eine Täuschung war. Die Gangster müssen gewußt haben, daß man sie beobachtet. Neil hat das Ganze inszeniert, um die Ermittler, die sich im Vorteil wähnten, reinzulegen und ihnen zu zeigen, daß er es ist, der den Lauf der Ereignisse bestimmt. Dieser Umschwung findet in den nächsten Bildern seine Bestätigung. Denn nun erkennen wir Neil und seine Leute an eben der Stelle, von der aus Vincent sie vorher im Blick hatte. Die Sequenz ist ein überaus einbindendes und überraschendes Beispiel für das Katz-und-Maus-Spiel, das der ganze Film betreibt. Sie dynamisiert das Erleben des Publikums, indem sie es zunächst in eine bestimmte Richtung zieht und es dann einem mitreißenden Umschwung aussetzt.

*Kopfgeld* (USA 1996) von Ron Howard ist ein außergewöhnlicher Thriller, weil er, so intensiv wie kaum ein anderer, den Umschwung von erlittener Bedrängnis in entschiedene Gegenwehr erfahrbar macht. Diese alles umdeutende und mit sich reißende Wendung ist der bewegende Mittelpunkt des Films, zu dem Richard Preis das Drehbuch geschrieben hat. Der kleine Sohn des Multimillionärs Tom Mullen (Mel Gibson) wird entführt. Die Gangster fordern zwei Millionen Dollar Lösegeld. Der erste Teil des Films läuft in einer Atmosphäre zunehmend intensiver Beklemmung ab. Er macht die Sorgen der Eltern eindringlich erfahrbar. Die vereinbarte Geldübergabe mißglückt. Über das Fernsehen möchte der verzweifelte Vater an das Mitgefühl der Entführer appellieren. Doch plötzlich kommt ihm eine andere Idee. Zur Überraschung aller setzt er die zwei Millionen als Kopfgeld auf die Verbrecher aus. Damit gewinnt er den Einfluß auf den Lauf der Ereignisse zurück. An den bestürzten Gesichtern der Gangster, ihren panischen Reaktionen sehen wir das Kartenhaus ihrer Hoffnungen mit einem Mal zusammenbrechen.

Wir malen uns aus, wie Dutzende von geldgierigen Abenteurern ausschwärmen, um sich die von Mullen ausgesetzte Summe zu verschaffen. In der riesigen Stadt kann jeder der Verräter sein. Das Erleben wendet sich auf mitreißende Weise. Enge und Bedrängnis lösen sich auf, und ein Hochgefühl der Macht setzt sich durch. Die Verhältnisse haben sich über eine einzige Handlungssequenz völlig gewandelt.

Nur bei wenigen Filmen kommt es zu derart mitreißenden Umschwüngen. Viele Actionfilme der 80er und 90er Jahre betreiben eine kühle Ästhetisierung von Gewalt. Man schaut ihnen relativ distanziert und unbeteiligt zu. Wenn die Antagonisten einander verfolgen, sich prügeln und aufeinander schießen, ist der Zuschauer nicht wirklich gefesselt. Die Verlagerung der Überlegenheit zwischen dem Protagonisten und seinem Widersacher wirkt in solchen Filmen wie das Schwanken eines behäbigen Bootes auf unruhiger See. Neigung nach Steuerbord: Der Held ist im Vorteil. Neigung nach Backbord: Der Held muß einstecken. Insgesamt aber lassen solche Filme den Zuschauer relativ unberührt, auch wenn sie mit spektakulären Effekten und gigantischen Explosionen aufwarten. Die wenigsten steuern wie *Kopfgeld* auf einen alles mit sich reißenden, packenden Umschwung zu.

Auch Komödien können mit der Technik mitreißender Umschwünge ihr Publikum fesseln. Im letzten Viertel von *Vier Hochzeiten und ein Todesfall* (GB 1993) gewöhnen sich die Zuschauer allmählich an den Gedanken, daß Charles wohl doch nicht mit seiner großen Liebe Carrie zusammenkommen wird. Sie hat inzwischen einen anderen geheiratet und wurde von der Story aus dem Auge verloren. Als Charles sich dazu entschließt, seine alte Freundin Henrietta zu heiraten, scheint er endlich erwachsen geworden zu sein. Der Film steuert auf einen Kompromiß zu, der inzwischen durchaus akzeptabel erscheint. Es ist richtig, sich irgendwann zu entscheiden und die unrealistischen Träume aufzugeben.

Doch dann erscheint plötzlich Carrie und teilt Charles mit, sie habe sich von ihrem Mann getrennt. Im Kino regt sich Unmut. Einige Zuschauer fluchen. Obwohl mit Carries Aussage nun endlich die im ersten Teil des Films begonnene Liebesgeschichte einen Abschluß finden könnte, will das Publikums offenbar an der Kompromißlösung mit Henrietta festhalten. Inzwischen wurde alles in diese Richtung eingefädelt und soll nun auch den erwarteten Abschluß erfahren. Man hat das anfängliche Liebespaar (Charles und Carrie) aufgegeben und es in verschiedene Bindungen entlassen. Nun mutet der Film den Zuschauern einen Umschwung zu, über den sie schließlich doch noch zueinander finden könnten. Die fluchenden und schimpfenden Zuschauer ahnen, daß diese Wendung von ihnen verlangt, das Ganze noch einmal umzukrempeln und neu zu ordnen. Sie wollen den mühsam gefundenen Kompromiß nicht wieder aufgeben.

Dieser Moment ist deshalb eine filmische Glanzleistung, weil er den in jeder anderen romantischen Komödie dominierenden Vereinigungssog als einen erscheinen läßt, gegen den man sich zur Wehr setzen muß. Während wir in *Pretty Woman* erleichtert aufseufzen, wenn Vivian und Edward sich endlich in den Armen liegen, gelingt es *Vier Hochzeiten und ein Todesfall*, zwischenzeitlich unseren Unmut gegen die eigentlich zu erwartende und lange Zeit ersehnte Vereinigung von Carrie und Charles zu wecken. Damit spielt der Film geschickt mit dem Grundmuster des Genres. Er dreht die Erwartungen der Zuschauer um und »überrascht« sie auf diese Weise mit dem üblichen Happy-End. Wenn sie sich gegen die verspätete Vereinigung lauthals zu Wehr setzen, zeigen die Zuschauer damit im übrigen, wie sehr sie von diesem raffiniert konstruierten Film gefesselt sind.


### Brechungen und Verrückungen


Obwohl *Twister* (USA 1995) durch seine digital erzeugten Tornadobilder stark beeindruckt, hat auch er viele Momente, in denen er das Publikum mit feinsinnigeren Techniken fesselt. Als Bill (Bill Paxton) seiner Frau und Kollegin Jo (Helen Hunt) während einer gemeinsamen Fahrt im Auto beteuert, er habe seine große Liebe gefunden und wolle die Scheidung, schneidet der Film auf Jos teilnahmslosen Ausdruck. Sie schaut ihn nur an. Ihr Gesicht ist für die Zuschauer ein Grund, Bills Erklärung in Frage zu stellen: Er ist sich nicht so sicher, wie er vorgibt. Die Zuschauer haben das Gefühl, daß er nicht nur Jo, sondern auch sich selbst zu überzeugen sucht. Das Resultat eines solchen kontrastierenden Schnitts auf das Gesicht des Gesprächspartners ist, daß die Zuschauer die kleine Szene als mehrschichtig erleben und daher stärker involviert sind.

Hiermit ist ein Mittel der Fesselung angesprochen, das wohl jeder Film mehrmals einsetzt: Etwas gerät über einen Schnitt in den Blick eines anderen. Dabei erfährt der Sinn der Szene eine Brechung. Diese eher unauffällige Technik wird vom Gros der Zuschauer wohl kaum als solche bemerkt. Und doch kann sie, wenn sie sensibel eingesetzt wird, viel zum Erfolg eines Films beitragen. Um ihre Wirkung zu verstehen, muß man sich deutlich machen, daß sich im Erleben des Zuschauers ein Sinngebilde herstellt, das zum einen die Wendungen der Handlung deutet, zum anderen aber von den Bildern des Films auch weiterentwickelt wird. Jede neue Einstellung ergänzt das Filmerleben um einen weitern Baustein und treibt die Entwicklung des Ganzen auf diese Weise ein Stück voran.

Ob ein Film seine optimale Wirkung entfaltet, ist auch davon abhängig, daß Drehbuch und Regie dem Erleben der Zuschauer ausreichend Stoff für solche kurzweiligen Verrückungen und Brechungen bereitstellen. Denn sie müssen die Einbindung des Publikums garantieren und dem Filmerlebnis eine lebendige und dynamische Tiefe verleihen. Die Regeln, die hierbei zu beachten sind, haben weniger mit dem folgerichtigen Aufbau der äußeren Handlung zu tun als mit der Kohärenz von Bildabfolge und psychischer Formenbildung. Wenn sie gelingt, verleiht sie dem Film einen den Zuschauer mitreißenden, musikalischen Fluß.

Wir wollen an dieser Stelle eine Szene aus *Frankie & Johnny* (USA 1991) anführen. Die Mitarbeiter von Nick's Restaurant treffen sich abends auf der Bowlingbahn. Man hat seinen Spaß, wenngleich Johnny (Al Pacino) mit seiner Aufdringlichkeit Frankie (Michelle Pfeifer) die gute Laune verdirbt.

Als Cora (Kate Nelligan) an der Reihe war und zu den anderen zurückgeht, greift sie sich unter den kurzen Rock und zieht ihren Slip zurecht.

Diese Geste ist im amerikanischen Film ungewöhnlich. Auf ihr und ähnlichen Einstellungen basiert jedoch der unverwechselbare Charme dieses Films von Garry Marshall. Er eröffnet dem Zuschauer eine im Kino ungewöhnliche Alltagsperspektive. Mit seinen kleinen Beobachtungen banaler Dinge und Handlungen macht *Frankie & Johnny* für zwei Stunden den Alltag zum Thema des Filmerlebens. Wenn sich Frankie und Johnny am Ende gemeinsam die Zähne putzen und damit zum Ausdruck bringen, daß sie endlich zueinander gefunden haben, hat der Zuschauer einen vertieften Blick auf meist unbemerkte, aber um so liebenswertere Seiten des täglichen Lebens gewonnen. Er fühlt sich von dem ungewöhnlichen Film reich beschenkt und tritt entspannt und zufrieden den Heimweg an.

In *French Kiss* (USA/GB 1995) möchte Kate (Meg Ryan) ihren Freund zurückgewinnen, der sie wegen einer Französin verlassen hat. Auf dem Flug nach Paris lernt sie den charmanten Gauner Luc (Kevin Kline) kennen. Da sie aber noch glaubt, in ihren Freund verliebt zu sein, erkennt sie nicht, daß Luc eigentlich ganz gut zu ihr paßt. Kate hat den Eiffelturm bisher nur auf Postkarten gesehen und hält sehnsüchtig nach ihm Ausschau. Der Zuschauer bekommt ihn mehrmals zu Gesicht, doch Kate ist in diesen Momenten stets von etwas anderem abgelenkt. Schließlich wollen Luc und Kate die Stadt verlassen und mit dem Auto in den Süden fahren. Wieder einmal ist Kates Sehnsucht nach dem Mann ihres Begehrens Thema. In diesem Augenblick entdeckt sie am Ende einer Straßenschlucht schließlich doch noch den Eiffelturm. Ihr Blick folgt seiner aufstrebenden Gestalt vom Sockel bis zur Spitze und nimmt einen wollüstigen Ausdruck an. Und dann ist das Wahrzeichen der Stadt auch schon nicht mehr zu sehen. Luc hat von dem Zwischenspiel nichts mitbekommen. Doch für den Zuschauer symbolisiert sich Kates Sehnsucht nach ihrem untreuen Freund in einem Bild aufstrebender Männlichkeit. Damit erhält ihre Liebe eine lasziv-sexuelle

Qualität. Und zwar ohne daß die Szene auch nur eine sexuelle Eindeutigkeit gezeigt hätte. Wenn Filme mit solchen Symbolen und Brechungen arbeiten, kann man sie sich mit Genuß und Gewinn auch ein zweites Mal ansehen.

## Wiederholungen

Im Kino können die Menschen teilhaben am unaufhörlichen Fluß des Seins. Doch Fließen ohne Halt und Wiederkehr hinterläßt keine Spuren. Es erzeugt einen verwirrenden Strudel, in dem man verloren zu gehen droht. Filme, die im Fluß der Bilder wiederkehrende Stationen erkennen lassen, geben dem Publikum daher einen Anhaltspunkt. Sie erleichtern es ihm, sich auf die Wirklichkeit des Films einzulassen. Solch ein Anhaltspunkt können Orte oder Dinge sein, die in der Story mehrmals wiederkehren. Gut plaziert werden sie nicht nur als Wiederholung erlebt, sondern stellen zugleich Markierungspunkte für die Wandlung der Zuschauer dar. An ihnen zeigt sich der Weg, den er zurückgelegt hat – was zudem einen gewissen Selbstgenuß auslöst: Der Zuschauer ist stolz darauf, daß er die durchgängigen Linien des Films bemerkt.

Die rhythmische Wiederkehr des Gleichen wird als Fesselungstechnik von vielen erfolgreichen Filmen eingesetzt. Bei *Forrest Gump* (USA 1994) kehrt die Geschichte immer wieder zu der Anfangsszene zurück, in der Forrest auf einer Bank auf den Autobus wartet. Wenn der Zuschauer von den schnellen Wandlungen der amerikanischen Nachkriegsgeschichte mitgerissen wurde, kann er sich in diesem Bild immer wieder sammeln und ermessen, welche Veränderungen er durchlaufen hat.

*Forget Paris* (USA 1994) von Billy Crystal erzählt von dem Liebespaar Mickey (Billy Crytal) und Ellen (Debra Winger), die sich in Paris zufällig kennenlernen und deren Liebe an ihren unterschiedlichen Persönlichkeiten zu zerbrechen droht. Das wiederkehrende Element ist in diesem Film der Tisch eines Restaurants, an dem die Geschichte von Mickey und Ellen in Rückblenden aufgerollt wird. Bei jedem Kapitel kommen weitere Gäste dazu. Es sind Freunde und Bekannte des Paares. Zunächst sitzen dort nur der engste Kumpel Mickeys mit seiner Braut. Er erzählt, wie sich die beiden in Paris kennenlernten und Hals über Kopf ineinander verliebten. Dann kommt ein Ehepaar hinzu und führt die Erzählung fort: Nachdem Mickey und Ellen geheiratet hatten, begannen die Probleme. Über das dritte Paar erfahren wir von der Trennung, und ganz zum Schluß treffen Mickey und Ellen selbst ein und berichten, daß sie wieder zusammen sind. Der Oberkellner serviert jedem Gast einen Drink mit einer anderen Bemerkung. Im Stil bleiben seine Kommentare jedoch gleich. Der Tisch, bekanntlich eine von zwei Säulen der Ehe, ist der anschauliche Fixpunkt, innerhalb der sich wandelnden Stationen der Beziehung. Damit entsteht im Erleben des Zuschauers ein einbindendes Element, das man paradoxerweise als »fortschreitende Wiederholung« bezeichnen kann. Es verleiht der alltagsnahen Ehegeschichte eine ungewöhnliche Tiefe.

In *Die Reisen des Mr. Leary* (USA 1988) ist das wiederkehrende Element ein Koffer, den Macon Leary (William Hurt) mit sich führt. Seine Welt bricht fast in sich zusammen, als er von seiner Frau verlassen wird. Zu Beginn bringt der Film mit dem Koffer das zwanghafte Gemüt des Protagonisten zum Ausdruck, der sich gegen notwendige Veränderungen in seinem Leben sträubt. Am Ende, als er das Wagnis einer neuen Liebe eingeht, »vergißt« Leary seinen Koffer am Straßenrand. Derselbe Gegenstand hat eine andere Bedeutung erhalten. War er zunächst eine Art Fetisch, über den Leary seine Erschütterung stabilisierte, ist er nun zum Ballast geworden, der seinem weiteren Leben im Wege steht. Über ein und denselben Gegenstand erfährt der Zuschauer, daß sich die Stundenwelt des Films inzwischen gewandelt hat.


### Wirkungsräume

Die psychische Wirklichkeit ist ausgedehnt und gegliedert. Wir haben es nicht mit einer Aneinanderreihung von Vorstellungen zu tun, sondern befinden uns in jedem Augenblick in einem mehrdimensionalen Wirkungsraum. Etwas zieht uns an, und etwas anderes erschreckt uns. Es gibt ein Hier und ein Dort, ein Gestern und Heute. Mal sind wir innerhalb, mal außerhalb einer Situation. Wir erschließen die Welt aus wechselnden Perspektiven. Wirkungsraum heißt auch, daß wir die Vorstellung haben, nach oben zu kommen, wenn wir Erfolg haben und bergab zu rutschen, wenn wir scheitern. Wie auch das Wissen, daß die Vergangenheit sich nicht einfach auflöst, sondern uns in der Gegenwart begleitet. Auch wenn mein Vater bereits seit 20 Jahren tot ist, ist er mir doch in meinen Erinnerungen gegenwärtig und nahe. All das sind Hinweise darauf, daß sich unser psychisches Leben viel stärker in räumlichen Dimensionen bewegt, als dies unsere rationale Weltsicht, in der Linearität und Kausalität eine zentrale Rolle einnehmen, sehen möchte.

Filme binden den Zuschauer ein, wenn sie ihm derart ausgedehnte Wirkungsräume zugänglich machen. Linear und eindimensional erzählte Geschichten wirken fade und lähmend. Filme hingegen, deren dramaturgischer Aufbau auf die räumliche Konstruktion des Psychischen eingeht, entfalten einen faszinierenden Sog. Die Zuschauer erfahren sich vielfältig involviert und tief bewegt. Filme können durch Montagen paralleler Handlungsstränge, durch Rückblenden und Vorausdeutungen Seelenräume erschließen. Sie können aber auch über ihren Schauplatz eine räumliche Wirkung entfachen.

*Die Höllenfahrt der Poseidon* (USA 1972) von Ronald Neame ist deshalb so unvergeßlich, weil der Film die gewohnte Ordnung des Raumes umdreht und auf diese Weise verstärkt die Aufmerksamkeit auf sie lenkt. Ein gekenterter Luxusliner treibt kieloben auf dem Meer, und eine Gruppe von Überlebenden versucht sich zu retten, indem sie immer tiefer nach unten ins Schiff vordringt, um nach oben, auf die Wasseroberfläche, zu gelangen. Da das Verhältnis von oben und unten umgekehrt ist, ist der Zuschauer dazu angehalten, sich auf eine verkehrte Wirklichkeit einzustellen. Beinahe jede Einstellung muß er sich gegen die gewohnte Ordnung neu erschließen. Auch bei ersten Anzeichen von Übelkeit – auf jeden Fall wird der Zuschauer in diesem Film ungewöhnlich intensiv in den Film einbezogen.

In dem Actionthriller *Einsame Entscheidung* (USA 1996) wird die Technik, Wirkungsräume zu schaffen auf eine andere Art berücksichtigt. Der Film unterteilt eine Boing 747 in zwei Bereiche. In dem einen, der Reisekabine und dem Cockpit agieren die Terroristen, die die Maschine gekapert haben. In dem anderen, unterhalb und oberhalb der Passierkabine, bereiten heimlich in das Flugzeug eingedrungene Soldaten die Befreiung der Geiseln und die Entschärfung einer tickenden Bombe vor. Die Terroristen und die Passagiere wissen nichts von den Soldaten. Das Flugzeug fliegt zwar in eine Richtung, aber in seinem Inneren finden gegenläufige Handlungen statt. Der Zuschauer sieht das Geschehen mal aus dem Blickwinkel der Terroristen, der Besatzung und Passagiere, mal aus der Perspektive der Befreier. Immer bleibt aber ein Ganzes bestehen, das die beiden Aktionsräume umfaßt. Sehr aufregend sind die Momente, in denen sie miteinander in Kontakt kommen. Das zweigeteilte Flugzeug läßt den Zuschauer unmittelbar erfahren, was es bedeutet, wenn in einem Ganzen der eine Bereich nicht weiß, was der andere tut.

Auch durch eine komplexe Erzählform kann eine besondere Empfindung von Räumlichkeit erzeugt werden. In vielen Filmen hat das gleichzeitige Verfolgen verschiedenen Handlungslinien eine vertiefende Wirkung. Denn mehrere Erzählstränge erlauben es, ein und dieselbe Sache aus unterschiedlichen Perspektiven zu betrachten. Manchmal wird eine scheinbar unerhebliche Nebenhandlung über längere Zeit aus dem Blick verloren, schließlich aber wieder aufgegriffen. Der Zuschauer erinnert sich an sie und stellt die verloren gegangene Verbindung selbst wieder her. Als befänden sie sich im gleichen Raum, verknüpft er eine unsichtbare mit einer sichtbaren Szene. Ein anderes Mal ist es ein Gegenstand, der vorher für sich alleine stand und nun unerwartet eine Funktion in einem bestimmten Kontext erhält. Es ist der Zuschauer, der sich an ihn erinnert und die Verknüpfung herstellt. Indem er Lücken im Wirkungsraum des Films schließt, fühlt er sich in dessen Realisierung einbezogen. Auch das Erzeugen von vorgreifenden Erwartungen begünstigt die Herstellung von dimensionierten Wirkungsräumen im Erleben des Zuschauers und intensiviert auf diese Weise seine Einbindung.

## Zusammenfassung

Wenn sie ins Kino gehen, wollen die Menschen sich einem Werk überlassen, das ihnen ungewöhnlich dynamisch, vielfältig und tiefschichtig vorkommt. Unbewußt vollzieht sich ihr eigenes Leben immer in solch einem Wirkungsraum, nur wissen sie kaum etwas davon. Edgar Morin (1956) hat einmal gesagt, der Film sei der »Doppelgänger« des Menschen. Man kann diesen Satz so verstehen, daß wir im Kino eine Ahnung von dem kunstvollen, aber unbewußten Seelenbetrieb bekommen, der uns im Alltag bestimmt.

Der Film hat eine Reihe von Techniken und Wirkmechanismen hervorgebracht, die den unbewußten Seelenbetrieb ansprechen, steuern und seine Drehpunkte verspüren lassen. Die wichtigsten wurden in diesem Kapitel beschrieben. Es gibt kaum einen Film, der nicht in irgendeiner Weise auf sie setzt. Bei der Überarbeitung von Drehbüchern kann eine Liste von Fesselungstechniken hilfreich sein. Die Wirkung einzelner Szenen, aber auch des Ganzen läßt sich mit ihnen optimieren:

1. Übergangserlebnisse
2. Dynamische Verhältnisse
3. Zwei Auslegungen
4. Umschlag von Sinn in Gegensinn
5. Hindernisse und Verzögerungen
6. Mitreißende Umschwünge
7. Brechungen und Verrückungen
8. Wiederholungen
9. Wirkungsräume

# 8
## Morphologische Dramaturgien

Die von amerikanischen Autoren dominierte Filmdramaturgie verbindet mit dem Begriff »Struktur« das sogenannte Drei-Akt-Schema: Im ersten Akt wird ein Konflikt aufgebaut, der im zweiten entwickelt und über Wende- und Höhepunkte intensiviert wird. Nach einer Klimax wird der Konflikt im dritten Akt schließlich gelöst. Das von Joseph Campbells mythologischen Untersuchungen abgeleitete Modell der Reise des Helden (Christopher Vogler) ergänzt das formale Drei-Akt-Schema mit typischen, für alle Geschichten geltenden, dramatischen Grundkonstellationen. Demnach ist der Held der Geschichte anfangs durch einen Mangel eingeschränkt oder ihn ereilt ein Ruf. Nur widerwillig macht er sich auf den Weg, um den Mangel zu beheben oder dem Ruf zu folgen. In der Konfrontation mit seinen Widersachern bildet er Verbündete. Im Durchstehen von Aufgaben und Proben erstarkt sein Wille, das gesteckte Ziel zu erreichen. Schließlich muß er durch eine alles entscheidende Feuerprobe hindurch. Er besteht sie und erlangt dafür die ersehnte Belohnung. Zugleich verändert und in seiner Identität gefestigt, macht er sich auf den Heimweg. Zurückgekehrt ist er ein anderer geworden. Solche und ähnliche Erzählmodelle gehören mittlerweile auch im deutschen Sprachraum zum Handwerkszeug von Drehbuchautoren. Sie stellen eine unverzichtbare Orientierung bei der Drehbuchentwicklung dar. In diesem Kapitel möchte wir ihnen ein weiteres dramaturgisches Tool hinzufügen.

Dieses Konzept bezieht sich jedoch nicht auf den Aufbau der Geschichte, sondern auf die Strukturierung der Gedanken und Gefühle der Zuschauer, wenn sie sich die Geschichte ansehen. Da die durch einen bestimmten Film vermittelte Erlebensstruktur eine bestimmte Form hat, sprechen wir von einer morphologischen oder auch »figuralen Dramaturgie« (W. Salber 1997). Morphologie ist die Lehre von den Gestalten. Morphologische Dramaturgien sind unbewußte Figurationen, die das Filmleben strukturieren und damit den

Zuschauer fesseln: Sie werden nicht direkt über die Story transportiert, sondern allein über die psychischen Tätigkeit des Zuschauers wirksam. Trotzdem kann diese für den Erfolg eines Spielfilms oft entscheidende Wirkungsebene bereits im Drehbuch angelegt werden. Dieses Kapitel möchte den Leser dafür sensibilisieren.

Eine morphologische Dramaturgie vertritt die Auffassung, daß das Filmerleben nicht mit der erzählten Geschichte zusammenfällt. Die Geschichte ist nur eine Ebene des komplexen Wirkungsprozesses. Eine wirksame Story weist über sich selbst hinaus. Sie hat die Funktion, im Erleben der Zuschauer ein konzentriertes Verwandlungserlebnis zu ermöglichen. Denn Verwandlung auf einem Stuhl ist das Herzstück des Kinos. Die dramatische Figur, die sich dabei herausbildet, mit ihren bewußten und unbewußten Aspekten, ist der wirksame Kern des Films. Sie ist nicht Erzähl-, sondern Erlebensstruktur. Sie ist nicht logisch, sondern psychologisch oder psychästhetisch. In gewisser Weise gleicht sie den Kompositionen, die bei der bildenden Kunst den Blick und die Empfindungen des Betrachters lenken. Der Unterschied zwischen Film- und Kunstrezeption besteht allerdings darin, daß man ein gemaltes Bild als Ganzes betrachtet – sein Aufbau also mit einem Blick erfaßt werden kann. Das ist im Medium des Films nicht möglich: Die Figur, die das Erleben strukturiert, entfaltet sich erst in der Abfolge der Bildsequenzen und kann als Ganzes nur über eine methodische Bearbeitung erschlossen werden. Im folgenden werden einige solcher morphologischen Dramaturgien beschrieben.

### Seelen-Bilder

Michel Deville hat *Sweetheart* (F 1992) nach einem Roman von Andrew Coburn gedreht, der von Rosalinde Deville für den Film adaptiert wurde. Dieser ungewöhnliche Film hat einen Erzählstil, bei dem von Beginn an einzelne Bilder und Dinge aus dem Ganzen heraustreten, wodurch ein Spannungsverhältnis aufgebaut wird. So füllt in der ersten Szene eine frische rote Blüte das Bild aus. Das Prinzip setzt sich fort, wenn wir nicht sehen, wie zwei alte Leute umgebracht werden, dafür aber die alltäglichen Dinge präsentiert bekommen, mit denen sie sich unmittelbar vor ihrem Tod beschäftigt haben. Manchmal ist diese Art, einen Film zu erzählen, verwirrend: Die kindlichen Gesichter zweier Jungen lassen nicht glauben, daß es sich bei ihnen um die Mörder der alten Leute handelt. Manchmal ist diese Art der Präsentation aber auch verläßlich: In der Physiognomie des halbkriminellen Geschäftsmannes Toni Gardella (Jaques Dutronc) sind alle Leiden des trauernden und hassenden Sohnes eingegraben, die der Film mit seinem Originaltitel *Toutes Peines Confondues* anspricht. Es sind Tonis Eltern, die von den Jugendlichen brutal ermordet wurden.

*Sweetheart* ist eine eigentümliche Art, Kino zu erleben. Im Unterschied zu den meisten amerikanischen Produktionen, läßt er sein Publikum an der lockeren Leine. Er fesselt es nicht mit einer stringenten Erzählstruktur, sondern ent-fesselt ein Feuerwerk von begleitenden Reflexionen und Beobachtungen. Selten werden bei diesem Film die im Zuschauer belebten Erwartungen mit den Bildern des Films erfüllt. Meistens müssen sich die Bilder in seinen eigenen Überlegungen fortsetzen. Ein Beispiel: Wir wissen, daß Gardella sich zweier Leute entledigen möchte. Wir sehen sie in ein Auto steigen. Mit einem lauten Knall zerspringt die Glasscheibe einer Reklamewand. Wir sehen das zersprungene Glas und denken an die zerfetzten Menschen. Es stellt sich die Frage, worin dieser durchaus bewegende Film seine Stringenz und Einheitlichkeit findet.

Bei *Sweetheart* breitet sich nach allen Seiten eine Welt des Verrats aus. »Hab Dank, lieber Gott, daß Du den Verräter und den Dieb geschaffen hast!« ruft Gabriel, Toni Gardellas Freund und Kompagnon, einmal aus. Und am Ende des Films liefert er seinen Freund an die Killer aus. Jeanne (Mathilda May), Tonis Frau, hat ihren Mann schon lange verraten, sie bespitzelt ihn für Interpol. Sie verrät aber auch ihren Einsatzleiter, denn ihm gegenüber behauptet sie, keine brauchbaren Informationen erhalten zu können. Inspektor Vade (Patrick

Bruel), der den Mord an Gardellas Eltern aufklären soll, sagt irgendwann: »Ich trete ab, wie ich gekommen bin: kein bißchen korrumpiert.« Und schon gerät er in den Anziehungsbereich Jeannes und damit in den Sog des Verrats. Von Laura, einer verratenen Verräterin, stammt der Satz: »Der Schmerz ist ein Maß für die Schwere des Verrats.« Man könnte diese Liste des Verrats und Betrugs noch weiter ausführen. Zur Veranschaulichung der Unverbindlichkeit, die die Beziehungen der Menschen in diesem Film ganz wesentlich bestimmt, noch eine kleine Szene mit einer Angestellten in der Cafeteria des Flughafens: Ein Mann winkt vor ihren Augen mit einem Bündel Geldscheine und macht ein paar witzige Bemerkungen. Prompt wirft das Mädchen ihre Schürze weg und folgt ihm – irgendwohin. Wenige Momente später müssen beide erfahren, daß sie Opfer eines Verrats geworden sind.

Die Wirkung von *Sweetheart* käme über eine zerfahrene Verspieltheit nicht hinaus, wenn nicht auch etwas Tragendes und Verbindliches wirksam würde. Dieses bildet sich in dem zerfurchten Gesicht von Jaques Dutronc aus, das alle schwermütige Treue der Welt in sich zu vereinen scheint. Wenn Gardella seiner Frau in die Augen blickt und sie seinen Blick stumm erwidert, wenn wir an seiner zärtlichen Sorge um sie und schließlich an seiner selbst gewählten Einsamkeit teilnehmen, wird inmitten der Grundstimmung von Verrat etwas wohltuend Verläßliches spürbar. Gardellas eleganter und konsequenter Stil, seine Treue zu sich selbst sind es, die in der zersplitterten Welt einen Fluchtpunkt darstellen. In all der Brüchigkeit, in all der Untreue, die sich wie eine zeklüftete Seelenlandschaft unserer Zeit durch den Film erstreckt, erhebt sich – solide wie ein Marmorblock – allmählich eine Kraft einsamer Verläßlichkeit. Dieselben Bilder, die bis zum Unerträglichen die Allgegenwart des Verrats beschreiben, offenbaren eine Figur, an der sich der im Zuschauer zwangsläufig entstehende Wunsch nach Treue festmachen kann.

Nur rudimentär folgt *Sweetheart* dem dramaturgischen Modell von Konflikt, Entwicklung und Lösung. Noch weniger beschreibt der Film die mythische Reise eines Helden, dessen Schicksal uns zum roten Faden wird. Und doch hat er eine bestechende Wirkung. Die ihm zugrundeliegende Dramaturgie hat Züge einer psychoästhetischen Komposition: Indem wir uns auf den Film einlassen, eröffnet sich uns eine Welt, in der alles auf etwas anderes verweist, in der nichts sich selbst gleicht. In dieser Wirklichkeit werden Bindungen verraten, wie sie eingegangen werden, verkehrt sich Halt in Gefahr. Und zugleich läßt sich darin etwas Verläßliches erfahren. Wie ein Sicherheit und Schutz versprechendes Haus, wie ein stoischer Fels ragt die einzig sich treubleibende Figur Toni Gardella aus all der Brüchigkeit empor und verkörpert für die Zuschauer den Ausgleich, nach dem sie sich auf ihrer haltlosen Reise sehnen. Mit dieser Morphologie macht der Film von Deville Sinn und bindet sein Publikum ein.

In den letzten Bildern treffen wir noch einmal auf die rote Blüte des Anfangs. Sie hat sich in einen Blutfleck verwandelt, der auf dem weißem Hemd eines Mannes dessen Tod anzeigt. Dies ist ein weiteres Beispiel für die inversen Verwandlungen innerhalb dieses Films. So wie in der Ausbreitung des Verrats das Gesicht des größten Gauners zum verläßlichen Gegenpol wurde, so spricht nun aus der blühenden Blüte des Anfangs der Tod.

### Das Dilemma der Acht

*Sturmhöhe* (USA 1939) kam im Sommer 1992 als Wiederaufführung in einige deutsche Kinos. Obwohl Ende der 30er Jahre in Schwarzweiß gedreht, erfreute er sich noch einmal eines kleinen, aber beachtlichen Erfolges. Die Verfilmung des Brontë-Romans von William Wyler, nach dem Drehbuch von Ben Hecht und Charles MacArthur, belebt eine schwärmerische Liebessehnsucht. Zwischen der heranwachsenden Cathy (Merle Oberon) und dem Adoptivkind Heathcliff (Laurence Olivier) entwickelt sich eine Liebe, die sich über Hindernisse hinwegsetzt und sich gegen störende Eingriffe behauptet. Schnell werden die Kinder Erwachsene, doch an ihrer Vertrautheit ändert sich nichts. Immer wieder laufen sie zum

»blauen Felsen« in der Heide und beschwören ihre Liebe. Je öfter sich das wiederholt, desto statischer wirkt jedoch ihr Glück: Heathcliff bleibt der einfache Bursche, Cathy aber entdeckt, daß die Welt am »blauen Felsen« nicht zu Ende ist. An ihrer Sehnsucht macht sich ein Entwicklungsdrang, eine Neugier auf etwas Neues fest.

Die Musik, die eines Abends aus dem Haus der Nachbarn über die Heide herüberklingt, ist die lockende Spur, über die sich das Ende der jungen Liebe ankündigt. Als Cathy sich erstmals bei den Lintons aufhält und auf das Werben Edgars (David Niven) eingeht, entsteht ein schmerzhafter Konflikt. Läßt sich Cathy auf das kultiviertere Leben der Lintons ein, verspüren wir den Verrat an der kindlich-einfachen Liebe. Wendet sie sich erneut Heathcliff zu, ahnen wir, daß dies auf Dauer unsere Wünsche nach Weiterkommen nicht erfüllen kann. Hier formt sich das Erleben des Zuschauers zu den Schwüngen einer Acht aus. Folgt es dem Versprechen einer Verbindung zwischen Edgar und Cathy, läßt es zugleich die Liebe zwischen Heathcliff und Cathy hinter sich. Findet es sich in der Ausgangseinheit wieder ein, vermißt es die Möglichkeiten, die der zweite Kreis eröffnete. Die Zuschauer erfahren an ihren eigenen Gefühlen, daß mit der Ausbildung einer neuen Verbindung die Zerstörung der alten verknüpft ist.

Die Acht ist ein Unendlichkeitssymbol. Wenn man ihrer Linie folgt, gerät man notwendig an den Punkt, über den man den ersten Kreis verläßt und in den zweiten eintritt. Aber an der Kreuzung der Linien ereignet sich der Verrat. Indem sich Cathy auf Linton einläßt, spüren wir Heathcliffs Schmerz. Wenn sie zu ihm zurückkehrt, sehen wir ihre Entwicklung begrenzt und haben Mitleid mit Linton. Aus dieser Zwickmühle gibt es kein Entkommen. Man kann in den ersten Kreis der Acht nicht mehr zurückkehren, ohne den zweiten hinter sich zu lassen. Die morphologische Dramaturgie von *Sturmhöhe* ist in einer Weise konstruiert, daß sie uns wiederholt einen Verzicht abverlangt oder uns den Verrat zumutet (vgl. Abb. 5).

Das Dilemma findet seinen Höhe- und Wendepunkt, als Cathy schließlich doch zu ihrer Kinderliebe zurück möchte

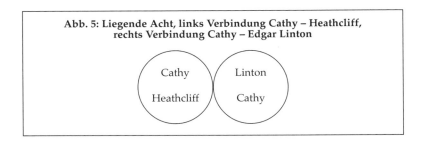

Abb. 5: Liegende Acht, links Verbindung Cathy – Heathcliff, rechts Verbindung Cathy – Edgar Linton

und Heathcliff in eben diesem Moment, aufgrund eines Mißverständnisses, seine Liebe endgültig enttäuscht sieht. Er verschwindet in der Nacht, und selbst Cathys Sehnsucht kann ihn nicht mehr zurückholen. Zwischen Widerwillen und Hoffnung schwankend, lassen wir uns auf die Stabilisierung der Verbindung zwischen Cathy und Edgar Linton ein. Und tatsächlich gewinnt das, was sich mit ihr ausformt, Gestalt und beginnt zu tragen. Trotzdem ist die verratene Liebe nach wie vor wirksam: Als Cathy nach der Trauung die Hochzeitsgäste abschreitet, ist es, als verweise jedes ihr entgegenschauende Gesicht auf Heathcliff, als rufe er sie in den Kreis der Kinderliebe zurück. Mit jedem Schritt des Hochzeitspaares wächst im Zuschauer die Bereitschaft, den gerade geschlossenen Bund zugunsten der alten Liebe zu verraten. Im weiteren Verlauf läßt Cathys Entwicklung zur Ehefrau mehr und mehr Würde erkennen. So sagt man sich: Auf diese Weise läßt sich auch leben, mit Heathcliff hatte sie ja doch keine Zukunft! Es erscheint möglich, über den Verlust der schwärmerischen Kinderliebe hinwegzukommen. Zu Beginn des Films lag der Schwerpunkt des Ganzen auf dem einen, nun liegt er auf dem anderen Kreis der Acht.

Doch dann kommt Heathcliff zurück. Er ist in Amerika erwachsen und reich geworden. Nun könnte die Kinderliebe sich doch noch als lebensfähig erweisen, und das Gefühl des Verfehlens wäre damit aufgehoben. Jedoch hat Cathys Ehe inzwischen an Substanz gewonnen. Die mit ihr entstandene Verbindlichkeit ginge verloren, wenn nun das Alte noch mal belebt würde: Die Qual der Acht beginnt von neuem. Doch damit nicht genug: Wir müssen überdies erleben, wie Heathcliff alles daran setzt, Cathys Ehe zu zerstören. Das hat etwas Aussichtsloses, und wir ahnen, daß es schlimm enden wird, denn die »unschuldige Verbindung«, die uns nach wie vor anzieht, verträgt keine Gewalt, keine falschen Manöver. Es tut weh, zu sehen, wie sich die vormals geliebten Gesichter zu Fratzen der Rache und Kleinlichkeit wandeln. Ohne daß wir es wollen, müssen wir hinnehmen, daß die Rückkehr zum Ausgangspunkt endgültig verloren ist.

Als Cathy schließlich an ihrem Unglück stirbt und Heathcliff an ihr Bett eilt, können die Zuschauer dann doch noch einen Abglanz der ursprünglichen Vereinigung genießen: An den Anfang des Films anknüpfend, beschwören Cathy und Heathcliff im gemeinsamen Blick auf den »blauen Felsen« ihre unsterbliche Liebe. An dieser Stelle verlagert sich der Schwerpunkt wieder auf den ersten Kreis der Acht. Aber auch hier meldet sich der Schmerz des Verfehlens: Der Verrat an Edgar, der trotz seiner Verletzung die Form wahrt, machen darauf aufmerksam, daß beide Kreise der Acht noch immer wirksam sind. Besonders, wenn wir akzeptieren müssen, daß die Wiederbelebung der alten Liebe mit dem Leben der Liebenden bezahlt wird.

### Die Achse des Rades

Die Erklärung des Welterfolgs von *Forrest Gump* (USA 1994) ist für die Filmwirkungspsychologie eine Herausforderung. Wie ist es möglich, daß sich Millionen von Menschen auf der ganzen Welt, von denen ein großer Teil weiterführende Schulen besucht hat, von der Lebensgeschichte eines Schwachsinnigen mitreißen läßt? Wieso entwickeln wir ein solch überwältigendes Interesse an einem Charakter, der uns im realen Leben sicher nicht annähernd so stark faszinieren würde? Die Wirkungsanalyse des Films fördert zutage, daß die Zuschauer nicht in die Haut von Forrest Gump schlüpfen, sondern über die Vermittlung der Story Erfahrungen beleben, die sie in ihrem eigenen Leben beschäftigen. Dabei strukturiert sich ihr Erleben zu einer Form, die die Einzelheiten der Story in eine dynamische Ordnung rückt. Diese Form ist die wirksame Einheit des Films. Sie ist sein tieferer, struktureller Kern.

Eric Roth, der Drehbuchautor, läßt *Forrest Gump* mit folgender Szene beginnen: Über den Dächern einer kleinen Stadt schwebt eine Vogelfeder durch die Luft. Dabei entsteht ein sanftes Taumeln. Mal steigt die Feder höher, mal fällt sie ab. Sie sinkt schließlich in leisen Schwüngen zu Boden. Sie nähert sich einer Bank, die vor einem kleinen Park steht. Auf der Bank sitzt starr und unbeweglich Forrest Gump (Tom Hanks). Die Feder macht noch ein paar Drehungen und kommt dann, als wolle sie sich an die reglose Figur anschmiegen, auf Forrests Schuh zur Ruhe.

Wenn man diese Szene beschreibt, drängen sich Kategorien wie starr – beweglich, schwer – leicht oder stabil – instabil auf. Außer Tom Hanks regungslosem Sitzen findet keine menschliche Handlung statt, und doch scheint darin ein tieferer Sinn zu liegen. Wir folgen den federleichten Schwüngen ebenso, wie wir die Unbeweglichkeit des Mannes auf der Bank verspüren können. Es sind Qualitäten wie Halt und Taumel, die unserer Ahnung unmittelbar Bedeutung verleihen. Entscheidend für die Einheit des Films von Robert Zemeckis ist, daß er diese Kernstruktur in den folgenden 140 Minuten nicht mehr aus den Augen verliert.

Der Film macht mit seiner Fülle von Schauplätzen und Ereignissen die schnellen Wandlungen der Nachkriegskultur erfahrbar und stellt ihnen einen ruhenden Gegenpol – den minderbegabten und daher nicht zu beeindruckenden Forrest Gump – gegenüber. So wie Forrest in der Anfangsszene auf der Bank zu sehen ist, bleibt er im Grunde den ganzen Film hindurch. Das Motiv der Bank kehrt immer wieder, aber letztlich entscheidend ist, daß Forrest selbst sich kaum verändert. Noch nicht einmal äußerlich. Er wird im Laufe der Geschichte zwar älter, bleibt aber stets seinem naiven und treuen Wesen treu.

Die 143 Minuten *Forrest Gump* lassen sich wie in Abbildung 6 veranschaulichen. Der Film gleicht einem sich drehenden

Abb. 6: Der Film führt den Zuschauer durch die schnellebigen Etappen der zweiten Jahrhunderthälfte. Inmitten aller Veränderungen steht Forrest Gump und bildet einen stabilen Mittelpunkt.

Rad: Alles verändert sich im Taumel der Zeit. Die Menschen ziehen in den Vietnamkrieg und machen bei der Antikriegsbewegung mit. Sie werden vom Aidsvirus infiziert und lassen sich von den Versprechungen der Computertechnologien mitreißen. Sie werden von der Hippiebewegung und der Ökowelle erfaßt. Die Lebensinhalte und Ausrichtungen ändern sich, aber inmitten der Veränderungen gibt es eine ruhende Achse – Forrest Gump, der beharrlich an den Menschen festhält, die er liebt. Je turbulenter der Film das Karussell unterschiedlicher Zeitströmungen und Moden antreibt, je mehr sich die anderen Figuren darin verlieren, desto bereitwilliger klammert sich der Zuschauer an den Halt, der in der stoischen Ruhe des Protagonisten liegt. Er kann sich über den Film in Bewegung versetzen lassen und sich zugleich an seiner Stabilität festhalten. Und zwar von der ersten bis zur letzten Minute. Ein Minderbegabter allein könnte nie ein solch großes Publikum ansprechen. Wenn man ihn jedoch wie einen Fels in die Strömung verlockender und zerstörerischer Strudel plaziert, erhält er eine Funktion. Er wird stark. Er bietet Halt in haltlosen Zeiten und wird zum Kristallisationspunkt des Identitätsgefühls der Zuschauer. Diese morphologische Dramaturgie verleiht der Geschichte des Films ihren unverwechselbaren Zauber.

## Zerreißprobe zweier Bilder

*Während du schliefst* (USA 1995) gehört zu den erfolgreichsten romantischen Komödien der 90er Jahre. Der Film erzählt die Geschichte von Lucy (Sandra Bullock), der einsamen Fahrkartenverkäuferin bei der Stadtbahn, die sich in den falschen Mann verlieben muß, um den richtigen kennenzulernen. Der Aufbau der Story folgt den Regeln des Drei-Akt-Schemas und läßt auch einige dramaturgische Elemente des Ansatzes von Campbell/Vogler erkennen. Darüber hinaus aber wirkt der Film von Jon Turtletaub auf der Ebene der morphologischen Dramaturgie und bezieht aus ihr einen großen Teil seiner unwiderstehlichen Faszination.

Lucy möchte dem vor ihren Augen verunglückten und nun im Koma liegenden Peter (Peter Gallagher) nahe sein und gibt sich daher im Krankenhaus als dessen Verlobte aus. In Wahrheit hat sie nie ein Wort mit ihm gesprochen. Ihre Lüge entfaltet ein Netz von Verbindlichkeiten und Verstellungen, das beinahe alle Figuren der Story in sich einspinnt. Den Zuschauer inbegriffen, denn auch er fürchtet, daß der Schwindel auffliegt und sich alles gegen die sympathische junge Frau verschwört. In Anspielung auf Lucys Arbeitsplatz kann man sagen, daß mit ihrer Lüge ein »Zug« Fahrt aufnimmt, der sich nur noch unter großen Anstrengungen stoppen läßt. Das ist das eine Bild, das dieser Film konstruiert.

Ein anderes Bild wird wirksam, wenn wir mit Lucy herausfinden, daß Peters Bruder Jack (Bill Pullman) viel besser zu ihr paßt als der bewußtlose Mann auf der Intensivstation. Aber so anziehend dieses Bild auch sein mag – es ist zu spät. Lassen wir es weiter wachsen, muß es irgendwann mit dem ersten kollidieren. Der Zuschauer bewegt sich auf eine Zerreißprobe zu. Sie wird um so unerträglicher, als Peter nun aus dem Koma erwacht und tatsächlich bereit ist, die ihm unbekannte, aber liebenswerte Lucy als seine Verlobte zu akzeptieren. Die ganze Familie bereitet sich auf die Hochzeit vor. Doch je näher diese rückt, desto stärker glauben die Zuschauer, daß Jack besser für Lucy ist als Peter. Sie können sich gegen die Anziehung, die zwischen dem sympathischen Restaurator und der Fahrkartenverkäuferin entstanden ist, nicht wehren. Sie spüren aber auch die daraus erwachsenden Konsequenzen: Wenn Lucy sich von Peter ab- und dessen Bruder zuwenden würde, wären alle enttäuscht. Mit Sicherheit würde sie darüber auch Jack verlieren. Andererseits: Bliebe sie bei ihrer Lüge, würde sie einen Mann heiraten, den sie nicht liebt. Die Zuschauer sind gefesselt, weil sie spüren, daß sie auf einen zugleich erregenden und beängstigenden Augenblick zusteuern, in dem sich die bisher entstandenen Verhältnisse völlig neu ordnen.

Das Bild der »wahren Liebe« entsteht hinter dem dominanten Geflecht von Täuschung und Lüge. Das ist die fesselnde Zerreißprobe. Einerseits betreibt der Zuschauer Lucys Lüge mit und empfindet sie als notwendig. Andererseits setzt er auf die neue Bindung, entwickelt diesbezügliche Erwartungen und Hoffnungen. Das Lügengeflecht dehnt sich und streckt sich unter dieser Belastung. Man spürt, es läuft auf einen Knall hinaus, den man zugleich herbeisehnt und fürchtet. Damit bildet sich eine Erlebensfigur heraus, die eine lineare Abfolge von Ereignissen vermeidet. Die Zuschauer stehen während des ganzen Films in der Befürchtung, aber auch der Erwartung, daß das eine Bild ins andere umschlägt. Sie wünschen sich die damit verbundenen Verheißungen herbei, sie fürchten aber auch die unvermeidlichen Peinlichkeiten und Schmerzen. Wie lange kann sich das Netz der Lügen gegen die Forderungen der wahren Liebe behaupten? Wann und an welcher Stelle reißt es (endlich) auf (vgl. Abb. 7)?

Das Drehbuch von Daniel G. Sullivan und Frederic Lebow hat eine Vermittlungsinstanz zwischen die beiden Bilder geschaltet. Es ist ein Freund der Familie, Saul (Jack Warden), der Lucys Schwindel früh durchschaut und ihr rät, die Wahrheit zu sagen. Als sie den Rat schließlich befolgt, bricht das Lügengeflecht zusammen. Bestürzung macht sich in der Familie breit. Der Zuschauer hält den Atem an: Jetzt werden seine Befürchtungen Wirklichkeit. Alles scheint verloren zu sein. Doch dann, in einer der letzten Szenen des Films, erfährt Lucy, daß die Familie dennoch zu ihr hält. So fügt sich doch noch alles in die ersehnte Ordnung, und der Zug, der die Lie-

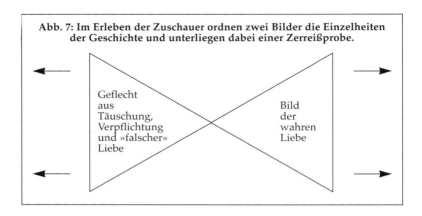

Abb. 7: Im Erleben der Zuschauer ordnen zwei Bilder die Einzelheiten der Geschichte und unterliegen dabei einer Zerreißprobe.

benden nach Italien bringt, kann sich endlich in Bewegung setzen. Wir sehen ihn aus dem Bahnhof fahren – selbstverständlich mit dem Schild: »Just married!«

## Inversion

Filme beleben mitunter Wirkungen, die auf der Bildebene keine direkte Entsprechung haben. Da die Psyche durch Polaritäten bestimmt ist, müssen sie manchmal nur das eine zeigen, um dessen Widerpart hervorzurufen. Sie verlassen sich darauf, daß die Zuschauer Ergänzungen ins Spiel bringen, ohne die der Film nicht funktionieren würde. Solche Beispiele sind ein Beleg für die These, daß die Story des Films ein Mittel ist, dramatische Morphologien im Erleben des Publikums zu entwickeln.

*Erbarmungslos* (USA 1992) von Clint Eastwood zeigt die ehemaligen, inzwischen seßhaft gewordenen Revolverhelden William Munny (Clint Eastwood) und Ned Logan (Morgan Freeman), die als »ältere Herren« noch einmal einen Auftrag als Killer annehmen. Sie sollen für 1000 Dollar zwei Cowboys umbringen, die eine Prostituierte auf brutale Weise mißhandelt haben. Das Drehbuch von David Webb Peoples läßt die Männer ihrem Auftrag entgegenreiten, betreibt aber zugleich ihre Demontage als Revolverhelden: Munny und Logan sind wegen knapper Haushaltskassen gezwungen, den Job auszuführen. Abends, wenn sie in der Prärie übernachten, sehnen sie sich nach ihren bequemen Betten. Sie sprechen über ihre Masturbationsgewohnheiten und darüber, daß sie von Erinnerungen an ihre (sinnlose) Gewalttätigkeit verfolgt werden. Auch wenn es die meisten Western ganz anders darstellten: Sie waren weder sichere Schützen noch furchtlose Killer. Sie litten unter Ängsten, waren meistens betrunken und trafen ihre Opfer nur aus allernächster Nähe. Es kam sogar vor, daß ihnen die billigen Schießeisen in der Hand explodierten.

Die Zuschauer finden die Demontage der Revolverhelden amüsant und interessant. Doch im Verlauf der Story, als die Figuren, die den Zuschauern inzwischen nahegekommen sind, einer physischen Bedrohung ausgesetzt sind, wird es ernst. Zunächst wird das Bild vom Revolverhelden in Gestalt des »English Bob« (Richard Harris) gründlich durchgeprügelt. Er hat eine ähnliche Vergangenheit wie Logan und Munny und muß nun dafür büßen. Die unbarmherzige Gewalt Sheriff Bill Dagetts (Gene Hackman) schockiert. Damit wird gezeigt, was den beiden Helden, die sich der Stadt nähern, droht. Und tatsächlich ereilt auch sie kurze Zeit später das gleiche Schicksal. Erst wird Munny, durch eine Grippe ohnehin geschwächt, von Sheriff Dagett brutal zusammengeschlagen. Dann wird sein Freund Logan zu Tode gepeitscht. Die Zuschauer, die die Demontage des Revolverhelden zunächst als ein intelligentes Vergnügen goutierten, geraten in Bedrängnis. Selbst der drastische Titel des Films hat nicht ahnen lassen, in welche Ausweglosigkeit er sie führen würde.

Bisher hat sich das Bild vom Revolverhelden nicht einmal von seiner starken Seite zeigen können – und doch ist es im Zuschauer wirksam, der das Bild vom durchsetzungsfähigen Gunman im Hinterkopf hat. Man erinnert sich vielleicht an Clint Eastwood in seinen ersten großen Rollen. Sie haben ihn bekannt gemacht und seine Laufbahn begründet. Im ersten Teil des Films wirkt dies als Ansatzpunkt für die Demontage im Hintergrund mit. Je mehr der Film dieses Bild zerstört, desto stärker wird es nun herbeigesehnt, als Chance zur Beendigung von Ohnmacht und Erniedrigung. Der Zuschauer, dem man die gnadenlosen Entwürdigungen von Munny und Logan zumutet, beginnt zu hoffen, daß der »Revolverheld«, der im Film erbarmungslos demontiert wird, wieder zu Kräften kommt.

Damit wird eine inversive Verwandlung der Ausgangslage vorbereitet: Der in der Story selbst nicht sichtbare Hintergrund – das alte Bild des Revolverhelden – drängt darauf, zur bestimmenden Figur zu werden. Solche Umstülpungen wenden das untere ins obere; sie lassen in der Negation das Positive auftauchen. Sie haben eine enorm einbindende Wirkung, weil sie im Erleben der Zuschauer ein drängendes Bedürfnis nach den Ausgangsverhältnissen erzeugen, das mit Macht nach einer Entsprechung in der Story sucht.

Die Inversion beginnt, als Munny den ersten Schluck Whisky nach elf Jahren Enthaltsamkeit zu sich nimmt. Damit belebt er die Geister der Vergangenheit. Jetzt formiert sich auf der Leinwand etwas, wonach der Zuschauer sich schon länger sehnt. Das gestauchte Bild vom Revolverhelden beginnt sich wieder zu erheben. Es will nun, es muß sich behaupten. Die folgende vernichtende Abrechnung Munnys mit Sheriff Dagett und seinen Leuten fügt alle Mosaiksteinchen des klassischen Westerns, die im Zuschauer ruhen, zu

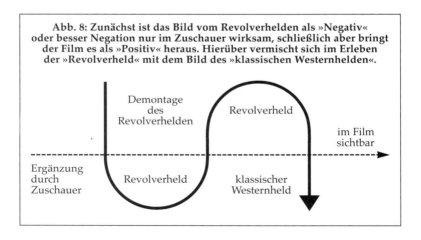

Abb. 8: Zunächst ist das Bild vom Revolverhelden als »Negativ« oder besser Negation nur im Zuschauer wirksam, schließlich aber bringt der Film es als »Positiv« heraus. Hierüber vermischt sich im Erleben der »Revolverheld« mit dem Bild des »klassischen Westernhelden«.

einem als positiv empfundenen Bild des Revolverhelden zusammen. Und damit nicht genug. Da Munnys spektakuläre Abrechnung im Saloon als gerechtfertigte Genugtuung erscheint, verschmilzt der zwiespältige Revolverheld mit dem Bild des klassischen Westernhelden (vgl. Abb. 8). Im Erleben der Zuschauer erfährt er eine Verklärung. Auf diese Weise schwingt die Inversion weiter als erwartet. Das bis ins Unerträgliche gesteigerte Mitleiden der Zuschauer wird mit einem der aufregendsten und ungewöhnlichsten Filmerlebnisse des Jahres 1992 belohnt.

## Verkehrung

Im Alltag müssen wir immer wieder die Erfahrung machen, daß sich unsere Absichten verkehren. Das heiß ersehnte Ziel wird zu einer bedrückender Last. Zuneigung verkehrt sich in Kontrolle und Liebe in Haß. »Vernunft wird Unsinn. Wohltat wird Plage.« Solche Verkehrungen beruhen auf einer alles umdeutenden Richtungsänderung. Schmerzhaft ist der damit verbundene Verlust an Einfluß auf den Lauf der Dinge. Im Kino haben Verkehrungen jedoch eine fesselnde Wirkung, weil sie ein ungemein intensives Erlebnis ermöglichen und dennoch nicht mit Konsequenzen verbunden sind.

Mit ihrem Zeitrahmen von zwei Stunden eignen sich Filme hervorragend dazu, bedeutsame Verkehrungen zu thematisieren. Sie lassen auf einem sicheren Stuhl mitvollziehen, was uns im wirklichen Leben aus der Bahn wirft. Auch wenn sie die Protagonisten meist in Schmerz, Elend und Tod führen, können sie dennoch ein großes Publikum haben. Filme wie *Gefährliche Liebschaften* (USA 1989) und *Eine verhängnisvolle Affäre* (USA 1987) machen eindringlich erfahrbar, was es bedeutet, wenn sich eine Absicht völlig umkehrt und die Kontrolle über den Lauf der Ereignisse verlorengeht.

Wenn wir solche Entwicklungen im Rahmen eines Filmwerkes durchleben, sind wir vollkommen gebannt. Zugleich empfinden wir solche medialen Erlebnisse wie eine Impfung gegen die Katastrophen des wirklichen Lebens. Sie stellen für uns eine Art Kostprobe für die schlimmsten denkbaren Schicksalsschläge dar. Man kann sie zugleich als eine »Behandlung« für die Schäden der Verkehrungen verstehen, die wir bereits erlitten haben. Denn der Film transponiert Angst und Scham der Verkehrung in ein Erlebnis, das wir genießen können.

In *Der Rosenkrieg* (USA 1989) erzählt Anwalt Gavin D'Amato (Danny de Vito) seinem scheidungswilligen Mandanten von einem bedenklichen Fall: Oliver (Michael Douglas) und Barbara Stone (Kathleen Turner) verlieben sich, heiraten, bekommen zwei Kinder und führen eine glückliche Ehe in ihrem Traumhaus. Doch dann will Barbara sich scheiden lassen, und das Glück verkehrt sich in einen Streit, der zunehmend außer Kontrolle gerät. Oliver möchte die Ehe erhalten, doch Barbara verwickelt ihn in einen Trennungskrieg, der immer schmerzhaftere Wunden erzeugt. Schließlich hängen beide im Kronleuchter ihres repräsentativen Heims und stürzen damit zu Tode. Als er diese Geschichte gehört hat, gibt D'Amatos Mandant seine Scheidungspläne auf.

Obwohl *Der Rosenkrieg* das Liebesglück zu einem Horrorszenarium werden und damit eine Verwandlung mitvollziehen läßt, die sich die Menschen in ihrem eigenen Leben kaum wünschen dürften, war er dennoch ein großer Erfolg. Die Zuschauer können ihre eigenen Erfahrungen und Befürchtungen in den Film integrieren und damit aus Momenten des Leidens Stunden einer vertieften Selbsterfahrung machen. Der Sarkasmus des Films, sein bitterer Humor machen das schmerzhafte Drama zum Genuß.

Die Figuration der Verkehrung zieht sich durch alle Einzelheiten der Story (vgl. Abb. 9). Sie umfaßt die Rahmenhandlung mit dem Anwalt, die Szenen der beginnenden Liebe ebenso wie die letzten Trümmer des Scheidungskrieges. Diese unpersönliche Figur ist es, die dem Erleben seine Wucht verleiht und den Zuschauer über den ganzen Film nicht losläßt. Alles dreht sich um, alles wandelt seinen Sinn. Für den Erfolg des Films war ausschlaggebend, daß er dem Zuschauer reichlich Gelegenheit gibt, den Prozeß, den er beschreibt, mit eigenen Erfahrungen, nebenherlaufenden Überlegungen und Ver-

Abb. 9: Im Film verkehrt sich die romantische Liebe in tödlichen Haß. Der Pfeil veranschaulicht den Richtungswechsel.

gleichen aufzulockern. Im Leben reißen uns Verkehrungen in einen dunklen Schlund. Im Kino werden sie akzeptiert, wenn der Film darüber hinaus die Möglichkeit einräumt, unsere Selbsterfahrung zu vertiefen und uns einen erweiterten Blick auf den Alltag eröffnet.

Das Drehbuch von Michael Leeson gibt reichlich Anlaß für bewegende Einsichten. Zum Beispiel, indem es in der anfänglichen romantischen Verliebtheit zugleich den Haß und im Krieg zwischen den Eheleuten noch immer auch die Erotik lebendig hält. Der Film macht damit einen Zusammenhang erfahrbar, den man im Alltag gern verleugnet: Liebe und Haß bedingen einander wie die beiden Seiten einer Münze.

Zudem macht *Der Rosenkrieg* die Zuschauer auf ihre eigene Sehnsucht nach dem dauernden Glück aufmerksam. Es ist paradox, aber oft ist gerade eine solche idealisierte Vorstellung vom Glück der Grund für Zwietracht und Trennung. Je länger die Zuschauer der Geschichte von Oliver und Barbara Stone zuschauen, desto bereitwilliger stellen sie ihre eigenen überzogenen Glücksphantasien in Frage. Wenn sie das Haus der Rosens zu Bruch gehen sehen, wenn sie beobachten, wie sich die beiden in obsessiver Rachsucht zerfleischen, rücken ihnen ihre eigenen vielleicht auch nicht perfekten Beziehungen oder Ehen näher und erscheinen ihnen als wertvoll. Die sprichwörtlichen Kirschen in Nachbars Garten verlieren an Anziehungskraft. Die Zuschauer entwickeln Respekt vor dem Wert des kleinen Glücks und verlassen das Kino in dem

Gefühl, eine bedeutsame Erfahrung gemacht zu haben. Viele nehmen sich vor, sich in Zukunft engagierter für den Erhalt ihrer Bindungen einzusetzen.

## Stellungswechsel

Es regnet in Strömen in der amerikanischen Stadt, in der der junge und frisch verheiratete Polizeidetektiv David Mills (Brad Pitt) seinen in Pension gehenden Kollegen William Somerset (Morgan Freeman) ablöst. Obwohl sie einander nicht ausstehen können, geraten sie bei ihrem letzten gemeinsamen Fall Seite an Seite in eine Serie abstruser Morde hinein. Sie recherchieren im Dunkel heruntergekommener Wohnungen, erhellt von dem fahlen Licht ihrer Taschenlampen. *Sieben* (USA 1995) von David Fincher zeigt selten Totalen. Die hektischen, düsteren Nahaufnahmen ziehen den Zuschauer in eine schreckliche und perverse Wirklichkeit. Ein psychopatischer Serienkiller »bestraft« Vertreter der Menschheit für deren Sünden: Maßlosigkeit, Habsucht, Trägheit, Wollust, Hochmut, Neid und Zorn. Da diese als die sieben Todsünden bezeichnet werden, weiß man bei jeder Leiche, an welcher Stelle des Thrillers man angekommen ist.

Der Akzent der Wirkung liegt bei diesem Film zunächst auf den gräßlich zugerichteten Leichen, die nach und nach aufgefunden werden: ein Übergewichtiger, der dazu gezwungen wurde, sich so vollzufressen, daß sein Magen platzt. Ein träger junger Mann, der ein Jahr an sein Bett gefesselt wurde und mit Hilfe von Drogen, wie eine Pflanze, so gerade am Leben gehalten wurde. Eine Prostituierte, die von einem Messerpenis zerschlissen wurde, und ein Mannequin, dessen Gesicht auseinandergenommen und erneut zusammengesetzt wurde. Der Zuschauer wird zum Voyeur und dringt mit den beiden Detektiven immer tiefer in das Universum des Serienmörders ein. Vor seinen Augen breitet sich ein Universum perverser Obsessionen aus.

Mit der Figur des erfahrenen Inspektor Somerset macht der Film auf einen möglichen Ausweg aus dieser Welt aufmerksam. Somerset hat Dante, Shakespeare und Milton gelesen und ist dem impulsiven jungen Kollegen bei der Ermittlung stets ein Stück voraus. Einmal sieht man ihn in einer großen Bibliothek. Die in den Büchern niedergeschriebenen Erfahrungen der Menschheit, Meisterwerke der Weltliteratur, geben ihm den entscheidenden Hinweis bei dem rätselhaften Fall. Die ruhige Szene, die von klassischer Musik unterlegt ist, vermittelt dem Zuschauer die Ahnung einer Lebensform, die sich mittels konzentrierter Arbeit vor dem Sog anziehender Besessenheiten schützt. Somerset zeigt: Man muß sich von seinen Trieben nicht mitreißen lassen, man kann so etwas wie eine wissenschaftliche Distanz bewahren und dem Kern des Lebens dennoch nahe sein.

Das Besondere an *Sieben* ist, daß er den Zuschauer, der seine Position als distanzierter Beobachter – vielleicht sogar Forscher – des Grauens genießt, schließlich selbst in die vernichtende Konsequenz von Besessenheiten hineinzieht. Er bekommt eine Ahnung davon, was es heißt, zum Werkzeug eines tödlichen Plans zu werden. Dieser Stellungswechsel vom Beobachter zum Spielzeug einer stärkeren Macht vollzieht sich in einer langen Sequenz am Ende des Films. Mit ihr wendet sich die Position des Zuschauers um 180 Grad.

Der Serienmörder (Kevin Spacey) stellt sich der Polizei und verspricht, beim Auffinden des letzten Opfers behilflich zu sein. Er verlangt, daß Mills und Somerset ihn aufs Land begleiten. Der Zuschauer weiß inzwischen, daß Mills dazu neigt, sich von seinem Zorn mitreißen zu lassen. Dies ist die letzte der sieben Todsünden, die der Film bis dahin noch nicht thematisiert hat. Der Dauerregen hat endlich aufgehört. In einer leeren Ebene angekommen, steigen die drei aus dem Auto. Zum ersten Mal eröffnet der Film einen weiteren Blick. Die Zuschauer erwarten, daß sie noch einmal Zeuge einer Gräßlichkeit werden. Doch die Weite der Landschaft gibt keinen Hinweis auf eine Leiche. Dann nähert sich ein Lieferwagen. Der Kurierdienst bringt einen Karton. Darin liegt der Kopf von Mills schöner Frau Tracy. Somerset versteht in diesem Augenblick, daß sein Kollege das letzte Opfer des Serienkillers sein wird. Dieser hat Mills' Frau umgebracht, um den Jähzorn des jungen Mannes herauszufordern und sich selbst zu bestrafen. Somerset kann nicht verhindern, daß Mills den Mörder an Ort und Stelle richtet. Man verhaftet ihn, und seine Karriere, vielleicht sogar sein Leben, hat damit ein jähes Ende gefunden. Diese Wendung wurde zwar lange vorbereitet, aber für den Zuschauer kommt sie trotzdem überraschend.

*Sieben* war in den USA ein großer Erfolg. In Deutschland waren 80 Prozent seiner drei Millionen Zuschauer unter 30 Jahren alt. Der Film befriedigt das Bedürfnis junger Leute nach Bildern, die über das bereits Bekannte, die Norm, hinausgehen. Sie wollen im Kino an ihre Grenzen stoßen und Bilder sehen, mit denen ein besonderer Thrill verbunden ist. Die Zuschauer erlebten sich in den ersten beiden Dritteln des Films als meist ›coole‹ Beobachter eines perfekt ästhetisierten Grauens. Das Konzept der Sieben Todsünden erlaubte ihnen eine ideologisierende Beschäftigung mit dem Thema Obsession. Die Obsession erschien ihnen so als das Problem eines Perversen. Doch in seinem letzten Akt führt der Film sie auf eine Fährte, deren Richtung sie noch nicht kennen, und macht sie zu überraschten Spielfiguren eines teuflischen Plans. Sie müssen feststellen, daß das letzte Bild des Grauens nicht von einem Perversen, von dem man sich abheben kann, gemalt wird, sondern von einem Menschen wie du und ich. Indem der Film sie überraschenderweise zu Noten des Schlußakkords eines Mord-Kunst-Werks werden läßt, bekommen die Zuschauer ein Gefühl dafür, daß Obsessionen plötzlich aus allen Menschen herausbrechen und ihre verheerende Wirkung entfalten können. Sie sind nicht Gegenstand der Betrachtung und Unterhaltung. Sie wirken in jedem von uns. Manch ein Zuschauer ahnt, welche Macht sie auch in ihm entwickeln könnten.

In den 60er Jahren entstand der Zeichentrickfilm *Yellow Submarine* (GB 1967) zum gleichnamigen Album der Beatles. In dem Film von George Dunning gibt es eine bizarre Figur mit einem großen Rüssel. Damit betastet sie die Dinge und eignet sie sich an. Wie ein Staubsauger zieht sie alles in sich hinein. Zum Schluß ist nur noch die Figur selbst übrig. Was

Abb. 10: Ähnlich wie Mills im Film, erfährt sich der Zuschauer zunächst als Beobachter, der mit den Obsessionen scheinbar nichts zu tun hat. Doch dann wechselt er seine Position im Ganzen und wird zur Figur eines teuflischen Plans.

macht sie? Sie saugt sich selbst auf. Das Bild ist leer. Eine ähnliche Wendung macht *Sieben* erfahrbar. Er regt Neugier und Voyeurismus des Zuschauers an und erlaubt ihm zunächst, seine Gier nach außergewöhnlichen und spektakulären Bildern vor sich selbst zu verheimlichen. Doch dann führt er ihn in eine unerwartete Wendung hinein, deren Ausgang er nicht überblicken kann. Er wird von eben dem Plan des Serienmörders mitgerissen, den er vorher nur neugierig betrachtet hat (vgl. Abb. 10).

### Zusammenfassung

Auch wenn ihre Geschichten nach allen Regeln der Dramaturgie aufgebaut sind, wirken manche Filme flach und verbreiten den Eindruck einer linearen Aneinanderreihung von Ereignissen. Sie lassen den für das Kino charakteristischen Zauber vermissen. Sie öffnen dem Zuschauer keinen Wirkungsraum, innerhalb dessen er sich tiefer, differenzierter und bewegter erfahren kann als im Alltag.

Solche Filme zeigen, daß der wirksame Kern des Films unsichtbar ist. Er ist eine seelische Figuration, die die sichtbaren Einzelheiten umspannt und ihnen eine Stelle im Ganzen zuweist. Es kommt ihrer Wirksamkeit zugute, wenn Filme solche unbewußten Morphologien modellieren.

In diesem Kapitel wurden die morphologischen Dramaturgien recht unterschiedlicher Filme beschrieben: *Sweetheart* läßt aus einer Welt des Verrats einen »Fels in der Brandung« entstehen. *Sturmhöhe* bezieht den Zuschauer in die ein- und ausschließenden Schwünge einer »liegenden Acht« ein. *Forrest Gump* versetzt ein »Rad« in Drehungen und stabilisiert es zugleich mit einer ruhenden »Achse«. *Während du schliefst* formt das Filmerleben zu einer »Zerreißprobe zweier Bilder« aus und *Erbarmungslos* kehrt »inversiv« ein Bild hervor, das der Film selbst zerstört. *Der Rosenkrieg* reißt alle Einzelheiten in eine »Verkehrung« hinein, in deren Rahmen eine ungeheure Umdeutung von Liebe in Haß spürbar wird, und *Sieben* schließlich mutet dem Zuschauer einen überraschenden »Stimmungswechsel« zu.

Es ist wichtig, sich für solche Morphologien zu sensibilisieren. Sie können Filmprojekte in einer Art und Weise optimieren, die sich letztlich auch kommerziell auszahlt. Wenn ein Film es erlaubt, seine morphologische Dramaturgie in wenigen Sätzen oder in einer Zeichnung zu skizzieren, hat er eine entscheidende Probe bestanden. Denn der Spielfilm, der seine Wirkung aus einer solchen, dynamischen Figuration bezieht, wird zu einem Erlebnis, das im Alltag der Zuschauer seinesgleichen sucht.

# Kino und Alltagskultur

## 9
## Reale Fiktionen

*Sphere* (USA 1998) von Barry Levinson führt den Zuschauer tief unter den Meeresspiegel. Wissenschaftler wollen dem Geheimnis eines auf dem Boden des Ozeans ruhenden Raumschiffes auf die Spur kommen. Im Einflußbereich einer rätselhaften »außerirdischen Sphäre« werden negative Gefühle, die die Teilnehmer der Expedition füreinander hegen, lebensbedrohende Realität. Giftige Schlangen, Quallen und andere Ungeheuer, die in Träumen und Phantasien dem Haß und der Angst der Wissenschaftler Ausdruck verleihen, materialisieren sich und greifen an. Nur wenige überleben diesen verzweifelten Kampf gegen die Kreationen der bösen Gedanken. *Sphere* wurde nach einer Geschichte von Michael Crichton gedreht. Der Film zeigt, wie die menschlichen Beziehungen aussähen, wenn unbewußte Todeswünsche reale Auswirkungen hätten.

### Film und Realität

Wir sind es gewohnt, Phantasie und Realität sauber voneinander zu trennen. Vielleicht, weil es uns beunruhigt, daß die Wirklichkeit tatsächlich phantastische Züge hat. Sicher nicht in dem direkten Sinne, wie es der Tiefseethriller *Sphere* nahelegt. Aber doch in einer Form, die nicht minder folgenreich für die Menschen ist. In Kultur und Industrie materialisieren sich die menschlichen Wesenskräfte. Träume setzen sich in Bauwerke um und seelische Prozesse in mächtige Institutionen. Psychische Abwehrformen wie Spaltung und Projektion können ebenso vernichtende Kriege auslösen, wie Liebe und Freude größte menschliche Leistungen hervorbringen. Das gegenseitige Durchdringen von Seelischem und Realität wirft die Frage auf, ob nicht auch die Fiktionen des Films das Verhalten der Menschen beeinflussen.

Mit der Ausbreitung der modernen audiovisuellen Medien kam die Sorge auf, die Inhalte von Film und Fernsehen könnten bei den Rezipienten gesellschaftlich unerwünschte Wirkungen erzeugen. Filme, die Gewalt und antisoziale Verhaltensweisen darstellen, stehen in Verdacht, das Ansteigen der Kriminalitätsrate und eine Verrohung zwischenmenschlicher Umgangsformen zu verursachen. Ähnlich wie sich in *Sphere* aggressive Gedanken in tätige Angriffe umsetzen, könnten auch die Bilder des Films im Alltag bestimmte Handlungen auslösen. Doch die meisten Forschungsergebnisse auf diesem Gebiet sprechen dafür, daß die These eines direkten Zusammenhanges zwischen Mediennutzung und Gewalttätigkeit nicht bestätigt werden kann. Das Zusammenwirken von filmischer Fiktion und Realität ist komplizierter. Filmwirkung ist kein gradliniger Prozeß. Das in den Naturwissenschaften gültige Prinzip von Ursache und Wirkung läßt sich auf die psychische und die kulturelle Wirklichkeit nicht einfach übertragen.

Schon immer haben die Menschen in Mythen, Geschichten und Kunstwerken ihren Fragen, Sehnsüchten und Befürchtungen, aber auch ungelebten Aspekten ihres Alltags Ausdruck verliehen. Das hat sich in der modernen Mediengesellschaft nicht grundsätzlich geändert. Und doch wurde mit der Geburt des Films der Grundstein für eine besondere Erfahrung gelegt. Der Film hat die »Komplexentwicklung« (Salber 1960) in die Welt gesetzt. Das bedeutet, er hat eine Zwischenwelt geschaffen, in deren Grenzen alle erdenklichen Verwandlungen ohne große Mühe und ohne nennenswerte Folgen mitvollzogen werden können. Weil er sich so hervorragend dazu eignet, die menschliche Wirklichkeit in ihren Wendungen und Drehungen nachzuempfinden, hat sich der Film im 20. Jahrhundert zum beliebtesten Unterhaltungsmedium entwickelt.

Die Geschichten, die der Spielfilm erzählt, sind zwar frei erfunden, aber die Wirkungsqualitäten, die Entwicklungen und Zuspitzungen, die der Zuschauer dabei erlebt, speisen sich aus dem nicht versiegenden Strom des Lebens.

Was im Alltag nur mit einschneidenden Konsequenzen in die Tat umgesetzt werden kann, findet in den Filmen eine mitreißende Realisierung. Auf einem sicheren Stuhl können wir die schrecklichsten Zerstörungen miterleben, uns zu Höhenflügen der Macht aufschwingen und Momente des Glücks genießen, die unsere Kapazitäten im Alltag sprengen würden. Alltag und Fiktion weisen zwar unterschiedliche Parameter auf, sie haben unterschiedliche Chancen und Begrenzungen, aber sie gehen – vermittelt über den Film – trotzdem ineinander über. Die Themen, die unser Leben bestimmen, werden in den Komplexentwicklungen von Film und Fernsehen zugespitzt und in verdichteter Weise entfaltet. In ihnen haben wir ein zweites Leben mit all seinen Problemen und Wendungen gefunden. Wer im Alltag keine Liebe erfährt, kann im Kino den Rausch der erotischen Vereinigung erleben. Wer in seinem Beruf Härte zeigt und sich unerbittlich gibt, kann sich vor dem Fernseher zu Tränen rühren lassen. Wer im Leben die Rolle des Opfers einnimmt, kann sich mit dem Actionhelden in die Position des Täters schwingen.

So ist der Film ähnlich reale Fiktion wie der Traum. Im nächtlichen Schlaf verarbeiten wir unsere Tageserlebnisse zu Bilderfolgen. So wie im Traum Reste vom Vortag, Probleme, die wir nicht gelöst haben, eine bildlogische Weiterführung und Darstellung finden, so verleihen auch die Filme wirklichen Regungen und Spannungen Ausdruck. Ohne daß es den Zuschauern selbst bewußt sein muß. Im Kino gehen sie oft Fragen, Hoffnungen und Entwicklungen nach, für die sie im Alltag noch keine Umsetzung gefunden haben.

### Film und Kultur

Anfang des Jahrhunderts fand die heterogene amerikanische Gesellschaft durch das Medium Film langsam eine Gemeinsamkeit. Grotesken, Melodramen und Western-Geschichten stellten den in unterschiedlichen Kulturen verwurzelten Einwanderern eine universale Ebene des Verstehens bereit. Von der Leinwand herab eroberten der Blick der Liebe, die Geste des Zorns und die Gebärde der Leidenschaft das Herz des Sizilianers ebenso wie das des Polen oder Deutschen. Die totalitären Regime des 20. Jahrhunderts setzten das Kino gezielt zur politischen Beeinflussung der Massen ein. Mit heute unsterblichen Werken der Filmkunst wie *Panzerkreuzer Potemkin* (1925) und *Oktober* (1927) unterstütze der russische Filmemacher Sergej Eisenstein den Aufbau der Sowjetunion. Mit nationalsozialistischen Propagandafilmen wie *Der ewige Jude* (D 1940 ) und *Ohm Krüger* (D 1941) wurden die Deutschen auf einen fatalen Fremden- und Rassenhaß eingestimmt. (Ahren, Y. 1998) In der heutigen pluralistischen Gesellschaft, in der die Menschen die Regeln des Medienmarktes durchschauen, würde ein solcher Versuch vom Publikum allerdings schnell erkannt und als unrechtmäßig entlarvt werden.

Trotzdem hat sich auch in der modernen Mediengesellschaft der Film die Fähigkeit erhalten, die Gefühle und Gedanken von Millionen in eine Richtung zu lenken. Im Kino und vor dem Fernseher stellen die Zuschauer ihre persönlichen Eigenheiten und Lebensumstände zurück und lassen sich für einige Stunden von derselben Strömung mitziehen. An Einspielzahlen und Einschaltquoten kann man ablesen, welche filmischen Stundenwelten Millionen von Menschen heute als reizvoll und bedeutsam erleben. Daher ist der Film ein geeignetes Medium, um gesellschaftlich relevante Probleme und Entwicklungstendenzen zu diagnostizieren. Die Abstimmung der Filmstorys auf kulturelle Entwicklungen und auf den Zeitgeist ist zwar nicht gesteuert wie in den Diktaturen der ersten Jahrhunderthälfte, aber sie findet dennoch statt.

Filme wie *Titanic* (USA 1997) sind daher interessante Objekte der Kulturpsychologie. Niemand hat mit einem derartig nachhaltigen Erfolg des Katastrophenfilms gerechnet. In der Bundesrepublik allein wurden 18 Millionen Eintrittskarten verkauft. *Titanic* – das wird das folgende Kapitel im einzelnen darlegen – setzt an Erfahrungen und Fragen an, die für das

Leben an der Jahrtausendwende charakteristisch sind. Auch in anderen erfolgreichen Filmen greifen gesellschaftlich bedingte Hoffnungen und Befürchtungen und unterhaltsame Fiktion ineinander wie zwei Räder eines Getriebes. Sie fordern und fördern einander und vermitteln auf diese Weise aktuelle Strömungen der Gesellschaft. Die kulturellen Spannungen sind auf den konsequenzenfreien Experimentierraum des Kinos angewiesen. Hier können Entwicklungen angedacht und Veränderungen getestet werden. Das wirksame Kino ist daher auch Trendsetter des kulturellen Wandels. Nicht selten sind die von ihm geschaffenen Erlebniswelten der gesellschaftlichen Entwicklung ein Stück voraus.

### Medium des Kulturwandels

Was hat Kultregisseur Quentin Tarantino dazu veranlaßt, seinen Film *Jackie Brown* (USA 1997) mit einem Zitat von *Die Reifeprüfung* (USA 1967) zu beginnen? In dem Film der 60er Jahre von Mike Nichols sehen wir am Anfang Benjamin Braddock (Dustin Hoffman) mit unbewegtem Ausdruck vor einer gelblichen Wand vorbeigleiten. Da wir ihn eine Einstellung zuvor als Flugzeugpassagier ausgemacht haben, erschließen wir uns sofort, daß er sich auf einem Förderband im Flughafen befindet. In *Jackie Brown* verweist die dunkelblaue Flugbegleiteruniform der Protagonistin auf den gleichen Kontext. Jackie Brown (Pam Grier) wird vor einer Wand aus blauen Mosaiksteinen bewegt. Ihr Gesicht hat sich auf ein gleichmäßig souveränes Lächeln festgelegt. Sie wirkt cool, sexy und selbstbewußt. Das Gegeneinander von mimischer Regungslosigkeit und steter Bewegung entfaltet einen ungewöhnlichen Reiz.

Zwischen *Die Reifeprüfung* und *Jackie Brown* liegen genau 30 Jahre. War es das Jubiläum, das Tarantino zu diesem Zitat inspirierte? Oder hatte er etwas anderes im Sinn? Die Storys der beiden Filme sind sehr verschieden, dennoch läßt sich zwischen ihnen eine thematische Verbindungslinie ziehen. Sie wird sichtbar, wenn man sich die unterschiedlichen Lebens-

213

ziele von Benjamin und Jackie vor Augen führt. Was bewegt die auf den Förderbändern in Gedanken versunkenen Protagonisten? Benjamin ist von einem diffusen Widerwillen gegen die Lebensordnung seiner Eltern erfüllt. Er will, daß alles anders wird, weiß aber auch nicht wie. Jackie Brown hat in ihrem Leben bisher nicht Fuß fassen können. Aber sie hat ganz genaue Vorstellungen von der Zukunft. Sie möchte ihre Existenz auf eine stabile finanzielle Grundlage stellen und einen Mann kennenlernen, der ihr Rückhalt gibt. Der eine will ausbrechen, die andere sucht Halt. Den einen treibt es weg, die andere möchte ankommen. In den unterschiedlichen Lebenszielen von Benjamin Braddock und Jackie Brown spiegelt sich der Wandel der Kultur in den letzten 30 Jahren.

*Die Reifeprüfung* griff die Elterngeneration der amerikanischen oberen Mittelschicht an. Der Film entlarvte deren Doppelmoral und ihre Unfähigkeit, sich auf den Wandel der Zeit einzustellen. Zugleich zeigt er Benjamins Weigerung, sich in die erstarrte Lebensordnung der Eltern einzugliedern. Nachdem sich der junge Mann schließlich zu Elaine, seiner großen Liebe, bekannt hat, endet der Film im spektakulären Bruch mit den empörten Eltern und erzeugt damit ein Gefühl des unbekümmerten »Nichts ist unmöglich«. Das Publikum, so wird berichtet, quittierte in den 60er Jahren die Schlußsequenz, in der Benjamin die kirchliche Trauung Elaines unterbricht und sie unter den geifernden Tiraden der Eltern aus der Kirche entführt, regelmäßig mit Applaus.

Die Zeit, in der *Die Reifeprüfung* entstand, bescherte der westlichen Welt eine folgenreiche Kulturrevolution. Die jungen Menschen spürten damals, daß die bestehenden gesellschaftlichen Ordnungen sich nicht mehr dazu eigneten, die widersprüchlichen Entwicklungstendenzen der Nachkriegszeit zu tragen. Allerdings hatten die Revoltierenden auch keine praktikable Alternative zu bieten. »Turn on, tune in, drop out!« pries der LSD-Apologet Timothy Leary als Alltagsmotto an. Da der Protest keine Richtung fand, entlud er sich in einer Inflation von Lebensbildern, die sich seit den 70er Jahren zunehmend differenzieren und einander in immer schnellerem Reigen ablösen.

In den 90er Jahren scheint diese Entwicklung ihren Höhepunkt erreicht zu haben. Eine größere Vielfalt an Lebensbildern ist kaum vorstellbar. Der einzelne läßt sich mal von dem einen, dann wieder von einem anderen Bild ein Stück weit mitziehen. Man kann Buddhist sein, Esoteriker, Punk, Rocker, Raver, ja sogar Transvestit. Man kann sich als Single, als Familie oder als bizarrer Aussteiger einrichten. Beinahe alle erdenklichen Lebensformen werden toleriert und finden ihren Rückhalt in entsprechenden Szenen und Märkten. Neue soziologische Begriffe wie »Erlebnisgesellschaft« (G. Schulze), »Pluralisierung« und »Individualisierung« (U. Beck) benennen diese Umorientierung. Grundlage dafür ist, was W. Salber (1993) »Auskuppeln« nennt: Die Menschen verstehen sich immer weniger als Teil eines gesellschaftlichen Ganzen. Immer seltener sind sie in Entwicklungen von Anfang bis Ende einbezogen, halten sie für längere Zeit an ein und derselben Sache fest. Statt dessen schalten sie nach kurzer Zeit um wie mit den Tasten ihrer Fernbedienung, nehmen Dienstleistungen in Anspruch und überlassen sich den Strömungen der vielfältigen Medienangebote. Bevor sie eine Sache durchstehen, wechseln sie lieber das Programm, den Partner oder gleich das Milieu. Das läßt sie freier erscheinen als je zuvor, das macht sie allerdings auch anfälliger für Zwänge, die in dieser Welt der Entscheidungsfreiheit Orientierung versprechen.

Es mehren sich nämlich inzwischen die Anzeichen, daß die Menschen sich von der Vielfalt überfordert fühlen und unter Desorientierung und Ängsten leiden. Da grundsätzlich alles möglich ist, fällt es ihnen immer schwerer, sich für eine Sache zu entscheiden. Die ungeheure Gleichwertigkeit unserer kulturellen Vielfalt wird ihnen zuviel. Eine unbewußte Sehnsucht nach einer entschiedenen Sinngebung ist zu beobachten. So frei und so beweglich sich die jüngere Generation auch zeigt, sie wird von Sekten, Abhängigkeiten, Zwängen und Obsessionen angezogen, die in der flirrenden Vielfalt eine Richtung versprechen. Vor dem Hintergrund einer kunterbunten und scheinbar lebensfrohen Anarchie lockt das Diktat geregelter und verbindlicher Lebensformen. Studien zur Jugendkultur zeigen, daß viele bis zum Alter von ungefähr 30 Jahren ihr Leben wie eine nicht endende Party gestalten. Und plötzlich ist Schluß damit. Sie geben ihren Freiraum auf und ziehen sich ins Reihenhaus zurück. Als hätten sie den postmodernen Flimmerzustand nur ertragen und genießen können, indem sie heimlich ein festes Ziel im Blick behalten haben.

So wie *Die Reifeprüfung* in den 60er Jahren einem diffusen Gefühl Ausdruck verlieh, daß sich alles irgendwie ändern muß, so fängt *Jackie Brown* die Ängste und Sehnsüchte auf, die Ende der 90er Jahre die Menschen bedrängen. Der Zuschauer gerät über Tarantinos Film in eine Gruppe von seltsamen Einzelgängern, die einander beargwöhnen, ausnutzen und betrügen. Der Individualismus unserer Zeit wird durch das Mißtrauen gegenüber anderen und die Beziehungslosigkeit symbolisiert. Jeder sucht sein kleines Glück in Sicherheit zu bringen und geht dabei, wenn nötig, auch über Leichen. Verrat gehört zum Tagesgeschäft, und Treue ist eine Eigenschaft der Dummen. Zugleich aber wird diese brüchige Welt von einer Sehnsucht nach Stabilität und Verbindlichkeit durchzogen. Sie zeigt sich in der Liebe des alternden Kautionsmaklers Max Cherry (Robert Foster) zu Jackie Brown und in Jackies Plan, ihr Leben endlich auf stabile Füße zu stellen.

Es ist, als fange *Jackie Brown* die von *Die Reifeprüfung* initiierte Ausbruchsbewegung wieder auf. Die Beliebigkeit, die der eine Film entfesselte, treibt der andere auf die Spitze und steuert ihr zugleich entgegen. Tarantino geht in *Jackie Brown* der Frage nach: Zu welchen Problemen haben die Ausbrüche geführt, die von den erfolgreichen Kinofilmen der 60er Jahre zelebriert wurden? Welche neuen Bedürfnisse hat der kulturelle Wandel hervorgebracht? *Jackie Brown* fördert bei seinem Publikum eine unbewußt schlummernde Sehnsucht nach Halt zutage. Er belebt sie mit seinen verloren wirkenden Figuren und verleiht ihr in der klugen Beharrlichkeit Jackies Ausdruck. Indem Tarantino in *Jackie Brown* den überaus erfolgreichen Film der 60er Jahre zitiert, kann er darauf aufmerksam machen, daß sich die Bedürfnisse der Menschen in den vergangenen 30 Jahren dramatisch verändert haben. Zugleich führt er vor Augen, daß das Kino ein Medium ist, das den Wandel der Zeit nicht nur dokumentiert, sondern auch vermittelt.

Im übrigen thematisiert Tarantino in den meisten seiner Filme und Drehbücher die für die 90er Jahre charakteristische Spannung zwischen Beliebigkeit und Sehnsucht nach Orientierung. *Pulp Fiction* experimentiert mit dem »Anything goes« der Postmoderne. Er baut geradezu surreal anmutende Augenblicke auf, in denen nicht zu vereinbarende Gegensätze zusammengeführt werden: das Heiligste und das Profanste, das Alltägliche und das Spektakuläre, unerträgliche Not und der Witz des Lebens. Doch in seinen Drehbüchern *True Romance* (USA 1993) und *Natural Born Killers* (USA 1994) macht Tarantino – durch alle Beliebigkeiten hindurch – die auch *Jackie Brown* durchziehende Sehnsucht nach einfachen Verbindlichkeiten erfahrbar. In diesen Filmen schaffen es die in Liebe verbundenen Paare, durch die absurdesten Gemetzel und Zerstörungen hindurchzukommen. Sie gründen schließlich Familien und führen ein einfaches und von traditionellen Werten bestimmtes Leben. Die Filme des Kultregisseurs Tarantino stehen damit nicht alleine. Viele Mainstreamfilme der 90er Jahre – das wird Kapitel 11 zeigen – lassen als Lösung die Rückkehr zu klassischen Werten aufblitzen.

### Zukunftslabor Kino?

Filme wie *Die Reifeprüfung*, aber auch *Easy Rider* (USA 1969) oder *Zabriskie Point* (USA 1969) brachten den in den 60er Jahren virulent gewordenen Generationskonflikt auf den Punkt. Der unvergessene Motorradfilm von Dennis Hopper versetzt den Zuschauer in eine zentrifugale, schwebende Atmosphäre. Er vermittelt die Sehnsucht nach neuen, ungebundeneren Lebensformen, die in der tragisch endenden Story von Vertretern des amerikanischen Establishments erstickt wird. Am Ende von *Zabriskie Point* inszeniert Michelangelo Antonioni eine minutenlange Explosion. Aus mehreren Perspektiven sieht der Zuschauer ein Haus in die Luft fliegen. Einrichtungsgegenstände, Bücher und der Inhalt eines Kühlschranks wirbeln in Zeitlupe durcheinander. Das sind Bilder, die dem drängenden Veränderungswunsch der 60er Jahre Ausdruck verliehen. Es ging um das Recht der Jugend, über ihre Lebensform selbst zu bestimmen. In der Bundesrepublik skandierten die Studenten: »Unter den Talaren, Muff von tausend Jahren«. Ostermärsche, Kommunen, Hippiebewegung und gigantische Popkonzerte zeigten an, daß die Vorherrschaft der Elterngeneration entschieden in Frage gestellt wurde.

Im Kino der 90er Jahre werden Revolten gegen die Lebensordnung der Elterngeneration selten thematisiert. In *Während du schliefst* (USA 1995) verliebt sich die Fahrkartenverkäuferin Lucy (Sandra Bullock) in einen attraktiven Rechtsanwalt. Aber mit der Zeit wird deutlich, daß sich das sympathische Mädchen im Grunde nach dem warmen Nest einer Familie sehnt. In dem Film von Jon Turtletaub vertritt die Elterngeneration keine restriktive Ordnung, von der man sich befreien möchte, sondern ein bergendes, verständnisvolles Zuhause. In *Der bewegte Mann* (D 1994) gleitet Axel (Til Schweiger) durch die vielen Lebensformen, die die 90er Jahre so aufregend machen. Das ist interessant und auch komisch. Doch der Film belebt im Zuschauer zugleich eine Sehnsucht nach der Verbindlichkeit einer Familie. Axel hat ein Kind gezeugt und weiß nicht, ob er sich zutrauen kann, die Verantwortung dafür zu übernehmen. Am Ende löst er sich aus der erregenden Vielfalt der Lebensmöglichkeiten und entscheidet sich für seine Frau und sein Kind.

In *Starship Troopers* (USA 1997), einem kontrovers aufgenommenen Science-fiction-Film von Paul Verhoeven, scheint sich dann doch der alte Generationskonflikt wiederzumelden. Denn hier lehnen sich junge Highschool-Absolventen gegen die Vorstellungen der Elterngeneration auf. Das ist auf den ersten Blick nicht anders als bei *Die Reifeprüfung* oder *Zabriskie Point*. Doch bei näherem Hinsehen zeigt sich, daß die Standpunkte und Argumente vertauscht sind.

Nach dem Abschluß seiner Schulzeit möchte sich Johnny Rico (Casper van Dien) der Föderiertenarmee anschließen, um die Erde vor den Angriffen außerirdischer Insekten zu verteidigen. Er will einen Beitrag zur Sicherheit der Gemeinschaft leisten. Seine Eltern sind dagegen. Sie wollen ihn überreden, statt dessen mit in Urlaub zu fahren. Sie machen ihm den Aufenthalt am Strand einer exotischen Insel schmackhaft. Damit vertreten sie den Individualismus und Hedonismus, der in den 90er Jahren besonders bei jungen Menschen tonangebend ist. Sie können nicht verstehen, daß ihr Sohn so verbohrt ist und Soldat werden will. Doch Rico zeigt sich entschlossen. Er möchte seinem Land dienen und dafür in den Krieg ziehen.

Die Story von *Starship Troopers* scheint an den Bedürfnissen seines jungen Publikums vorbeizugehen. Doch das ist nicht richtig. Die jungen Zuschauer, die der Film anspricht, würden zwar auf einen Urlaub in der Südsee nicht verzichten wollen. Aber auf einer tieferen, ihnen vielleicht noch nicht bewußten Ebene sehnen sie sich nicht nach Urlaub und noch mehr Beliebigkeit. Insgeheim sehen sie sich nach sinnstiftenden und eindeutig strukturierten Lebensordnungen um. Sie suchen im Kino diejenigen Stundenwelten auf, aus denen sich ihre Eltern und Großeltern zu befreien suchten. Damit bringen sie zum Ausdruck, daß inzwischen neue Bedürfnisse entstanden sind. So wie sich in *Die Reifeprüfung* und *Easy Rider* die Anarchie von Lebensbildern ankündigte, die heute unsere Kultur bestimmt, so machen Filme wie *Starship Troopers* darauf aufmerksam, daß die Zukunft von Lebensordnungen bestimmt sein könnte, deren Diktat den Menschen Opfer und Verzicht auf persönliche Freiheit zumuten.

An der Jahrtausendwende wird die westliche Welt von einem vielfältigen und schnellebigen Gewoge unterschiedlicher Lebensbilder bestimmt. Im gelebten Alltag halten sich die Menschen alle Optionen offen. Doch in ihren Medienerlebnissen probieren sie aus, wie es wäre, wenn sie sich auf eine entschiedene Richtung oder auf Halt bietende Lebensordnungen festlegen würden. Noch wollen sie diese Entscheidung nicht wirklich. Sie wollen nur mit ihr spielen. Das Kino stellt für sie das Experimentierfeld dar, um mögliche Entwicklungen zu testen. Hier kann man auf einem sicheren Stuhl ausprobieren, wie sich Lebensformen gestalten ließen, für die man sich noch nicht fähig oder bereit fühlt. In diesem und nicht im Sinne des phantastischen Thrillers *Sphere*, können dann Phantasieprodukte tatsächlich einmal Realität werden.

### Zusammenfassung

Kino ist nicht einfach weltfremde Unterhaltung. In vielen Filmen werden bedeutsame gesellschaftliche Entwicklungen behandelt. Über das Massenmedium Film können noch unausgeformte oder revoltierende kulturelle Strömungen in Bilder gefaßt werden. Daher läßt sich an den wirksamsten Filmen oft auch ablesen, auf welche neue Ordnung die Gesellschaft zusteuert.

Viele Filme der 60er Jahre experimentierten mit Befindlichkeiten, die den Alltag der Menschen an der Jahrtausendwende bestimmen. *Easy Rider* und *Die Reifeprüfung* sprengten starr gewordene Lebensformen der Nachkriegszeit. Sie führte in eine Ungebundenheit und Flexibilität ein, die inzwischen zur Norm, aber damit auch zur Fessel geworden ist. So suchen die jungen Menschen heute im Kino nach ganz anderen Erlebnissen als ihre Eltern vor 30 Jahren. In *Starship Troopers* können sie zum Beispiel miterleben, wie sich eine Welt jenseits von Individualismus und persönlicher Freiheit anfühlt. In *Jackie Brown* lassen sie sich von einer Sehnsucht nach traditionellen Lebensformen berühren.

# 10
## Jahrhundertthema »Titanic«

Der unvergleichliche Erfolg von *Titanic* (USA 1997) läßt sich nicht nur mit der Beliebtheit des Jungstars Leonardo DiCaprio, den spektakulären Effekten und einem geschickten Marketing erklären. Solche Dinge reichen zwar häufig aus, am ein gutes Einspielergebnis zu erzielen, aber bei *Titanic* kommt hinzu, daß der Film mit schlafwandlerischer Sicherheit Hoffnungen und Sehnsüchte aufgreift, die die Menschen an der Jahrtausendwende zutiefst bewegen. *Titanic* fuhr auf Erfolgskurs, weil der Film sich von Strömungen mitreißen ließ, die bereits wirksam waren. Er belebte sie, gab ihnen Form und Richtung und transponierte sie in ein bewegendes Werk der Filmunterhaltung. Das war sicher nicht in allen Einzelheiten vorauszusehen. Aber um so eindrucksvoller war der Erfolg dieser fruchtbaren Ergänzung von Fiktion und Realität.

Der Untergang des englischen Luxusliners »Titanic« am 15. April 1912 ist ein Thema, das die Menschen im 20. Jahrhundert nicht mehr losläßt. Bücher, Filme und Ausstellungen greifen es immer wieder auf und gewinnen ihm neue Seiten ab. Unter dem enormen Druck der Erwartungen, die an das dritte Jahrtausend gestellt werden, kommt es Ende der 90er Jahre zu einem nochmaligen Höhepunkt der »Titanomania«. Sie steht derjenigen von 1912 in nichts nach. Damals war die Öffentlichkeit fasziniert von dem größten beweglichen Objekt, das je von Menschenhand gebaut wurde. Die Schnelligkeit des Dampfers und ein für einfache Menschen unvorstellbarer Luxus an Bord machten aus der Jungfernfahrt des Flaggschiffes der »White Star Line« ein vielbeachtetes Ereignis. Inzwischen hat eine Reederei angekündigt, die Titanic nachzubauen und im Jahre 2002 auf Jungfernfahrt zu schicken. Von außen soll das Schiff dem gesunkenen Vorbild aufs Haar gleichen, doch in seinem Inneren wird es mit der modernsten Technik ausgestattet sein. Wie kommt es, daß der Untergang eines Schiffes die Menschen ein Jahrhundert lang beschäftigt?

Ein Schiff vom Ausmaß der Titanic eignet sich dazu, die Bedeutung des Umfassenden für das menschliche Leben zu symbolisieren. Es ist eine kleine Welt für sich, in der alles enthalten ist, was eine Gesellschaft zum Leben braucht. Eine bergende und schützende Hülle ummantelt das Ganze und schützt es vor Auflösung und Zerstörung. Im Bauch des Schiffes findet das Leben in seiner ganzen Dramatik statt. Es wird geliebt und gehaßt. Es werden Geschäfte gemacht, und es wird Vergnügungen nachgegangen. Arm und Reich in einem Boot.

Doch das allein reicht nicht aus, ein Jahrhundertthema zu generieren. Warum war es gerade diese Katastrophe, die sich in der Psyche der Menschen festgesetzt hat? Die Titanic war im 20. Jahrhundert nicht das einzige Schiff, das Hunderte von Menschen in die Tiefen des Ozeans riß. Und gegenüber Katastrophen ganz anderen Ausmaßes nimmt sich das Ereignis relativ harmlos aus.

Entscheidend ist, daß in dem Mythos Titanic eine Verkehrung zum Ausdruck kommt, die das ausgehende Jahrhundert wie keine andere fasziniert. Sie findet ihren Dreh- und Angelpunkt in dem *Gegensatz von Zuviel und Zuwenig*. Es war ein stolzes, ein Unternehmen der Superlative, das den Menschen die Jungfernfahrt der Titanic präsentierte. Das Schiff erschien den Menschen als ein Symbol für die großartige und vielversprechende Zukunft des 20. Jahrhunderts. Die angebliche technische Perfektion und Sicherheit des riesigen Schiffes, der angepeilte Geschwindigkeitsrekord und die vielen Millionäre unter den Passagieren hielten der Gesellschaft mit ihrem Anspruch auf Naturbeherrschung, Fortschritt und Wohlstand ein Bild vor Augen, in dem sie sich spiegeln und bestätigen konnte. Der frühe und schnelle Untergang dieses mit allen Hoffnungen auf den Weg geschickten Schiffes bedeutete für die Menschen eine ungeheure Verkehrung und brannte sich in ihrem Gedächtnis als Warnung ein. Er führte eindringlich vor Augen, wohin ein Zuviel an menschlichem Ehrgeiz führen kann. In jener Nacht im Nordatlantik jedenfalls konnten weder die ausgefeilte Technik noch die mächtigen Maschinen und der Reichtum der Passagiere die Katastrophe abwenden. Ein Eisberg verwies alle Superlative in ihre Schranken. Das steinharte Eis schlitzte den Rumpf der Titanic auf wie ein Dosenöffner. Das Wasser drang ein, überflutete die Kammern, die das Schiff vor dem Sinken bewahren sollten. Die Passagiere mußten ihre bergende Hülle verlassen und kamen in dem eiskalten Wasser zu Tode. Eine solch unglaubliche Wendung, ein solch unerwarteter Dämpfer des Technologie- und Fortschrittsglaubens mußte erst einmal verkraftet werden. Bis heute wirkt der Untergang der Titanic wie ein Trauma, das die Kultur in immer neuen Anläufen zu verarbeiten sucht.

Die meisten Filme über den Untergang der Titanic zentrieren ihre Geschichten um das Verhältnis von Zuviel und Zuwenig. Doch die unterschiedlichen historischen Kontexte, in denen sie produziert wurden, setzen jeweils andere Akzente bei der Behandlung dieses Komplexes. An den Filmen *Titanic* (D 1943), *Der Untergang der Titanic* (USA 1952) und *Titanic* (USA 1997) läßt sich ablesen, welches Zuviel die jeweilige Zeit als ein Zuwenig einschätzte, durch welche Maßlosigkeit sie das Umfassende, die Gesellschaft insgesamt belastet sah. Der nationalsozialistisch geprägte Film aus dem Zweiten Weltkrieg sah das eigene Land im siegreichen Aufschwung und seine Feinde durch eine unmäßige Gier nach materiellen Werten geschwächt. Für den amerikanischen Film aus den frühen 50er Jahren war die Gemeinschaft durch einen übermäßigen Individualismus bedroht. Und *Titanic* von James Cameron, der inzwischen als der erfolgreichste Film aller Zeiten gilt, sieht die Menschen durch ein Zuviel an Kultur belastet. Jede Zeit setzt in dem Titanicfilm, den sie hervorbringt, auf der gemeinsamen thematischen Achse einen anderen Akzent.

### 40er Jahre in Deutschland: Zuviel Gier

Beginnen wir mit *Titanic* (D 1943), bei dem zunächst Herbert Selpin und, nach dessen mysteriösem Selbstmord, Werner Klingler Regie führte. Die Story stellt die kapitalistischen Geschäfte der Engländer, mit denen sich Nazideutschland im Krieg befand, ins Zentrum. Der Film beginnt an der Börse, wo die Kurse der »White Star Line« fallen. Ihr Besitzer, Sir Bruce Ismay (Ernst-Fritz Fürbringer), möchte mit einer alle bisherigen Geschwindigkeitsrekorde brechenden Jungfernfahrt der »Titanic« auf den Aktienkurs Einfluß nehmen. Er ist bei der Fahrt von Southampten nach New York selbst an Bord und gibt Order, trotz der sich häufenden Eiswarnungen Höchstgeschwindigkeit zu fahren. Kapitän Smith (Otto Wernicke) fügt sich gegen besseres Wissen dem Druck des Geschäftsmannes. Aber der Deutsche Petersen (Hans Nielsen), der erste Offizier an Bord, läßt nicht nach, auf die Gefahren hin-

zuweisen. Mehrmals versucht er, die Verantwortlichen dazu
zu bringen, die Geschwindigkeit zu drosseln. Aber seine War-
nungen werden in den Wind geschlagen. So kommt es zur
Katastrophe. Das Schiff liegt schwer angeschlagen im eisigen
Atlantik. An Bord bricht eine schreckliche Panik aus. Jeder
versucht verzweifelt, sich in Sicherheit zu bringen, aber die
wenigen Rettungsboote sind schnell besetzt. Der Deutsche
Petersen, der alles vorausgesehen hat, treibt in einem der
Boote und beobachtet das Elend der Ertrinkenden. Er hat sich
persönlich für die Rettung Ismays eingesetzt und will ihn als
Verursacher der Tragödie vor Gericht bringen.

Goebbels selbst hatte den Film in Auftrag gegeben. Der
Stoff schien hervorragend dazu geeignet zu sein, der Bevölkerung in dem nun schon mehr als zwei Jahre andauernden
Krieg zu suggerieren, daß sie sich mit Hitler und der nationalsozialistischen Weltanschauung auf dem richtigen Kurs
befanden. Die militärische Lage sah im Frühsommer 1942 für
die Deutschen gut aus, und es bestand Aussicht, den Krieg
in absehbarer Zeit siegreich zu Ende zu bringen. Der unter
Entbehrungen und zunehmenden Luftangriffen leidenden
Zivilbevölkerung sollte auf eindringliche Weise vor Augen
geführt werden, in welch schlechter Verfassung sich der
Feind befand. Der Untergang des für unsinkbar gehaltenen
englischen Dampfers innerhalb von nur zwei Stunden sprach
für sich. Darüber hinaus wollte Goebbels zeigen, daß auch die
moralische Verfassung des Feindes nicht die beste war: Im
Film sind die englischen Geschäftsleute von Bereicherungs-
sucht besessen und setzen dafür das Leben von 2500 Menschen aufs Spiel. In den Worten eines der steinreichen Passagiere kommt diese Haltung zum Ausdruck: »Das Geld ist der
einzige Wert, an den ich glaube.«

*Titanic* (1943) attackiert einen der Hauptfeinde des Natio-
nalsozialismus, den jüdisch beeinflußten Kapitalismus. Er
unterstellt dem Gegner eine zum Himmel schreiende Gier
nach materiellen Werten und lenkt damit geschickt von der
Gier der nationalsozialistischen Führung nach Macht und
Größe ab. Er ließ die in den Untergang führende Maßlosigkeit als eine Angelegenheit der anderen erscheinen. Doch

die Geschichte führte die beabsichtigte Wirkung ad absurdum.

Als *Titanic* im Sommer 1942 gedreht wurde, waren die Deutschen an allen Fronten auf dem Vormarsch. Der Traum vom Großdeutschen Reich schien in Erfüllung zu gehen. Doch gegen Ende des Jahres nahm der Krieg eine ungeahnte Wende. In Ägypten erlitt das Afrikakorps unter Rommel eine empfindliche Niederlage. Bei Stalingrad geriet General von Paulus' 6. Armee in einen Kessel, aus dem es kein Entrinnen gab. Die Bombenangriffe der Alliierten, unter denen besonders die Zivilbevölkerung zu leiden hatte, wurden Anfang 1943 intensiviert und zerstörten ganze Städte im Feuersturm. Diese Ereignisse führten zu einem eklatanten Stimmungsumschwung. Konnte man im Sommer noch die Euphorie der Erfolge genießen, war man Anfang des nächsten Jahres plötzlich auf der Verliererseite.

Um dem Stimmungsabfall im Lande entgegenzuwirken, startete Goebbels eine Gegenpropaganda und rief am 18. Februar 1943 im Berliner Sportpalast den »totalen Krieg« aus. Doch die Haltung der Bevölkerung war, wie Goebbels in seinen Tagebüchern selbst feststellte, bereits »angeknackst«. Als er im Frühsommer in Paris der Erstaufführung von *Titanic* beiwohnte, erkannte er, daß der Film auf die bereits desillusionierte Bevölkerung fatale Auswirkungen haben würde.

Ursprünglich sollte *Titanic* seinem Publikum das Gefühl vermitteln, daß sie als Deutsche im richtigen Dampfer saßen. Ihnen sollte die sowohl technologische als auch moralische Unterlegenheit des Feindes vor Augen geführt werden, auf daß sie die unvermeidlichen Entbehrungen und Leiden des Krieges besser ertragen und durchstehen konnten. Doch die Wende im Kriegsverlauf ließ eine ganz andere Situation entstehen. Die massiven Bombenangriffe auf die Zivilbevölkerung und die Niederlagen an mehreren Fronten des Krieges erzeugten in der Bevölkerung eine mehr oder weniger unterschwellige Panik. Und sie realisierten, daß sie noch viel größere Leiden würden ertragen müssen. Goebbels mußte einsehen: Dem deutschen Publikum stand das Wasser selbst bis zum Hals. Die im Film mit entsetzten Gesichtern schrei-

225

end durcheinanderlaufenden Passagiere, ihre hilflosen Gesten und verzweifelten Versuche, sich zu retten, hätten die sich ausbreitende Panik im Land weiter geschürt. Goebbels untersagte den Start des Films. Die Fiktion war im Wandel der Ereignisse von der Realität eingeholt worden.

### 50er Jahre in den USA: Zuviel Individualismus

Die amerikanische Produktion *Der Untergang der Titanic* (USA 1952) bei der Jean Negulesco Regie führte, kann man eigentlich nicht ein Desaster-Movie nennen. Es ist ein eher stilles Kammerspiel. Im Mittelpunkt des Drehbuches steht eine Gruppe von Menschen, die von den Verlockungen des Lebens aus der Bahn geworfen werden. Eine Familie ist zerstört, weil der Vater Richard Sturges (Clifton Webb) seiner Frau (Barbara Stanwyck) untreu ist. Sie will sich von ihm trennen und reist mit ihren beiden Kindern auf der *Titanic* nach New York. Sturges folgt ihr auf das Schiff und versucht, sie von ihrem Entschluß abzubringen. Doch sie erzählt ihm, daß auch sie in der Vergangenheit ein Verhältnis hatte. Ihr Sohn Healey ist das Kind eines anderen. Sturges ist in seinem Stolz gekränkt und wendet sich nicht nur von seiner Frau, sondern auch von dem ahnungslosen Jungen ab. Das Kind kann nicht verstehen, warum sein Vater ihm plötzlich aus dem Wege geht.

Das Leben auf der *Titanic* hat seinen Mittelpunkt verloren. Die Menschen finden nicht zueinander. Den Zuschauern wird – auch über andere hier vernachlässigte Handlungsstränge – vor Augen geführt, wie bereitwillig sie sich von augenblicklichen Erregungen mitreißen lassen. Im Verfolgen ihrer Leidenschaften, in ihrem gekränkten Stolz haben sie sich einander entfremdet: eine Gesellschaft, die an einem übermäßigen Individualismus krankt.

Nach der Kollision mit dem Eisberg findet in dieser Hinsicht eine grundlegende Umorientierung statt. Die Figuren werden nicht von Panik erfaßt wie in dem deutschen Film, sondern sie besinnen sich auf gemeinsame Werte. Angesichts des Todes lernen sie, Verzicht zu üben, Solidarität und Verbindlichkeit zu zeigen. Sie opfern ihre persönlichen Obsessionen einer übergeordneten Wertordnung. Sie besinnen sich auf ihren gemeinsamen christlichen Glauben und stehen einander bei. Der egoistische Sturges nimmt seinen törichten Entschluß, den Jungen nicht mehr zu sehen, zurück. Er ist dem Kind des anderen ein guter Vater. Ein alkoholabhängiger Priester besinnt sich auf seine seelsorgerische Berufung und setzt sein eigenes Leben bei der Rettung anderer ein. Sturges' zunächst als oberflächlich und genußsüchtig dargestellte Tochter geht eine ernsthafte Bindung ein. Als das Schiff sinkt, rennen die Menschen nicht in Angst durcheinander. Die an Bord verbliebenen Männer stehen singend an Deck und sehen dem Unausweichlichen in bewundernswerter Würde entgegen. Es fällt nicht schwer, in dieser Wendung den Sieg des Puritanismus über die Unmoral zu erkennen.

*Der Untergang der Titanic* wurde unter dem Eindruck des beginnenden kalten Krieges zwischen Ost und West produziert. Die Entwicklung der Sowjetunion zur politischen und militärischen Weltmacht und die Gründung der Volksrepublik China im Jahre 1949 stellten für die amerikanische Gesellschaft eine schwer zu kalkulierende Bedrohung dar. Sie sah sich durch die Macht der kommunistischen Ideologie bedroht. Sollte die freiheitliche Grund- und Wirtschaftsordnung tatsächlich dem politischen und wirtschaftlichen Kollektivismus unterlegen sein? Steuerte die westliche Welt auf eine mit Waffengewalt ausgetragene Machtprobe mit den sozialistischen Staaten entgegen? Im Koreakrieg (1950-53) nahmen die USA bei dem Versuch, die Ausbreitung des Kommunismus einzudämmen, eine führende Rolle ein.

*Der Untergang der Titanic* setzte bei diesem Gefühl der Bedrohung an und bot als Gegenmaßnahme die Besinnung auf die gemeinsamen tragenden Werte an. Die gefaßte Stimmung der auf dem Schiff verbliebenen Passagiere angesichts der Katastrophe machte den Zuschauern deutlich, daß eine Gesellschaft von freien Individuen über eine Besinnung auf gemeinsame Werte zu einem starken Zusammenhalt gelangen kann. Der Film bringt die Bestrebungen zum Ausdruck, über eine Wiederbelebung des Puritanismus, der bereits mit den ersten englischen Siedlern auf den Kontinent gekommen war, die Kräfte der Freiheit zu organisieren.

Der Film dürfte zu Beginn der 50er Jahre bei vielen Zuschauern eine starke innere Beteiligung ausgelöst haben. Denn im Lande war eine unvergleichliche Hysterie ausgebrochen. Überall glaubte man das Gespenst des Kommunismus zu entdecken, sah man sich von Verschwörern umzingelt. In gewisser Weise glichen die paranoiden Verdächtigungen, die hektischen staatlichen Verfügungen und die lächerlichen Denunziationen und Verhöre vor dem McCarthy-Ausschuß der Panik auf einem sinkenden Schiff: Ganze Bibliotheken wurden »gesäubert«, und die konfiszierten Bücher wurden verbrannt. Von Lehrern wurden Treueide und von Gewerkschaftern antikommunistische Erklärungen verlangt. In den Schulbüchern durften keine lachenden russischen Kinder abgebildet werden. Schauspieler wie Ronald Reagan und Gary Cooper behaupteten, Hollywood sei vom Bazillus des Kommunismus zerfressen. Als im Jahre 1949 im New Yorker Waldorf-Hotel eine Friedenskonferenz liberaler Intellektueller stattfand, knieten vor dem Gebäude Nonnen nieder und erflehten in lauten Gebeten die Erlösung der Teilnehmer aus den Klauen des Satans. Aufgrund einer extremen Trockenperiode im Sommer 1952 kam in Memphis eine Zeitung zu dem Schluß, die Russen würden mit großen, zwischen Flugzeugen gespannten Netzen die Wolken aufhalten, so daß sie über der Sowjetunion und nicht über der freien Welt abregneten. Von der raschen Expansion des Kommunismus tief gekränkt, betrieb die amerikanische Kultur eine groteske Selbstzersetzung. Erst der Amtsantritt John F. Kennedys gab dem Land sein Selbstvertrauen zurück und ließ die Hysterie allmählich abflauen.

Die Zuschauer, unter dem Eindruck der Angst vor den Kommunisten und der hysterischen Aktionen im Lande, machten beim Sehen von *Der Untergang der Titanic* die Erfahrung, daß die Menschen auch angesichts der schwersten Belastungen die Möglichkeit haben, Verantwortung und Besonnenheit zu zeigen. Die Figuren des Films, die sich angesichts der Katastrophe zu Moral und Verantwortung durchringen, der Chor der singenden Männer, die aufrecht stehend ihrem

228

Schicksal ins Auge sehen, erinnerte die Menschen an die kraftvollen Fundamente puritanischer Lebensführung. Damit verbreitete der Film Hoffnung und gab den Menschen Selbstvertrauen. Er machte deutlich, daß es sehr wohl möglich ist, im Chaos der menschlichen Leidenschaften Zusammenhalt und Würde zu bewahren.

Über das Einfordern verlorengegangener Würde gelang es schließlich auch einem Juristen alter Schule, das blinde Toben McCarthys zu beenden. Bei einem Hearing trieb er den Populisten mit der Frage in die Enge: »Have you no sense of decency, Sir, at long last?« (zit. nach Raeithel 1989, S. 220) Es ist, als verfolge der Film die gleiche Stoßrichtung. Als wolle er sagen: »Besinnt euch auf die menschlichen Werte! Werdet erwachsene, verantwortungsbewußte Menschen! Glaube und Moral der Gründerväter unseres Landes geben euch hierbei Orientierung.«

## 90er Jahre global: Zuviel Kultur

*Titanic* (USA 1997) von James Cameron stellt eine junge Frau aus der amerikanischen Oberschicht in den Mittelpunkt der Katastrophe. Rose (Kate Winslet) ist mit ihrem steinreichen Verlobten Cal (Billy Zane) auf dem Weg nach Amerika. Ihre Mutter ist glücklich über die Verbindung, da ihr jüngst verstorbener Mann nichts als einen Berg Schulden hinterlassen hat. Die Ehe wird die Frauen finanziell retten. Allerdings macht ihr die eigensinnige Rose einen Strich durch die Rechnung. Sie läßt sich weder von der Größe des Schiffes beeindrucken noch von dem außerordentlichen Luxus der teuren Suite, die ihr Verlobter für die Überfahrt gebucht hat. Die steifen Gepflogenheiten des Geldadels, das Protzen mit teurem Schmuck, Besitz und Einfluß findet sie hohl. Bei einem Abendessen verdutzt sie den Eigner des Schiffes Ismay (Jonathan Hyde) mit einer Freudschen Analyse seiner »obsessiven Beschäftigung mit großen Gegenständen«.

Als Rose auf dem Deck der *Titanic* Jack (Leonardo DiCaprio) begegnet, ändert sich ihr Leben. Sie ist von der Ehrlichkeit und Direktheit des mittellosen Künstlers angezogen. Er scheint die Seiten auszuleben, die sie sich in ihrem goldenen Käfig verkneifen muß. Er bringt ihr das Spucken bei und nimmt sie mit zu einem Tanzabend irischer Einwanderer. Er will mit ihr in Amerika auf den Jahrmarkt gehen, mit ihr Bier trinken und ohne Sattel durch die Brandung reiten. Als Rose im Salon beobachtet, wie ein junges Mädchen von seiner Mutter in diejenigen Tischmanieren gepreßt wird, die für sie selbst zur zweiten Haut geworden sind, bricht sie aus. Sie läßt sich von Jack nackt zeichnen, streift mit ihm durch den Glutofen des Kesselraums und gibt sich ihm hin. Ihre Hand an einer von Körperdampf beschlagenen Glasscheibe zeigt an, wie heftig sie von ihrer Leidenschaft mitgerissen wird.

Der Titanicfilm der 90er Jahre greift aus dem Jahrhundertthema Zuviel einen anderen Aspekt heraus. Es ist ein Zuviel an Kultivierung, das der jungen Frau zum drückenden Korsett geworden ist. Beim Ankleiden ihrer Tochter spürt die Mutter deutlich, daß sie Rose zu verlieren droht, und zurrt daraufhin deren Korsage um so fester. Als wollte sie ihre Tochter mit allen Mitteln in die Formen der Gesellschaft pressen. Der Luxusliner mit seiner stilvollen Einrichtung, den vielen kleinen Dingen, die den Alltag eines überkultivierten Lebens ausfüllen, die steifen Umgangsformen der 1.-Klasse-Passagiere, ihre Rituale und Floskeln – all das wird aus Rose' Perspektive zu überzüchtetem und nutzlosem Plunder. Indem sie sich von ihren Zwängen befreit, erzeugt sie im Zuschauer eine Faszination für die einfachen und ungekünstelten Dinge des Lebens. Über die Annäherung zwischen Rose und Jack gerät er in den Sog einer ehrlich gemeinten Liebe. Die einfühlsame Unterstützung, die der junge Mann dem Mädchen entgegenbringt, macht den Halt einer schlichten Verbindlichkeit erfahrbar. Die ausgelassene Freude beim Tanz mit den Passagieren aus der 3. Klasse, Rose' wachsender Spaß am Spucken und Biertrinken weisen in die gleiche Richtung. Als Jack seine Rose zeichnet und sie mit einer einzigen Bewegung ihren Körper enthüllt, verspricht die Szene dem Zuschauer die Ahnung direkter und ungekünstelter Nacktheit.

Kurz nach ihrer Entscheidung zum Ausbruch aus der Gesellschaft der Reichen und Gekünstelten trifft Rose ihren Jack am Bug des Schiffes. Sie will ihm ihren Schritt erklären, doch er bittet sie zu schweigen. Dann läßt er sie die Augen schließen und führt sie an die äußerste Spitze des Schiffes. Dort steht Rose nun, die Arme weit geöffnet. Sie fangen den Fahrtwind ein. Jack sagt, sie könne ihre Augen jetzt öffnen. Rose sieht die vorbei rauschenden Wogen unter sich, spürt den Wind auf ihrer Haut. »Ich fliege!« ruft sie vor Begeisterung. Hinter ihr steht der junge Mann und hält sie fest.

Diese Einstellung ist das am häufigsten reproduzierte Bild aus dem Film. Es läßt die Protagonisten wie arglos spielende Kinder erscheinen. Ganz anders als die jungen Leute, die sie aus ihren Kinosesseln heraus beobachten und beneiden, brauchen sie keine Videospiele, Fernseher, CDs und all die anderen Fetische, die unseren Alltag in den 90er Jahren so selbstverständlich ausfüllen und die Leere vertreiben sollen. Sie genießen den Wind und sich selbst. Sie haben ihre Körper und das Gefühl, zusammen zu gehören. Sie fühlen sich frei wie die Vögel. Sie brauchen keine Diamanten, kein silbernes Eßbesteck und keine modernen Medien. Der begeisternde Aufschwung der Liebe ist ein Gefühl, das jeder in sich erzeugen kann. Wo immer er auch ist. Die Mittellosigkeit und Schlichtheit der Verbindung zwischen dem armen Künstler Jack und der aus ihrem überkultivierten Leben ausbrechenden Rose bringt eine vibrierende Lebendigkeit hervor. Sie ist der wirksame Kern des Films.

Kaum hat der Film sein Publikum auf die schlichte Liebe zwischen Rose und Jack eingeschworen, läßt er schon die gesamte Welt, aus der sich die junge Frau mit ihrer mutigen Entscheidung löste, mit großem Getöse untergehen. Die Kollision mit dem Eisberg findet unmittelbar nach einer leidenschaftlichen Liebesszene im Bauch des Schiffes statt. Nun fällt das Geschirr aus den Regalen, purzeln die teuren Möbel durcheinander und verlieren die Passagiere ihre guten Sitten. Das Riesenschiff läuft voll Wasser und sackt bugüber ab. Das Heck ragt hundert Meter in die Höhe und exponiert auf diese Weise seine drei riesigen Schiffsschrauben. Dann bricht die *Titanic* entzwei.

Am Anfang des Films wurde dem Zuschauer anhand einer Computergrafik vor Augen geführt, wie die Titanic schließlich untergehen wird. Nun kann er die formale Skizze mit seinen Gefühlen beleben. In keinem anderen Titanicfilm hatte der Untergang des Schiffes in ähnlicher Weise eine zugleich erschreckende und ungemein lustvolle Seite. Das Liebespaar kämpft gegen das drohende Ende an, indem es angesichts des Todes unerschütterlich an seiner Verbindung festhält. Sie verlieren sich in den Gängen des Schiffes und finden wieder zueinander. In den Blicken, mit denen sie einander suchen, in der Ausdauer, mit der sie sich für einander einsetzen und die Gefahren durchstehen, findet der Zuschauer im Taumel der Katastrophe einen ausgleichenden Halt. Wie auf riesigen Wasserrutschen läßt er sich mit den Liebenden durch die überfluteten Gänge des Schiffes spülen. Die Zuschauer können vor Entzücken quietschen oder vor Spannung zittern. Beides ist in diesem Abschnitt möglich. Indem sie Rose und Jack folgen, qualifiziert sich in ihrem Erleben der Untergang der *Titanic* als gemeinsames Abenteuer. Es entsteht das Gefühl einer Verbundenheit, bei der angstvolle Anspannung und lustvolle, leibliche Erregung einander berühren.

Als die *Titanic* bugüber zu sinken beginnt, zieht Jack seine Rose zum Heck. Mit ihren letzten Kräften klammern sie sich an die Reling. Der Rumpf des Schiffes reckt sich kerzengerade in die Höhe. Neben ihnen verlieren andere Passagiere den Halt und taumeln schreiend in die Tiefe. In diese bedrängende Handlung montiert Cameron einen gedehnten Augenblick. Er zeigt, wie Rose sich in der Erwartung des Endes umsieht. Sie studiert die Gesichter der Verzweifelten. Damit wird der Augenblick des Schreckens verlängert. Mit solchen Mitteln rückt der Regisseur den Untergang ausdrücklich ins Bewußtsein. Er zerlegt ihn und breitet ihn aus, damit er vom Publikum in allen Einzelheiten vergegenwärtigt werden kann. Cameron ästhetisiert den Untergang und macht ihn auf diese Weise genießbar.

Schließlich beginnt sich das Schiff nach unten zu bewegen. Jack ruft: »Es ist soweit!« Und dann machen wir die rasende Fahrt in die Tiefe mit. Wir spüren, wie das Gewicht des Schif-

fes uns mitreißt. Das ist unheimlich, aber auch ungemein lustvoll. Einer Achterbahnfahrt ähnlich, kommt uns die eiskalte
Nacht des Todes entgegen. Der Untergang des Schiffes wird
zum Erlebnis! Er endet auf dem schwimmenden Brett, das
nur einen der Liebenden aufnehmen kann. Jack opfert Rose
sein Leben und bleibt ihr über seinen Tod hinaus der rettende
Anker. Die schlichte, sich selbst transzendierende Verbindlichkeit erzeugt Gefühle von Rührung, die dem Film weitere
Anziehungskraft verleihen.

Am Anfang von Camerons Film lernen wir Rose als
100jährige kennen. Sie hat ihren Halt in einfachen, boden-
ständigen Dingen – z.B. der Arbeit mit Ton – gefunden. Am
Ende sehen wir an den Fotos, die sie aufgehoben hat, daß sie
ihr Leben so geführt hat, wie sie es mit Jack geplant hatte. Sie
hat Bier getrunken, ist in der Brandung geritten und Achterbahn gefahren. Sie hat ein einfaches, aber ausgefülltes Leben
geführt. Ganz am Schluß holt sie ein Diamantencollier hervor,
das in der Story des Films einen ungeheuren materiellen Wert
verkörperte. Besonders Rose' Verlobter Cal war hinter dem
Schmuckstück her. Für die junge Frau und ihren Jack bedeutete das Juwel freilich nichts. Sie ließen es achtlos liegen, als
ihre Liebe begann.

An dieser Stelle des Film symbolisiert der blaue Diamant
das prächtige Schiff im ganzen. Dieses wiederum steht für die
Kompliziertheit der Kultur, von der wir nicht lassen können,
die wir aber auch hin und wieder loszuwerden wünschen.
Rose wirft den Stein über Bord. Damit bringt sie zum Ausdruck, daß es nicht die vordergründig glänzenden Dinge
sind, die das Leben bereichern. In einer Kultur, in der es kaum
noch eine Unterscheidung gibt zwischen gemacht und vorgefunden, zwischen natürlich und künstlich, kommt der
Wunsch auf, das ganze komplizierte Gebäude untergehen zu
lassen, um einem Neuanfang den Weg zu ebnen. Das ist die
am wenigsten bewußte Ebene, die *Titanic* im Erleben der Zeitgenossen behandelt.

Nachdem Rose ihre Entscheidung getroffen hat, sehen wir
noch einmal das verrottete Wrack der *Titanic* auf dem Boden
des Ozeans. Es verwandelt sich zurück in den glänzenden Lu-

xusdampfer. Dort sind »die Toten« versammelt. Rose wird von ihnen freundlich begrüßt. Und auf der prächtigen Treppe, die in keinem der Titanicfilme fehlt, steht Jack wie schon vor 85 Jahren. Er hat auf sie gewartet. Nun sind sie wieder vereint. Sie umarmen sich und küssen sich. Sie lieben sich und der Chor der Toten applaudiert dazu. Dies ist eine phantastische Szene, zu der den Machern früherer Titanicfilme wohl der Mut fehlte. Aber an der Jahrtausendwende paßt sie ins Bild. Die schlichte Form der Liebe und Verbindlichkeit ist im Spiegel von Camerons Film nicht nur anziehender als die flimmernden Versprechungen der Kultur, sondern auch stärker als der Tod.

*Titanic* von 1997 markiert einen Wandel in der Gesellschaft, der im kommenden Jahrhundert an Bedeutung gewinnen wird. Er knüpft an die Erfahrungen der Menschen mit der Überkultivierung des Alltags an, die ihnen inzwischen zuviel geworden ist. Zwar hängen sie an ihr und wollen nicht so recht auf sie verzichten. Denn sie bedeutet eine nie dagewesene Freiheit und einen nicht endenden Strom der Zerstreuung und Abwechslung. Zugleich liebäugeln sie aber mit Bildern, die stärker das Herz des Lebens berühren. Die Menschen suchen Halt in einfachen Ordnungen. Im Zeitalter von Globalisierung, Pluralisierung und Medialisierung sehnen sie sich nach überschaubaren Lebenskreisen. *Titanic* versetzt sie für einige Stunden in diesen Zustand hinein. Nach dem Film, die Tränen der Rührung noch in den Augen, klinken sich die Zuschauer wieder ein in das flimmernde Getriebe des zeitgenössischen Alltags. In ihrem Herzen aber nehmen sie die Sehnsucht nach Vereinfachung mit, um sie bei der nächsten Gelegenheit erneut zum Ausdruck zu bringen.

*Titanic* zieht aus der Katastrophe zu Beginn des Jahrhunderts eine Perspektive für die Zukunft. In der im Film thematisierten, schlichten Liebe, die sich von Gold und Edelsteinen, von Glanz und Macht nicht blenden läßt, sehen wir heute eine Verheißung. Sie kommt uns bereits in den Anfangsszenen aus den dunklen Tiefen des Ozeans entgegen. Cameron läßt sie an Dingen des alltäglichen Gebrauchs aufblitzen die von Tiefseetauchern geborgen werden, um sie uns schließlich in ihrer ganzen pulsierenden Dramatik zu präsentieren. Er belebt das versunkene Wrack und läßt aus seinem Bauch eine glitzernde Welt entstehen. In deren Zentrum aber zeigt er eine Verbindlichkeit, die auf all den Glanz keinen Pfifferling gibt. Indem er den Zuschauer an das Liebespaar bindet und ihm damit Perspektive und Halt bereitstellt, läßt er das überaus komplizierte und überfrachtete Ganze mit lustvollem Getöse wieder untergehen. Auf der Grundlage der Liebe erscheint es möglich, das Umfassende in der Gestalt des Schiffes preiszugeben. Diese Erlebensentwicklung ist eine Drehfigur, die den Zuschauer von Anfang bis Ende gefangenhält.

Ohne es ausdrücklich darauf anzulegen, betreibt das Kino beständig Kulturforschung. Da die großen Studios darauf angewiesen sind, mit ihren aufwendigen Produktionen Gewinne einzufahren, konzentrieren sie sich mit großer Energie auf die Suche und Entwicklung von wirksamen Filmstoffen. Damit beabsichtigen sie, diejenigen psychischen Strömungen zu treffen, die die Menschen in einer bestimmten Zeit bewegen. Gelingt dieses Experiment, dann erlaubt der Film seinem Publikum ein bedeutsames und zeitgemäßes Erlebnis. Dann klingeln die Kassen. Die Kultur hat sich wieder einmal eine Stundenwelt geschaffen, in der ihre Mitglieder austesten können, was ihnen lieb und teuer ist. Da der Film zeitlich ausgedehnte Erlebnisse mit kompletten Verwandlungen anbietet, läßt sich an ihm besonders anschaulich und verläßlich absehen, welche Themen eine Zeit bewegen und welche ihren Widerstand hervorrufen.

Am Ende des 20. Jahrhunderts ist eine folgenschwere Kluft zwischen technischem und wissenschaftlichem Fortschritt einerseits und dem Fehlen von praktikablen Techniken der Alltagsbewältigung andererseits entstanden. Kommunikationsmedien wie Telefon und Internet verbinden die entlegensten Orte der Erde, aber wir wissen immer weniger mit Nähe umzugehen. Wir manipulieren unsere Gene und stellen leistungsstarke Computer her, sind aber orientierungslos bei der Erziehung unserer Kinder. Wir haben Medikamente entwickelt, die das Leben verlängern. Aber wir wissen nicht, wie wir mit unseren alten Menschen umgehen sollen. Seelisch und sozial werden wir mehr und mehr zu Analphabeten, während die Wissenschaftstempel der Moderne an dem Glauben festhalten, daß alles machbar sei.

Wir haben vergessen und verlernt, wie das Leben funktioniert! Apparate, Computer und rund um die Uhr laufende Unterhaltungsprogramme nehmen uns die Gestaltung des Alltags ab. Im doppelten Sinne allerdings: Sie erleichtern das Leben, nehmen es uns aber auch weg. Wir können uns nicht mehr auf uns selbst verlassen. Wir befinden uns in einem Netz von Schematisierungen, Formalisierungen und Apparaten. Es erdrückt uns, und wir wollen es loswerden. Aber wir können es nicht loslassen, weil wir spüren, daß wir dann ins Ungewisse stürzen. Dann wissen wir nicht mehr, was wir tun sollen, wie wir den Augenblick gestalten können. Trotzdem hat es etwas Vielversprechendes, den ganzen komplizierten Ballast, die ganze Optionsvielfalt zusammenbrechen zu sehen. Eine unbewußte Sehnsucht nach einfachen Formen des Umsatzes, nach überschaubaren Lebenskreisen bestimmt unsere Zeit. Und in den Filmen findet diese Sehnsucht immer häufiger Ausdruck.

Aus diesem Kontext bezieht *Titanic* seine Wirkung. Er entlarvt den Schnickschnack an Bord des Luxusdampfer als überflüssig und nebensächlich. Er macht es den Zuschauern leicht, den komplizierten Betrieb untergehen zu lassen, indem er das Sinken des Schiffes gekonnt ästhetisiert und zum ereignisreichen Abenteuer umpolt. Zugleich gibt er dem Zuschauer Halt in der Anziehungskraft einer einfachen, leidenschaftlichen und über den Tod hinaus verbindlichen Liebe. Die allein in Deutschland 18 Millionen Zuschauer bestätigen: Heute sieht man eine Perspektive darin, einer unendlich vielfältig und kompliziert gewordenen Wirklichkeit zu entkommen, indem man sich für einige Zeit einfachen Lebensrichtungen überläßt.

### Zusammenfassung

Wenn ein und dasselbe Filmthema im Rahmen unterschiedlicher gesellschaftlicher Hintergründe behandelt wird, können recht verschiedene Filme herauskommen. Das zeigt ein Vergleich von *Titanic* (D 1943), *Der Untergang der Titanic* (USA 1952) und *Titanic* (USA 1997).

Dem von Joseph Goebbels persönlich in Auftrag gegebenen deutschen Film ging es darum, den unter den feindlichen Bombenangriffen leidenden Deutschen zu suggerieren, daß es mit der Moral und der technischen Ausrüstung der Alliierten schlecht bestellt war: Das angeblich nicht sinkbare englische Schiff steuert in den Untergang, weil seine Eigner von einer Gier nach materiellen Werten besessen sind.

Der Anfang der 50er Jahre in den USA produzierte Film knüpft an die nach dem Zweiten Weltkrieg enstandene Angst vor dem Erstarken des Kommunismus an. Er wies den besorgten Amerikanern eine Richtung und machte ihnen Mut. Er zeigte, daß sie die größten Herausforderungen und schlimmsten Katastrophen bestehen könnten, wenn sie nur ihren Individualismus zurückstellen und sich auf die zusammenschweißenden Werte des amerikanischen Puritanismus besinnen würden.

Ende der 90er Jahre wird das Titanic-Thema wieder ganz anders behandelt. Der Film von James Cameron erlaubt seinem Publikum, den Untergang des Wunderwerkes der Technik als ein mitreißendes Abenteuer zu erleben. Als wolle er den Zuschauer für die Preisgabe des Umfassenden eine Kompensation anbieten, belebt er eine, für die Jahrtausendwende typische Sehnsucht nach einfachen und überschaubaren Lebensformen.

# 11
## Wirksame Themen der Jahrtausendwende

Stellen Sie sich vor, Sie kommen auf einen Stern, auf dem die Dinge in viel stärkerem Maße in Bewegung sind als auf der Erde. Die Bewohner wechseln alle paar Tage ihr Äußeres. Sie üben nicht nur einen, sondern gleich mehrere Berufe aus. Dieselbe Frau verkauft Ihnen im Lebensmittelgeschäft heute

Fleischsalat, und eine Woche später ist sie Ihre Zahnärztin. Selbst Regeln und Gesetze ändern sich ständig. Für ein und dieselbe Handlung werden Sie heute belohnt und morgen bestraft. Wie fühlen Sie sich unter solchen Bedingungen? Falls das Fehlen von Kontinuität Sie verunsichern sollte, welche Kompensationen werden Sie entwickeln? In Ihnen regt sich eine Sehnsucht nach Halt im Wandel. Sie werden sich nach Dingen umsehen, die stabil sind. Sie werden versuchen, den Wandel auszugleichen, indem Sie sich an andere binden. Sie gleichen das Fließen aus, indem sie nach stabilen Vernetzungen Ausschau halten.

Das Gedankenspiel soll deutlich machen, daß im Alltag vorgefundene Lebensbedingungen ausgleichende und ergänzende Suchbewegungen auslösen. In ihren Gedanken, Träumen und Freizeitvergnügungen kompensieren die Menschen Spannungen, unter denen sie leiden. Auf Fragen, die am Tage offenbleiben, suchen sie am Abend in den Unterhaltungsangeboten von Kino und Fernsehen Antworten. Die Verspannungen, die sich im Lauf des Tages bilden, können sie beim Zuschauen entschärfen oder umpolen. Wenn ein Film einen solchen Ausgleich ermöglicht, werden Millionen von Menschen auf ihn aufmerksam. Da er ihre Gefühle berührt, sprechen sie über ihn und animieren andere, sich ihn ebenfalls anzusehen. So werden lange laufende Hits wie *Forrest Gump* und *Titanic* gemacht. So finden aber auch weniger aufwendig beworbene Filme wie *Die üblichen Verdächtigen* oder *Der Eissturm* ein beachtliches Publikum.

In Kapitel 5 wurden Filmthemen beschrieben, die das Publikum zu jeder Zeit in ihren Bann ziehen. Kino und Fernsehen handeln mit solchen Stoffen und werden es immer tun. Es kommt darauf an, sie in immer neuen Verkleidungen und immer neuen Geschichten zum Leben zu erwecken. Finden diese Themen eine frische und unterhaltsame Umsetzung, wird das Publikum mitgehen. In diesem Kapitel werden Themen vorgestellt, die in der zeitgenössischen Kultur eine besondere Resonanz finden. Sie kuppeln sich in das unbewußte Getriebe der gesellschaftlichen Lebensform ein und führen dessen Entwicklungsrichtungen im Wirkungsraum des Kinos weiter. Den Zuschauern muß es nicht bewußt werden, aber an ihrer Faszination, an ihrer Teilhabe verspüren sie den Zeitbezug.

Die Zeit, in der wir leben, steht unter einem enormen Veränderungsdruck. Das macht sich einerseits in dem weit verbreiteten Gefühl bemerkbar, daß sich kaum noch etwas grundsätzlich bewegt. Weder in der Politik noch in der Wirtschaft. Andererseits tragen viele Menschen den Wunsch nach Veränderung in sich. Doch wie soll es konkret weitergehen? Was soll anders werden? Die Politik hat keine Lösungen für die überall sichtbaren Krisen parat. Was noch entscheidender ist, sie entwirft keine Programme und Visionen, die den Menschen Zuversicht und Orientierung geben. Wo soll sich das Ganze hin bewegen?

Heute geben Filme auf diese Fragen eine Antwort. Nicht in dem Sinne, daß sie Utopien entwerfen und den Menschen vor Augen führen, wie sie einmal leben werden. Auch nicht in einem parteilichen oder gar agitatorischen Sinne wie in den totalitären Gesellschaften dieses Jahrhunderts. Sondern dadurch, daß sie Erlebnisse anbieten, in denen in der Luft liegende Entwicklungen eine Fassung erhalten. In den Stundenwelten des Films können die Menschen testen, wo ihre Grenzen liegen. Sie können sich auf Veränderungen einlassen, zu denen sie im realen Leben nicht bereit wären. Im Kino können sie ausprobieren, wie sich der Alltag unter veränderten Bedingungen anfühlt.

So wie in dem oben angeführten Gedankenspiel ein als fließend und unberechenbar erlebtes Umfeld die Menschen dazu bringt, sich nach Beständigkeit und Kontinuität umzusehen, so suchen die Menschen über die Medienangebote nach Ausgleichsformen. Wird einem die postmoderne Beliebigkeit zuviel, gibt es immer Filme, in denen ein Kerl ein Kerl ist und eine Frau eine Frau. Hat man im Alltag das Gefühl, daß es nicht mehr weitergeht, kann man sich über entsprechende Filme das Gefühl von Freiheit und Beweglichkeit verschaffen. Gesellschaftliche Stimmungen und Medienunterhaltung greifen ineinander wie die Zacken eines Reißverschlusses.

Die in diesem Kapitel angesprochenen Trends der Filmunterhaltung fallen nicht mit aktuellen Themen zusammen wie Flutkatastrophen, Sexaffären von Politikern oder Kindesmißbrauch. Aktuelle Ereignisse und Skandale können im Rahmen einer Projektentwicklung, die oft mehrere Jahre in Anspruch nimmt, ihre Aktualität schnell wieder verlieren. Wenn der Film fertiggestellt ist, hat sich die Öffentlichkeit bereits einem anderen Thema zugewandt. Und noch ein weiteres Argument spricht dagegen, zeitgemäße Filmthemen mit aktuellen Ereignissen gleichzusetzen. Zwar haben Filme wie *Philadelphia* (Aids), *Mut zur Wahrheit* (Golfkrieg) oder *Mit aller Macht* (Sexaffären des US-Präsidenten Bill Clinton) über ihre Themen eine gewisse Publizität erreicht. Doch damit ist nicht gesagt, daß sie dem Publikum ein zeitgemäßes und als bedeutsam eingeschätztes Erlebnis ermöglichen. Die wirksamen Trends des Spielfilms liegen nicht auf der journalistischen Ebene. Sie sind spezifisch strukturierte Erlebnisse, zeitlich ausgedehnte Stundenwelten, die in einer gegebenen Zeit als vielversprechend verstanden werden.

Man kann Kinofilme, die dem Publikum ein bedeutsames und wirksames Erlebnis ermöglichen, an dem Verlauf ihrer Zuschauer- und Einspielzahlen erkennen. Als Maßeinheit bietet sich hierfür die Anzahl der Besucher pro Kopie an, die in einschlägigen Fachzeitschriften wie *Filmecho* oder *Blickpunkt Film* wöchentlich ausgewiesen werden. Absolute Einspielzahlen allein sind hierfür nicht geeignet. Denn auch ein nur durchschnittlich wirksamer Film kann mit Hilfe einer guten Werbekampagne immer noch beachtliche Ergebnisse erzielen. Allerdings verdankt er dann seinen Erfolg mehr der Arbeit der Agentur und der Marketingfachleute als den mit ihm unmittelbar einhergehenden Wirkungsprozessen.

*MIB – Men in black* (USA 1997) und *Titanic* (USA 1997) gehören zu den erfolgreichsten Filmen der vergangenen Jahre. Beide wurden mit großem Werbeaufwand gestartet und erreichten bereits in den ersten Wochen in den Kinos ein großes Publikum. Wenn man die Einspielzahlen genauer analysiert, zeigen sich jedoch interessante Unterschiede. Obwohl *Titanic* heute als erfolgreichster Film aller Zeiten gilt, nahm sich sein Start lange nicht so fulminant aus wie bei Blockbustern mit einem insgesamt geringeren Gesamtergebnis. In der Startwoche von *Titanic* waren die schließlich erreichten 18 Millionen Eintrittskarten noch nicht abzusehen. Im Vergleich mit *MIB – Men in black* schnitt der Film am Anfang sogar eher bescheiden ab.

Columbia Tristar brachte die Sci-fi-Komödie *MIB – Men in black* am 11.9.97 mit 885 Kopien heraus. In der ersten Woche fielen auf jede Kopie im Schnitt 2853 verkaufte Eintrittskarten. Das ist ein sehr gutes Ergebnis. Auch wenn es nicht an die ca. 3700 Besucher pro Kopie heranreicht, die *Jurassic Park* Anfang September 1993 erzielte. *Titanic* wurde von der Fox am 8.1.1998 mit 673 Kopien gestartet. Die einzelne Kopie war im Schnitt mit 2075 Besuchern ausgelastet. Das ist ein gutes, aber kein spektakuläres Ergebnis, wenn man sich vor Augen hält, daß ein Film wie *Sommersby*, der insgesamt nur drei Millionen Besucher hatte, in seiner Startwoche Mitte März 1993 weit über diesem Ergebnis lag.

Soweit die Zahlen der Startwochen. Wenn man die wöchentlichen Einspielzahlen von *MIB* und *Titanic* über längere Zeit verfolgt, wird sichtbar, daß der Film von James Cameron beim Publikum eine stärkere Wirkung entfaltete als die Komödie von Barry Sonnenfeld. *Titanic* vergrößerte in der zweiten Woche seinen Kopienschnitt. Bei *MIB* ging er bereits deutlich zurück. Die Entwicklung der ersten zehn Wochen zeigt zudem, daß die Auslastung der *Titanic*-Kopien deutlich langsamer nachläßt als die von *MIB – Men in black*. In der fünften Woche sind noch immer 833 Kopien von *Men in black* im Einsatz, doch die durchschnittliche Auslastung ist auf 650 pro Kopie zurückgegangen. *Titanic* schwimmt derweil in der fünften Woche mit 809 Kopien und 1612 Besuchern pro Kopie noch immer souverän auf Erfolgskurs. In der zehnten Woche hat *MIB* noch 192 Kopien auf dem Markt bei einer Auslastung von durchschnittlich 268 Besuchern. Doch jede einzelne der 824 im Einsatz befindlichen *Titanic*-Kopien spielt im selben Abschnitt jeweils 1114 Eintrittskarten ein!

Ein – allerdings nur selten zu beobachtender – Anstieg des

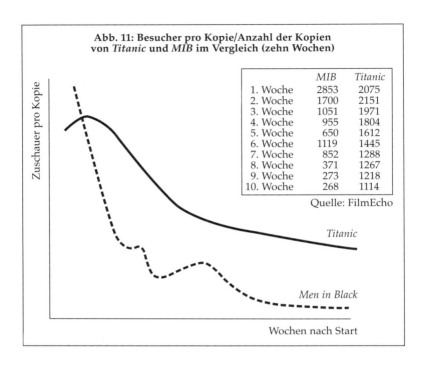

Kopienschnitts nach dem Start oder die Ausbildung eines längeren Plateaus zeigen an, daß die Zuschauer auf den Film reagieren. Sie sind von ihm bewegt, sie sprechen über ihn und animieren damit andere, ebenfalls ins Kino zu gehen. Mit der Zeit bildet der Film ein wirksames Image heraus, das weitere Zuschauer anzieht und – wie das bei *Titanic* der Fall war – viele veranlaßt, sich den Film ein zweites Mal anzusehen (vgl. Abb. 11). Je langsamer die Werte für den Kopienschnitt abfallen, desto wahrscheinlicher kann man davon ausgehen, daß die Gesellschaft in dem Erfolgsfilm eine gelungene Ausdrucksform für ihre Fragen und Entwicklungstendenzen gefunden hat. Der Film hat eine Wirkung entwickelt, die tiefer und weiter geht, als Werbung und Marketing es allein steuern können. Im folgenden werden sieben Trends und Themen beschrieben, die heute und morgen eine ähnliche Wirkung haben könnten.

## Bedeutsame Inhalte

Am Ende des Jahrtausends hat in vielen Bereichen unseres Alltags ein inhaltsloser Formalismus die Führung übernommen. Statistiken, Börsenkurse und Zinssätze sind die Instrumente, an denen wir den Zustand der Gesellschaft ablesen. Wir haben uns daran gewöhnt, in Zeiteinheiten und Zahlen zu denken und zu planen. Jeder kann per Knopfdruck zu jeder Zeit und an jedem Ort ansprechbar sein. Das Leben wird im Zuge von Vernetzung und Digitalisierung zwar schneller und im Spiegel der Statistiken kalkulierbarer, es blutet aber auch aus. Man weiß nicht so recht, warum man eigentlich lebt und wofür man arbeitet. Welches Ziel strebt unsere Gesellschaft an? Welchen Platz weist sie uns zu? Was ist uns lieb und teuer, wofür lohnt es sich zu kämpfen? In ihrem Alltag erfahren die Menschen die Ausbreitung des Formalismus als Sinnvakuum und Gefühl der Leere.

Kein Wunder, daß auch die Filmwirtschaft von der Logik der Zahlen gepackt wird. Nicht nur die Planung von immer mehr und immer größeren Multiplexen, auch die ins Astronomische steigenden Produktionskosten in Hollywood befinden sich im Bann des Formalismus. Action- und Katastrophenfilme stehen dabei an vorderster Front. Ein »teuerster Film aller Zeiten« folgt auf den anderen. Die Gagen der Schauspieler schwingen sich zu unvorstellbaren Höhen auf. Bei einer solchen Verliebtheit in das »Größer-schneller-weiter-Prinzip« verliert man allerdings aus dem Auge, was für das menschliche Leben und damit auch für das Kinopublikum wirklich bedeutsam ist.

Während sich *Terminator* (USA 1984) noch ganz auf die Darstellung einer ästhetisierten Materialschlacht konzentrierte und daher eine Distanz fördernde, kühle Wirkung hatte, markiert das Sequel *Terminator 2* (USA 1990) eine Wende hin zur Thematisierung bedeutsamer Inhalte auch im Actionfilm. *Terminator 2* beginnt mit dem Bild einer bedrohten Zukunft. Straßenverkehr, Spielplatz – das dumpfe Dröhnen deutet an, daß das Spiel der Mütter und Kinder in Gefahr ist. Dann kommt es zur Katastrophe, die Idylle geht in einem

Meer von Flammen auf. Ein hoffnungsloser Kampf der Menschen gegen die Maschinen ist entbrannt. Roboter schreiten über zersplitternde Menschenschädel. Eine Stimme aus der Zukunft erklärt, der Holocaust habe vor Jahren stattgefunden und die Maschinen versuchten nun, Einfluß auf die Vergangenheit auszuüben, um den Anführer der überlebenden Menschen zu eliminieren. Ein Terminator sei auf dem Weg in die Vergangenheit – also unsere Gegenwart. Diese Erklärungen verwirren mehr, als sie verständlich machen, und es kommt der Wunsch nach Orientierung auf.

In der Figur des Terminator 800 (Arnold Schwarzenegger) finden die Zuschauer endlich einen vertrauten Anhalt. Er ist groß und stark, er ist die am sehnlichsten erwartete Figur des Films. Er wird als Beschützer und Retter angekündigt. Aber er ist nackt und damit verwundbar. Es ist peinlich, wenn der unbekleidete Schwarzenegger eine Kneipe betritt und die Blicke der Gäste auf Leistenhöhe wandern. Es ist klar, daß hier die wildesten Mädchen und die rauhesten Burschen versammelt sind. Die Figur, die sich als Halt angeboten hat, ist gefährdet. Die Zuschauer möchten, daß sie durchkommt, und suchen sie gegen Übergriffe zu schützen. Daher geht man mit, wenn Schwarzenegger die Angreifer aus dem Wege räumt. Es tut gut, ihn schließlich mit der ledernen Rockerkluft bekleidet zu sehen. Das macht ihn weniger verletzlich. Er rückt den Zuschauern noch ein Stück näher, als sich herausstellt, daß er nicht nur über Muskeln, sondern auch über Witz verfügt.

Doch schon kurze Zeit später fährt der Film einen anderen Grund zur Beunruhigung auf. Ein zweiter Terminator (Robert Patrick) taucht auf. Dieser T 1000 gehört einer anderen Generation an als der T 800. Er ist ein Vertreter der in der Zukunft herrschenden Maschinen und soll über ungeahnte Fähigkeiten verfügen. Er ist unzerstörbar, denn er ist aus Flüssigmetall konstruiert, das sich nach jeder Verletzung wieder zu der ursprünglichen Gestalt zusammensetzt. Er kann sich in die Menschen verwandeln, die er berührt. Bei seiner Ankunft hat er einen Polizisten getötet und läuft von da an in einer dunkelblauen Polizeiuniform durch den Film. Dieses Monster

244

hält den von Anfang an drohenden Ton der Zerstörung lebendig. Der altmodisch-vertrauten und daher verläßlichen Kraft (T 800 alias Schwarzenegger) steht eine kalte, unheimliche Macht (T 1000) gegenüber.

Bis hierhin unterscheidet sich der Film – vielleicht bis auf seinen Humor – kaum von dem in den 80er Jahren üblichen Muster des Megaaction-Genres: Alles läuft auf eine Kraftprobe der Giganten hinaus. Indem im folgenden aber ein zehnjähriger Junge in den Vordergrund rückt, erhält der Film eine weitere Dimension. Der kleine John ist es, hinter dem der T 1000 her ist. Er ist der Anführer der Menschen in der Zukunft – als Kind. Damit er den Maschinen später nicht mehr gefährlich werden kann, soll er in der Gegenwart »terminiert« werden.

Die Rolle des kleinen John ist die Millionenidee von *Terminator 2*. Sie brachte dem Film in Deutschland 4,5 Millionen Zuschauer ein. Indem ein Kind durch die unheimliche Maschine bedroht und der altmodisch wirkende T 800 zu seinem Beschützer wird, mischt sich etwas Zartes in das Erleben des actionlastigen Films. Das Ganze erhält Qualitäten, die dem Vorgänger von 1984 fehlen. Mit John wird eine Sehnsucht nach Schutz, eine Suche nach bergendem Halt wirksam und bezieht das Publikum auf einer Ebene ein, die es stärker berührt als die spektakulären, aber kühlen Materialschlachten. Auch Zuschauer, die nicht zum engeren Kern der Actionfans gehörten, können bei dem Film von James Cameron mitgehen.

Es ist rührend zu sehen, wie der Junge der Maschine den zeitgenössischen Slang beibringt. Es ist bewegend, wie der Terminator zu verstehen versucht, was die Menschen empfinden, wenn ihnen Tränen aus den Augen fließen. Und es tut gut, wenn das Kind der Maschine das Versprechen abringt, in Zukunft kein Leben mehr zu zerstören. Durch die zarten Anfreundungen hindurch bleibt T 800 stets jemand, der über den Jungen wacht, der nicht ruht und nicht rastet, der in Gefahr stets zur Stelle ist. Johns Mutter Sarah (Linda Hamilton) faßt ihre Gedanken einmal folgendermaßen zusammen: John habe so viele »Väter« gehabt wie sie Liebhaber. Keiner von ihnen habe sich als verläßlich erwiesen. Keiner habe dem Kind geben können, was es brauchte. In solch einer Welt, so schließt sie, sei eine Maschine wohl die beste Alternative zu all den unzuverlässigen, sogenannten Vätern.

Wenn sich die Gruppe auf den Weg macht, um den drohenden Holocaust zu verhindern, erweitert sich die Verbindung zwischen Kind und Maschine zu einem Kampf für das menschliche Leben. Anfang der 90er Jahre wurden damit zeitbedingte Untergangsbefürchtungen belebt und geschickt in den Komplex des Filmerlebens eingebaut. In diesem Kontext – in dem eine starke, väterliche Maschine eine Gruppe von verletzlichen und bedrohten Menschen in den Kampf um eine sichere Zukunft führt – relativieren sich die Materialschlachten im weiteren Verlauf des Films: Die dröhnenden, trommelnden und blitzenden Salven, die der T 800 auf Verfolger und Widersacher losläßt, erscheinen aufgrund ihrer Stellung im ganzen als lebenserhaltend.

Wie jeder Actionfilm steuert auch *Terminator 2* schließlich auf den alles entscheidenden Endkampf zu. Das Bild des behüteten Lebens wird in solch einem Maße bedroht, daß ein Zusammenziehen aller noch verfügbaren Kräfte notwendig ist, um die Bedrohung ein für alle Male abzuschütteln: Der unheimliche T 1000 wird in ein Becken aus flüssigem Stahl gedrängt und damit endgültig vernichtet. Damit wäre die Familie gerettet und für den Zuschauer ein zufriedenstellender Abschluß gefunden. Der Film treibt es aber noch ein Stück weiter. Der zwar angeschlagene, aber noch funktionsfähige T 800 opfert sich freiwillig für den Erhalt der Menschheit. Denn wenn er in der Gegenwart vernichtet wird, geht die Technologie verloren, die es gestattet, Maschinen zu konstruieren, die in der Zukunft Herrschaft über die Menschen ausüben können. Mit diesem Opfer erhält der Film ein bewegendes Ende. Die väterliche Figur, die den Schutz des Lebens repräsentiert, vernichtet sich selbst, um ihn aufrechtzuerhalten. So kam es, daß Anfang der 90er Jahre nicht wenige Actionfans den Kinosaal mit Tränen in den Augen verließen.

Die Produzenten in Hollywood haben den Wunsch nach bedeutsamen Inhalten erkannt und suchen nach Stoffen mit ähnlich menschlicher Dimension. Doch es ist nicht einfach, plotorientierte Action mit einer tieferen Ebene bedeutsamer Inhalte zu unterlegen. Versuche deutscher Produzenten, mit Actionfilmen das Publikum zu erobern, sind bisher an der Frage dieser bedeutsamen Inhalte gescheitert. Weder der formal interessante Film von Dominik Graf *Die Sieger* (D 1993) noch die mit aufwendigen Stunts und digitalen Effekten versehene Produktion *Cascadeur – Die Jagd nach dem Bernsteinzimmer* (D 1998) von Hardy Martins stellten eine das Kinoerlebnis aufwertende inhaltliche Ebene bereit. Mit ihren vornehmlich actionbetonten Storys kamen sie daher beim Publikum nicht an.

Es spricht vieles dafür, daß die Menschen der Formalismen und inhaltslosen Ästhetisierungen auch im Kino überdrüssig geworden sind. Spektakuläre Weltuntergänge, eindrucksvolle Explosionen, Kampfszenen und Verfolgungsjagden sind heute nicht mehr genug. Da sie im Alltag immer weniger angeben können, was ihrem Leben Bedeutung und Richtung gibt, suchen die Zuschauer im Kino nach Erlebnissen, die das Sinnvakuum ausgleichen können. Action- und Katastrophenfilme, die ihre Geschichten mit bedeutsamen Inhalten anreichern, haben daher gute Aussichten, breite Schichten des Publikums anzusprechen.

### Wunsch nach Veränderung

Unsere Zeit steht unter Veränderungsdruck. Er dürfte nach der Jahrtausendwende zwar an Spannung verlieren, trotzdem aber wird er die Menschen auch weiterhin bewegen. Denn die westliche Gesellschaft sucht mehrheitlich nach neuen Bewältigungsstrategien für ihre Probleme. Sie drängt auf eine neue, allerdings noch nicht zu erkennende Ordnung. So kommen Filme, die auf anderen Sternen und in anderen Kulturen spielen, momentan an. Man will über den eigenen Horizont schauen und sehen, wie sich der Alltag anders gestalten läßt.

Besonders im Fernsehen ist Mystery heute beliebt. Die

amerikanische Serie *Akte X* zeigt die beiden FBI-Agenten Scully und Mulder bei ihren Bemühungen, übersinnliche Erscheinungen und Übergriffe von Außerirdischen aufzuklären. Mulder glaubt an die Existenz von Leben im Weltraum, Scully hat daran ihre Zweifel. Immer geht es um Phänomene, die sich mit rationaler Logik und den Kategorien der Naturwissenschaften nicht fassen lassen. In einer Mischung aus Faszination und Schauder genießen die meist jungen Zuschauer Auslegungen der Wirklichkeit, die gegen das vertraute Weltbild revoltieren. Die geheimnisvollen Geschichten von *Akte X* ziehen sie an. Denn sie befriedigen ihre Neugier und stellen ihrem Wunsch nach Wandel unterhaltsame Geschichten bereit. Dieses in den vergangenen Jahren größer gewordene Interesse an unbekannten Lebensformen zeigt sich auch in einer anwachsenden Beschäftigung mit sogenannten »Unidentified Flying Objects« (UFO). In den flimmernden und nicht klar nachzuweisenden Phänomenen suchen viele Zeitgenossen etwas auszumachen, wovon sie keine klare Vorstellung besitzen. Ihre Sehnsucht nach neuen Lebenswelten machen sie an flüchtigen Himmelserscheinungen fest. (W. Domke 1996)

In vielen Filmen der 50er Jahre lief der Kontakt mit Wesen von anderen Sternen auf Schrecken und Zerstörung hinaus. Damals war es die Bedrohung des Westens durch den Kommunismus, die Filme wie *Das Ding aus einer anderen Welt* (USA 1951), *Kampf der Welten* (USA 1953) und *Die Dämonen* (USA 1956) interessant erscheinen ließ. Im Kino konnten die Menschen ihre Befürchtungen vor dem Eindringen des Fremden in ein unterhaltsames Erlebnis umpolen. In zeitgenössischen Filmen beobachten wir eher eine ambivalente Haltung gegenüber den Außerirdischen. Sie erscheinen nicht nur bedrohlich und gefährlich, sondern versprechen zugleich ein diffuses neues Lebenskonzept. Die Besucher aus dem All werden als Zerstörer gezeigt, aber auch als Hoffnungsträger für die Menschen auf der Erde. Wenn in *Independence Day* (USA 1996) riesige Raumschiffe den Himmel verdunkeln, versammeln sich Tausende von Menschen, um sie als Erlöser willkommen zu heißen. Meditierende strecken ihnen in freudiger Erwartung die Hände entgegen und verkünden den Beginn eines neuen Zeitalters. Sie werden allerdings bitter enttäuscht, und die Story läuft auf einen Abwehrkampf gegen die gefährlichen Angreifer hinaus. Damit verleiht der Film von Roland Emmerich sowohl der zeitgenössischen Sehnsucht nach Veränderung als auch der Angst vor wirklich einschneidenden Umwälzungen Ausdruck. Fast zehn Millionen Menschen haben sich den Film in deutschen Kinos angesehen. In *Mars Attacks* (USA 1997) haben die neuen Weltbedrohungsfilme eine satirische Bearbeitung gefunden. Da der Film die fremden Wesen mit einer erschreckenden Unberechenbarkeit ausstattet, wirkt er in manchen Szenen jedoch bedrohlicher als *Independence Day*.

Schon mit *Stargate* (USA 1994) antwortete der deutsche Regisseur Roland Emmerich auf die zeitgenössische Sehnsucht nach Veränderung. Der Film eroberte sich in allen Altersgruppen ein beachtliches Publikum. Die drei Millionen Zuschauer waren fasziniert von der Vorstellung eines Tors, das in wenigen dichten Augenblicken einen Zugang zu dem Stern einer fernen Galaxie eröffnet. Der Film drückt den Wunsch nach Veränderung durch das Bild einer packenden Durchgangsstrecke aus. Die Teilnehmer der Expedition werden vom Sog des Übergangs erfaßt und in eine andere Wirklichkeit katapultiert. Jenseits des Sternentors findet die Expedition eine ebenso geheimnisvolle wie anziehende Welt vor. Das gleißende Licht der Wüstenlandschaft, das ungetrübte Blau des Himmels und die vielen Monde über den spektakulären Bauten wirken faszinierend. Das Erlebnis des Durchbruchs zu einer anderen Kultur, von der man nicht mit Bestimmtheit sagen kann, ob sie freundlich oder feindlich ist, bringt die Suche nach neuen Lebensordnungen auf den Punkt.

*Starship Troopers* (USA 1997) geht noch einen Schritt weiter. Zwar geht es auch in diesem Science-fiction-Film von Paul Verhoeven um die Abwehr eines extraterrestrischen Angriffs: Von fernen Sternen aus bombardieren Insekten die Erde mit Meteoriten. Zugleich aber macht der Film dem Zuschauer eine andere Lebensordnung bis in ihre kleinsten

Konsequenzen hinein erfahrbar: Die Völker und Staaten der Erde haben sich vereint. Die ethnischen Schranken sind gefallen. Frauen und Männer sind völlig gleichgestellt. Die zuletzt genannte Veränderung wird auf überraschende Weise in einer Szene sichtbar, in der männliche und weibliche Rekruten in aller Selbstverständlichkeit zusammen unter der Dusche stehen.

Die Protagonisten, junge Angehörige der Föderiertenarmee zum Kampf gegen die feindlichen Insekten, haben keine egoistischen Motive. Obwohl sie in ihren eleganten Uniformen wie Models italienischer Designer aussehen, zeigen sie keine narzißtischen Allüren. Sie sind nicht auf eine persönliche Karriere aus. Sie unterwerfen sich einer gemeinsamen Aufgabe und sind sogar bereit, dafür persönliche Liebesbindungen zu opfern. Wer sich in das gemeinsame Bild nicht eingliedern will, dem steht der Ausstieg jederzeit offen. Jeder entscheidet selbst, ob er mitmachen will oder nicht.

Verhoeven unterstützt den Eindruck eines ungewöhnlichen Kollektivismus, indem er konsequent auf das Engagement bekannter Schauspieler verzichtet. Auch mit seinem Design erzeugt der Film das Bild einer alles einnehmenden, anderen Lebensordnung. Jedes Detail ist auf das Ganze abgestimmt: eine Einheitlichkeit, die dem uns vertrauten Individualismus in jeder Hinsicht entgegenläuft und *Starship Troopers* den Vorwurf einer faschistischen Ausrichtung eingebracht hat. Tatsächlich aber ist Verhoevens Film ein mediales Experiment der zeitgenössischen Kultur. Was sich in modernen TV-Serien wie *Power Rangers* und *Starship Troopers* für die Jüngsten als Trend bereits angekündigt hat, führt der Kinofilm weiter. Filme und TV-Serien mit straff organisierten Teams, die entschiedenen Einsatz zeigen, erlauben den Zuschauern eine stundenweise Entlastung von der Kompliziertheit des zeitgenössischen Alltags. Sie können ein Leben ausprobieren, dessen Alltag auf ein einheitliches und für alle verbindliches Bild ausgerichtet wurde.

Die genannten Beispiele zeigen, daß die Zuschauer heute ein großes Interesse daran haben, in Kino und Fernsehen bisher noch nicht vertraute Lebensordnungen kennenzulernen.

Im Alltag fürchten sie den Aufwand wirklich einschneidender Veränderungen und wollen ihm aus dem Weg gehen. Aber im Kino sind sie dazu bereit, sich auf nicht vertraute Ordnungen einzulassen. Denn von den Konsequenzen werden sie hier verschont. Filme, die auf diesen Wunsch nach Wandel eingehen, haben eine gute Chance, das zeitgenössische Publikum für sich zu gewinnen.

### Wunsch nach Grenzen

Das Leben ist eine Party! Alles läßt sich in einen Witz auflösen. Dies ist ein Trend, der das Leben junger Menschen seit den 80er Jahren kurzweilig macht. Sie sind mit den audiovisuellen Medien aufgewachsen und haben eine visuell gebundene, blitzschnelle Intelligenz herausgebildet. In Sachen Film und Medien sind sie kompetent wie keine Generation zuvor. Sie sind äußerst sensibel für die Wirkung von Auftritten und besitzen die Fähigkeit, mit der Wirklichkeit ästhetisierend umzugehen. Sie verstehen es auch, schwierige Lebenssituationen mit Ironie und Witz zu entschärfen. Von den Unterhaltungsangeboten erwarten sie, daß sie temporeich, intelligent und manchmal drastisch sind.

Amerikanische Komödien wie *Die nackte Kanone* (USA 1988), *Waynes World* (USA 1991) oder *MIB – Men in black* (USA 1997) passen in dieses Lebensgefühl. Sie sind ironisch und voller witziger Umbrüche. Sie jonglieren mit unterschiedlichen Kontexten und entfachen einen steten Witz. Seit Anfang der 90er Jahre springen auch deutsche Filme mit Erfolg auf diesen lukrativen Zug auf. Comicartige Komödien treffen das Lebensgefühl junger Menschen. Filme, die auf ähnliche Erlebnisse setzen, werden auch in den kommenden Jahren ihr Publikum finden. Vorausgesetzt, es gelingt ihnen, den von der audiovisuellen Medienkultur erzeugten Hunger nach immer neuen Bildern und noch ungewöhnlicheren Geschichten zu befriedigen.

Es läßt sich allerdings auch ein Trend beobachten, der ins Gegenteil zielt. Die unter 30jährigen lieben das Vergnügen einer Dauerparty, aber viele von ihnen spüren, daß der letzte Tanz näher rückt. Viele sind in Elternhäusern aufgewachsen, in denen Verbote verboten waren. Geprägt durch die antiautoritären Ideologien der 60er und 70er Jahre, haben sich ihnen die Erwachsenen als Kumpel angeboten. Mutter und Vater werden beim Vornamen angesprochen und ziehen es vor, mit ihren Kindern über Gefühle zu diskutieren, anstatt von ihnen Rücksicht zu verlangen. Eine ödipale Revolte findet nicht statt, weil Verständnis und Entgegenkommen der Väter es nicht zulassen, daß man sich gegen sie auflehnt.

Unter diesen Voraussetzungen bildet sich bei den Kindern der Spaßkultur eine heimliche Sehnsucht nach dem großen Knall, der Grenzen und Notwendigkeiten ins Spiel bringt. Beim Surfen durch die Vielfalt der Postmoderne haben sie die Orientierung verloren. Nun wollen sie herausfinden, was in dieser Welt unverrückbar ist, was sich nicht in Witz und Ironie auflösen läßt. Daher sind Extremsportarten, Abenteuerreisen, Zwei-Tage-Raves so beliebt. Derartige Unternehmungen führen sie an spürbare Grenzen ihres Körpers und ihrer Psyche heran. So wie einst der Zorn des strengen Vaters das ausgelassene Toben der Kinder beendete, so sucht die junge Generation nun selbst nach Erfahrungen, die das »Anything goes« auf ein eingeschränktes Maß zurechtstutzt. In vielen Filmen der 90er Jahre wie z.B. *Knockin' on Heaven's Door* (D 1997), *Rossini oder die mörderische Frage, wer mit wem schlief* (D 1997) oder *Der Eisbär* (D 1998) macht sich der Wunsch nach Grenzen unterschwellig bemerkbar.

Die englische Komödie *Vier Hochzeiten und ein Todesfall* (1993) von Mike Newell machte den bis dahin unbekannten Schauspieler Hugh Grant zum Weltstar. Niemand hätte dem Film einen derartigen Erfolg vorausgesagt: Eine Gruppe notorischer Singles trifft sich regelmäßig auf den Hochzeiten von Verwandten und Bekannten. Sie haben ihren Spaß und machen sich über den Ernst und die Förmlichkeit der Gäste lustig. Doch im letzten Drittel ändert der Film unerwartet seine Tonart. Einen der Freunde trifft der Schlag, und er steht nicht wieder auf. Alle Versuche, die unerbittliche Realität des Todes in Witz und Ironie zu verflüchtigen, versagen. Der Reigen ausgelassener Augenblicke kommt zum Stehen. Erstaunlicherweise nehmen die Zuschauer diese Wendung mit Genugtuung hin. Als hätten sie geradezu darauf gewartet, endlich eine spürbare Grenze zu erfahren, die dem Geschehen eine neue Ausrichtung verleiht.

*Der Eissturm* (USA 1997) von Ang Lee spielt in den 70er Jahren und führt den Zuschauer in einen kleinen Ort in der Nähe von New York. In diesem Film lassen sich die Protagonisten treiben. Ben (Kevin Cline) hat ein sexuelles Verhältnis mit der Nachbarin (Sigourney Weaver). Doch sie langweilt sich mit Ben, da sich zwischen ihnen Rituale eingeschlichen haben, wie sie auch in einer langjährigen Ehe vorkommen. Bens Tochter ist hinter mehreren jungen Männern zugleich her. Sein Sohn hat sich in ein Mädchen verliebt, das in New York allein in einer riesigen Wohnung lebt. Auf einer Party verlosen Ben und seine Freunde ihre Frauen. Es wird sichtbar, wie leer sie sich trotz dieser Aussicht auf Partnertausch fühlen. Als Zuschauer verspürt man das An- und Abschwellen der erotischen Versprechungen, die insgesamt jedoch zu keiner befriedigenden Lösung führen. Das wirkt wie ein unbeteiligtes Gleiten an erogener Zonen entlang, das letztlich nie erfüllt wird.

Dann beginnt ein Eissturm. Ein Kind wird von einem herabfallenden Stromkabel getötet. Damit wird auch in diesem Film mit einem Male die unausweichliche Konsequenz des Todes thematisiert und auf die Verletzbarkeit des Lebens aufmerksam gemacht. Dies löst nun einschneidende Prozesse des Erwachens und Besinnens aus. Die in ihre Doktorspiele vertieften Erwachsenen und Kinder bemerken, wie wichtig ihnen die Menschen sind, mit denen sie zusammenleben. Am Ende holen Ben, seine Frau und seine Tochter den Sohn der Familie am Bahnhof ab. Er hätte schon am Vorabend aus New York kommen sollen, doch der Sturm hatte die Verkehrsverbindungen zusammenbrechen lassen. Da stehen sie: Vater, Mutter und Tochter. In ängstlicher Erwartung sehen sie dem Zug entgegen. Als der Junge dann tatsächlich aussteigt, wird ihre Erleichterung spürbar. Sie sind überaus dankbar, daß die Familie vollständig ist.

*Winterschläfer* (D 1997) eröffnet in den ersten Szenen mehrere Perspektiven zugleich und erzeugt auf diese Weise ein sinnlich spürbares Gleiten. Die Gesichter der Hauptdarsteller gehen in von Eis zerklüftete Bergwüsten über. Bewegungen beginnen in der einen und werden in der anderen Szene weitergeführt. Während René (Ulrich Mathes) auf dem Weg nach Hause ist und Marco (Heino Ferch) seine Freundin besucht, beginnt der Tag des Bauern Theo (Josef Bierbichler) mit harter Arbeit. Er verlädt sein Pferd im Anhänger. Theos Tochter will mitfahren. Auf der vereisten Straße begegnen sich die Fahrzeuge von René und Theo. Es kommt zum Unfall. In dem Augenblick, in dem Theo seine schwerverletzte Tochter erblickt, fällt der unfallflüchtige René ins Bett und schreckt Marco aus dem Schlaf. Sie wissen nichts voneinander, aber sie sind Figuren desselben Wirkungszusammenhangs.

Die beliebig anmutenden Begegnungen und Gespräche zwischen den Protagonisten, die wiederholte Betonung von Gleichzeitigkeiten rufen einen unzentrierten Schwebezustand hervor. Rebecca und Marco streiten sich und lieben sich. Doch ohne daß es Rebecca ahnt, betrügt Marco sie gleichzeitig mit zwei anderen Frauen. Laura lernt René kennen. Inzwischen sucht der Landwirt Theo nach dem Verursacher des folgenschweren Unfalls. Man schwebt durch unterschiedliche Handlungsstränge und verwebt Perspektiven, die sich nicht berühren.

Für sich allein drohte das zu zerfließen und wäre langweilig. Doch Theos bewußtlose Tochter bringt einen Gegenlauf ins Spiel, der das Erleben vertieft. Wie in den anderen oben beschriebenen Filmen geraten die Zuschauer auch hier in die Spannung zwischen Beliebigkeit und harter Unausweichlichkeit. Als das Kind stirbt, läuft das Ganze auf einen fulminanten Schlußakkord hinaus: Marcos Sprung in die unendliche Tiefe der Berglandschaft. Der Film zeigt Witz, indem seine Story eine eigentümlich moralische Grenzziehung ausschöpft. So sehr sich Theo in seine fixe Idee verrennt, Marco sei an dem Tod seiner Tochter schuld, so trifft die Strafe dann doch irgendwie den Richtigen. Denn mit Marco stößt derjenige auf eine tödliche Grenze, der sich durch seine auf die Spitze getriebenen Beliebigkeiten am meisten verrannt hat. Er hat zwar nicht den Tod des Mädchens auf dem Gewissen, wohl aber den Schmerz der Frauen, die er betrogen hat.

Die in der Postmoderne zur Grundverfassung gewordene Beliebigkeit führt bei vielen Menschen an der Jahrtausendwende zu Fragen wie: Welche Grenzen sind zu berücksichtigen? Um was kommen wir nicht herum? Was gibt unserem leben Tiefe und Richtung? Filme, die diese Fragen zu einem Kinoereignis werden lassen, können davon ausgehen, daß sie auch in den nächsten Jahren auf Resonanz stoßen werden.

### Weniger bedeutet mehr

High-Tech, Gentechnologie, Internet und Digitalisierung versprechen eine stetige Ausweitung der menschlichen Möglichkeiten. Auf der anderen Seite wird deutlich, daß Rohstoffe und Ressourcen zu versiegen drohen. Wasserknappheit, Regenwaldvernichtung und damit verbundene Folgen wie Klimaveränderung und Überschwemmungen zeigen, daß der menschliche Ausbreitungsdrang an Grenzen stößt. Eine ungebremste Expansion kann die gesamte Lebenswirklichkeit gefährden. Unsere Zeit macht den Eindruck, als könne sie sich noch nicht entscheiden, wie es weitergehen soll. Ist es aussichtsreich, an dem Wunsch nach Ausbreitung und Vergrößerung festzuhalten, oder ist die Zeit der selbstgewählten Beschränkung bereits gekommen? Gilt es, Abstriche zu machen und Opfer für den Erhalt des Ganzen zu bringen?

*Forrest Gump* (USA 1993) thematisiert nicht nur den Grundkomplex Verlockende Vielfalt – Richtung (vgl. Kapitel 5). Er spricht überdies die zeitgenössischen Expansionsbestrebungen und einen ausgleichenden Ruf zur Beschränkung an. Der Film von Robert Zemeckis läßt die Zuschauer an einigen entscheidenden Expansionen der vergangenen Jahrzehnte teilhaben. Jede hatte auf ihre Weise einen totalitären Anspruch: Der Vietnamkrieg forderte die weltweite Ausbreitung der westlichen Werte. Die Friedensbewegung eine Welt ohne Aggression. Die Hippies ein von der Liebe regiertes Leben, und die Computerindustrie das weltverbindende Netz. So eröffnet der Film ein Kaleidoskop menschlicher Ausbreitungen und zeigt an der Figur Jennys, Forrests lebenslanger Liebe, wie man auf der Suche nach dem alles versprechenden Mehr auf das Nichts zurückgeworfen werden kann.

Auf der anderen Seite bietet der Film in der Beschränktheit des Minderbegabten, der sich von dem Glanz der Möglichkeiten nicht beeindrucken läßt, ein ungewöhnliches Vorbild an. Das sture Festhalten an seiner kleinen Welt führt dazu, daß Forrest sich nicht mitreißen läßt von den großartigen Versprechungen. *Forrest Gump* führt uns vor Augen, daß man auch in kleinen Lebenskreisen eine Perspektive sehen kann. Er sagt uns: Weniger kann heute durchaus mehr bedeuten.

Der große Erfolg des Films – er fand in Deutschland 5,3 Millionen Zuschauer – beweist, daß die Menschen im Kino heute sehr wohl dazu bereit sind, in der Beschränkung und in einem Zurücknehmen der Ansprüche eine vielversprechende Perspektive zu sehen. Allerdings darf man diesen Trend nicht falsch verstehen. Die Zuschauer sind im Kino bereit, ihre Ansprüche zurückzuschrauben, aber sie wollen für diesen Verzicht einen Ausgleich erhalten: Zum einen müssen solche Filme einen ungewöhnlichen Unterhaltungswert haben, und zum anderen sollten sie als Kompensation eine spürbare Veränderung vermitteln. Das Publikum möchte für den Verzicht eine Belohnung bekommen.

Ein weiteres Beispiel für eine wirksame Behandlung dieses zeitgenössischen Themas ist *The Game* (USA 1997). Er hatte immerhin 1,2 Millionen Zuschauer. Nicholas Van Orten (Michael Douglas) ist Milliardär. Er hat sein Imperium unter Kontrolle, aber seine Frau hat ihn verlassen, weil er nie Zeit für sie hatte. Jetzt stellt ihm seine Haushälterin das Essen auf den Tisch. Wie jeden anderen Abend auch sitzt er an seinem achtundvierzigsten Geburtstag mit einer Flasche Wein allein vor dem Fernseher und sieht sich die Börsennachrichten an. Nur widerwillig greift er zum Hörer, als das Telefon klingelt. Es ist seine Exfrau. Sie will ihm gratulieren und mit ein paar warmen Worten aufmuntern. Doch Nicolas ist kühl und abweisend. Ein steinreicher Single, dessen Herzschlag an die Schwankungen der Aktienkurse gekoppelt ist.

Sein Bruder Conrad (Sean Penn) schenkt Nicolas einen Gutschein für die Teilnahme an einem Spiel. Die Firma *Consumer Recreation Services* (CRS) verspricht: »Wir liefern, was in Ihrem Leben gerade fehlt.« Der Geschäftsmann ist skeptisch, meldet sich aber doch an. Wahrscheinlich erkennt die CRS in den psychologischen Tests, die sie mit Nicolas durchführt, daß der selbstverliebte Macho am schnellsten über eine Zurückweisung einzubinden ist. So ruft man ihn während einer wichtigen Konferenz an, um ihm mitzuteilen, daß sein Aufnahmeantrag abgelehnt wurde. Doch tatsächlich ist dies der Startschuß. Das unheimliche Spiel beginnt.

Wenn die ersten 20 Minuten des Films für den Zuschauer auch ein wenig lang werden, kann er sich in den restlichen 100 über mangelnde Spannung nicht beklagen. Wie in einem Videospiel gerät er von einer den Puls beschleunigenden Wendung in die nächste. Manches sieht er auf sich zukommen, doch von den meisten Ereignissen wird er, ebenso wie Nicolas, überrascht. Mal glaubt er die Regeln des Spiels und die Mitspieler zu kennen. Aber dann kommt es doch anders. Mal sieht es so aus, als sei der Spuk zu Ende, doch dann erkennt man, daß es erst richtig los geht.

Allmählich kristallisiert sich eine Richtung heraus, deren Sog man sich als Zuschauer kaum entziehen kann: Man nimmt Nicolas alles, was er hat. Sein Geld, seine Rücklagen, seine Firma, sein Haus – und schließlich seinen Anwalt. Mehrmals gerät er in unmittelbare Lebensgefahr. Schließlich hat er keinen Dollar mehr in der Tasche. Er hat keinen, dem er vertrauen kann. Er lernt das Leben von unten kennen und kommt auf einem trostlosen Friedhof in der dritten Welt zu sich. Ein Alptraum! Ausgebrannte Autowracks, Wellblechhütten und Müll – soweit er blicken kann. Das zuständige Konsulat will ihm nicht helfen, weil er inzwischen tatsächlich wie ein schnorrender Rumtreiber aussieht. Er muß sich um eine unbequeme Mitfahrgelegenheit nach Hause bemühen.

*The Game* mutet dem Zuschauer einiges zu. Kommerziell

257

gesehen stößt er mit seinem konsequenten Niedergang an die Grenzen dessen, was das breite Publikum vom Kino erwartet. Wenn auch nicht als gleichwertiges Gegengewicht, aber doch als willkommenen Anhalt für den in zunehmende Bedrängnis geratenden Zuschauer, deutet der Film daher einen Ausweg an: Der narzißtische Nicolas zeigt sich von einer völlig neuen Seite. Wie der junge Mann im Märchen, der auszog, das fürchten zu lernen, läßt er sich schließlich berühren und ist bereit, den Verlust seiner Macht und seines Reichtums zu akzeptieren. Er spielt sich nicht als der Boß auf, der er mal war. Als er einsehen muß, daß auch die Polizei ihm nicht helfen kann, geht es ihm nur noch darum herauszubekommen, wer bei dem Alptraum die Fäden in der Hand hat. Nun kann er seine Exfrau um Hilfe bitten. Als er sich zu allerletzt am Tod seines Bruders schuldig zu machen glaubt, ist er bereit, auch noch sein Leben preiszugeben. Damit folgt er den Spuren seines Vaters, der sich vor vielen Jahren vom Dach seines Hauses in den Tod stürzte.

Nicolas springt vom Dach eines Wolkenkratzers. Er fällt und fällt. Sein unaufhörlicher Niedergang findet damit eine tödliche Beschleunigung. Atemlos sehen wir zu. Jetzt haben wir eine Ahnung davon, wie es sich anfühlt, wenn wir verlieren, was uns lieb und teuer ist. Nicolas hat seine Position an der Spitze aufgegeben. Er hat seinen Besitz verloren und steht auf der Straße. Er hat nichts mehr. Nun ist er im fatalen Glauben, seinen Bruder getötet zu haben. Er stürzt durch ein Glasdach. Er fällt vorbei an Kronleuchtern. Ein markiertes Ziel ist zu sehen. Er kommt unten auf. Als er die Augen öffnet, ist er ein anderer geworden. Er glaubt, im Jenseits gelandet zu sein. Doch er ist nur aufgewacht. Seine Freunde und Kollegen erheben sich von den Stühlen, Champagnergläser in den Händen. Sie gratulieren ihm zum Geburtstag, feiern den gewandelten Nicolas Van Orten. Die Tür geht auf, und der Bruder, mit einem tiefroten Fleck Farbe auf dem weißen Hemd, prostet ihm zu …

Für Nicolas van Orten hat sich der Verzicht schließlich ähnlich gelohnt wie für Forrest Gump. Er ist in seinem langen Fall auf Dinge gestoßen, die mehr wert sind als Geld und

Macht. *Jerry Maguire* (USA 1996) thematisiert eine ähnliche Entwicklung. Er erzählt von einem überaus erfolgreichen Sportleragenten, der eher zufällig in die Situation gerät, mit einer Beschränkung seiner Macht und seiner finanziellen Möglichkeiten fertig werden zu müssen. Aber Jerry (Tom Cruise) wächst moralisch und menschlich über sich und seine früheren Kollegen aus der Agentur hinaus und findet in der Beschränkung einen tieferen Zugang zum Leben. Mit dieser Geschichte erreichte der Film in Deutschland immerhin 0,7 Millionen Zuschauer. In solchen und ähnlichen Entwicklungen sehen die Menschen heute eine Perspektive. Filme, die diesen Trend aufgreifen, können damit rechnen, in den kommenden Jahren beim Publikum auf Interesse zu stoßen.

### Aushalten und Probleme anpacken

Auch wenn er noch heute hin und wieder in den Kinos zu sehen ist – James Bond ist ein Actionheld der 60er Jahre. Mit Charme, Sexappeal und Eleganz gleitet er durch die größten Gefahren, ohne daß sein glatt rasiertes Gesicht Schrammen und sein Anzug Falten bekämen. Die muskulösen und mit High-Tech-Waffen ausgestatteten Actionhelden à la Arnold Schwarzenegger und Sylvester Stallone schossen sich in den 80er Jahren mit imponierendem Getöse den Weg frei. Seit den 90ern beherrscht nun ein neuer Actionheld das Bild. Er teilt nicht nur aus, sondern weiß auch Prügel und Strapazen auszuhalten.

In der *Stirb-Langsam*-Reihe (USA 1987, 1989, 1994) tritt Bruce Willis als John McClane in schmutzigem Unterhemd ganz allein übermächtigen Terrorgangs entgegen. In *Last Boy Scout – Das Ziel ist überleben* (USA 1991) heißt er Joe Hallenbeck und wird gedemütigt und gequält. Seine Frau betrügt ihn, und er verliert die Achtung seiner Tochter. Dennoch macht er weiter und kommt schließlich durch. In *12 Monkeys* (USA 1995) torkelt Bruce Willis als James Cole sabbernd und lallend durch ein Endzeitszenario, steht aber immer wieder auf, um seinen Auftrag zu erfüllen. Bruce Willis ist einer der beliebtesten Actionstars unserer Zeit. In seinen Filmen verkörpert er eine Mischung aus Leidensfähigkeit, Selbstironie und Durchsetzungskraft. Eigentlich müßte man Bruce Willis einen Re-Actionstar nennen. Denn er versteht sich auf das Aushalten von Schmerzen, das Ertragen von Demütigungen, um dann schließlich doch noch das Blatt zu wenden und seinen Peinigern die Stiefelsohle ins Gesicht zu drücken.

Seit einigen Jahren bringt die Traumfabrik Hollywood mit wirtschaftlichem Erfolg Produktionen auf den Markt, in denen die Kinder der Spaßgesellschaft ausprobieren, wie es sich anfühlt, eine Sache von Anfang bis Ende durchzustehen und die damit verbundenen Strapazen zu ertragen. Man kann hierin eine Gegenbewegung zu dem formalisierenden und ästhetisierenden Umgang mit der Lebenswirklichkeit erkennen, der die 90er Jahre ebenfalls bestimmt. Die Menschen wollen nicht nur glänzende High-Tech-Filme à la *Mission Impossible* (USA 1996) sehen. Sie suchen nicht nur nach einer den Lachmuskel strapazierenden Zerstreuung. Sie wollen im Kino auch Erlebnisse haben, denen sie sich in ihrem Alltag nicht stellen würden. Vielleicht sind sie des Surfens auf der glitzernden Vielfalt unserer Zeit müde und sehnen sich nach einer Gelegenheit, in der sie sich bewähren können. Vielleicht spüren sie aber auch, daß härtere Zeiten auf sie zukommen werden. Das Aushalten von Strapazen und Mühen entfaltet im Kino heute jedenfalls einen unterhaltsamen Reiz.

Inzwischen werden auch die Weltuntergangsfilme von diesem Trend erfaßt. Waren es in *Independence Day* noch digital in die feindlichen Raumschiffe eingeschleuste Computerviren, die das Blatt im Kampf gegen die Außerirdischen wendeten, macht sich in *Armageddon – Das jüngste Gericht* (USA 1997) Bruce Willis mit einem Team von hartgesottenen Burschen auf den Weg, um unter Einsatz von Mechanik und Körperkraft, mittels harter und schmutziger Arbeit die Zerstörung des Planeten abzuwenden. Immerhin erreichte der Film von Michael Bayz mit diesem Konzept in Deutschland 5,3 Millionen Zuschauer.

*Armageddon* veranschaulicht auf beeindruckende Art und Weise die Bedrohung der gesamten Erde: Einschläge von

Asteroiden am Anfang in New York und im weiteren Verlauf in Schanghai und Paris. Mehrmals wird das Ausmaß der Katastrophe beschrieben. Der sich nähernde Hauptasteroid würde einen absoluten Totalschaden für die Erde bedeuten. Indem der Film die Bilder aus den USA mit Berichten aus Indien, Frankreich und China ergänzt, ruft er das Gefühl einer weltumspannenden Bedrohung hervor. Die Männer, die Rettung versprechen, sind keine Wissenschaftler, Topagenten oder militärische Strategen. Sie sind einfache Arbeiter. Angeführt werden sie von dem Bohrfachmann Harry (Bruce Willis). Hier wird die Linie weitergeführt, die Willis im zeitgenössischen Actionfilm verkörpert: schmutzige, durchschnittliche Typen, die eine Menge einstecken und tüchtig anpacken können.

Die MIR-Raumstation, bei der das Team auf seinem Weg zum Asteroiden Treibstoff tanken muß, ist ein klappriger Kasten, durch den sie sich mit viel Erfindergeist und Improvisationstalent wurschteln. Der Asteroid selbst ist zackig und voller Gefahren. Ständig findet eine Bedrohung durch Steinbrocken, Gase und Erdbeben statt. In *Armageddon* wird nicht mit sterilen Computern gearbeitet. Hier kommt ursprüngliche Mechanik zur Anwendung, wird an widerspenstigem Material gearbeitet. Immer wieder geht etwas schief und verlangt einen neuen Einsatz. Die ganze Rettungsaktion macht auf diese Weise den Eindruck ungeheuer schwerer und auch schmutziger Arbeit. Ähnlich, wie die Maloche in einem Bergwerk oder auf einer Bohrinsel im stürmischen Meer.

Erfolgreiche TV-Serien wie *Emergency Room* (ProSieben) oder *OP ruft Dr. Bruckner* (RTL) klinken sich in den beschriebenen Trend ein. Regelmäßig zeigen sie blutige Eingriffe am menschlichen Körper und machen deutlich, wieviel Einsatz und Geschicklichkeit der Beruf des Arztes verlangt. Die Zuschauer scheinen sich immer mehr für Teams von Spezialisten zu interessieren, die mit Erfindungsgeist, Ausdauer, Verläßlichkeit und Energie die Probleme anpacken. Auch der Überraschungserfolg von *Ganz oder gar nicht* (GB 1997) gliedert sich hier ein. Hier ist es eine Gruppe von Arbeitslosen in einer englischen Stadt, die ihre Untätigkeit nicht hinnehmen wollen und eine verrückte Idee in die Tat umsetzen. Auch sie zeigen uns: Wenn wir die Dinge nur anpacken, dann dreht sich das Rad des Leben weiter. In einer Zeit, in der sich in Politik und Wirtschaft kaum mehr etwas zu bewegen scheint, in der die Arbeitslosenzahlen bleierne Mutlosigkeit verbreiten, greifen die jungen Menschen Unterhaltungsangebote auf, in denen sie zur Probe Strapazen auf sich und Probleme in Angriff nehmen können. Man kann davon ausgehen, daß sie auch nach der Jahrtausendwende solche Erlebnisse im Kino suchen werden.

## Die Sehnsucht nach der »festen Hand«

Filme mit ironischen und comicartigen Zügen sind und bleiben beliebt, weil sie die Zuschauer in ihrer Beweglichkeit und in ihrer Intelligenz bestätigen. Wenn die Gesellschaft insgesamt Angst vor wirklich entscheidenden Veränderungen hat, erlauben die Zeitgeist- und Actionkomödien für zwei Stunden ein leichtgängiges Fließen. Denn ihre drastischen und beliebigen Sinndrehungen lösen vorübergehend jede feste Ordnung auf. Und dennoch bringt gerade die Zeit der Jahrtausendwende eine heimliche Sehnsucht nach entschiedener Sinngebung hervor, nach starken Figuren, an die man sich anlehnen und nach klaren Ordnungen, denen man sich fügen kann. Eine Reihe von Filmen greift sie schon jetzt auf und auch kommende Produktionen werden sie zum Erfolg führen können.

Bei *Waterworld* (USA 1995) geraten die Zuschauer in eine schwankende und bodenlose Wirklichkeit. Die Regeln des gewohnten Alltags sind außer Kraft gesetzt. Es kommen Wünsche nach Halt und Orientierung auf. Indem sie sich an die Figur des Mariner (Kevin Costner) halten, erhalten die Zuschauer die vermißte Stabilität zurück. Mit unglaublicher Sicherheit und souveräner Eleganz steuert er seinen Trimaran durch die Wellen. Ein Handgriff läßt mit atemberaubender Automatik die Segel setzen, ein anderer löst eine Reihe aufeinander abgestimmter Manöver aus. Es wurde häufig moniert, Kevin Costner spiele seine Rolle eigentümlich lustlos.

Er wechsle während des ganzen Films nicht ein Mal den Ausdruck. Doch diese Unbeweglichkeit seiner Mimik ist konsequent. Im schwankenden Umfeld wirken die Eintönigkeit seines Gesichts, seine wortlose Entschiedenheit wie ein rettendes Floß, das den Zuschauer durch die Wogen trägt.

Der amphibische Mariner ist eine Figur, die es im Spielfilm so bisher nicht gab. Er verkörpert eine neue Form von Entschiedenheit und Durchsetzungskraft. Er verbindet Züge des einsamen und wortarmen Westernhelden mit einem collagierten Outfit. Er ist eine Leitfigur der Postmoderne – ein eigenwilliger Charakter, der sich technisch modernster Ausrüstungen bedient. Es spricht vieles dafür, daß solche Figuren auch nach der Jahrhundertwende die Menschen interessieren werden. Denn sie suchen nach Leitfiguren, die den Drang nach dem ganz Neuen und die Sehnsucht nach Halt und Perspektiven in sich vereinen. Immerhin sahen sich in Deutschland diesen Film 3 Millionen Menschen an.

*Die üblichen Verdächtigen* (USA 1995) war weltweit ein beachtlicher kommerzieller Erfolg. Das Werk von Brian Singer wird von einem eher intellektuellen Publikum geliebt. Es kann an ihm seine Intelligenz, seine Fähigkeit zu Deutung und Interpretation, ja sogar sein Interesse für neuere philosophische Strömungen ausleben. Der Film konfrontiert zunächst mit Handlungen und Bildern, die man nicht zusammenführen kann. Damit regt er das Denken an. Man versucht die verschiedenen Szenen miteinander zu verknüpfen, doch es will nicht gelingen. So gerät man in eine Art Schwebezustand: Es könnte so sein, aber auch ganz anders. Der Film macht auf unterhaltsame Weise erfahrbar, daß wir die Wirklichkeit konstruieren. Er zündet ein Feuerwerk von Überlegungen, stellt ein reizvolles Puzzle dar, das sich allerdings nicht lösen läßt.

Nach ungefähr 50 Minuten drängen sich Fragen auf: »Was hält das Ganze zusammen? Worauf soll es hinauslaufen?« Einige Zuschauer beginnen sich unwohl zu fühlen. Sie beschleicht ein Gefühl von Beliebigkeit und Verwirrung. Und genau in diesem Augenblick nimmt die Story eine unheimliche Wendung. Von nun an bestimmt eine mythische Figur mit dem eindrucksvollen Namen Keyser Sosei die Handlung und beendet das vage Reflektieren. Die vom Film selbst erzeugte Sehnsucht nach einem Sinn des Ganzen, nach einem Zusammenhang, wird damit zufriedengestellt.

Doch was für eine Konsequenz ist damit verbunden! Keyser Sosei ist ein Krimineller, der ein Weltimperium der Macht aufgebaut hat. Die Figuren, die scheinbar beliebig durch die Story des Films irrten, finden heraus, daß sie die ganze Zeit wie Marionetten bewegt worden sind. Alles, was der Film bis dahin als schillernde Vieldeutigkeit zeigte, rückt nun mit voller Wucht in eine Richtung und erweist sich als Ergebnis einer Steuerung. Das für unsere Betrachtung Entscheidende ist, daß diese Wendung von den Zuschauern als willkommene Klärung der quälend gewordenen Unbestimmtheiten erlebt wird. Keyser Sosei gibt auf ähnliche Weise Halt wie der Mariner in *Waterworld* das Schwanken des unendlichen Ozeans ausgleicht. Der intellektuelle Übermut, den die erste Hälfte des Films auslöste, verwandelt sich in eine entlastende Entschiedenheit. Dieser Wendepunkt wirkt dermaßen eindringlich, daß manche Zuschauer ihn geradezu körperlich spüren.

*Die üblichen Verdächtigen* berührt ein reales Bedürfnis unserer Zeit – die Sehnsucht nach Orientierung in einer Zeit der Sinninflation. Im Film manifestiert sich diese in dem Bild einer totalitären, lenkenden Figur. In einem Führer der Unterwelt! Das funktioniert, weil die Suche nach Orientierung und die Sehnsucht nach der »festen Hand« auf einer Linie liegen. Nur graduelle Abstufungen trennen sie voneinander. Unter bestimmten Bedingungen können sie ineinander fallen. Aufgrund seiner anspruchsvollen Konstruktion erreichte der Film in Deutschland nur 0,35 Millionen Zuschauer. Dafür aber lief er in manchen Kinos ein ganzes Jahr lang.

Wer ist Keyser Sosei? Ist er eine Geschichte, ein Mythos? Gibt es ihn wirklich? Der Film gibt darauf keine Antwort. Und das ist die Bedingung, unter der man ihn genießen kann. Würde der Film behaupten, Keyser Sosei ist eine reale Person, vielleicht sogar die »feste Hand«, die im kommenden Jahrtausend unsere Geschicke lenken wird, würde das

Publikum vermutlich aussteigen. Die Menschen der Jahrtausendwende wollen ihre Beweglichkeit, die Vielfalt der Optionen behalten. Aber ab und zu einmal wollen sie sich – zumindest im Kino – einem fremden Diktat überlassen. Denn das entlastet sie von der Notwendigkeit, in jedem Augenblick die Vielfalt selbst ordnen und bewerten zu müssen. Filme, die in den kommenden Jahren einen ähnlichen Flirt mit der »festen Hand« ermöglichen, werden gute kommerzielle Aussichten haben.

Bei *Twister* (USA 1995) erhalten die Zuschauer die Möglichkeit, eine analoge Erfahrung zu machen. Aber anders als bei *Die üblichen Verdächtigen* und *Waterworld* können sie die Sehnsucht nach der »festen Hand« vor sich selbst geheimhalten. Oberflächlich gesehen werden sie Zeugen einer digital simulierten Naturkatastrophe. Doch wenn man das mit diesem Film verbundene Erlebnis genauer in Augenschein nimmt, überlassen sie sich der alles ausrichtenden Macht einer entschiedenen, wenn auch unpersönlichen Figur. Sie lassen sich von ihr ergreifen und durchschütteln und genießen die damit verbundene Mischung aus Angst, Erregung und Entlastung.

Was sind Wirbelstürme? Es sind Naturereignisse, die durchs Land rasen und alles, was sich ihnen entgegenstellt, in einem Sog zermahlen. Was aber sind Wirbelstürme im Kino? Das sind sich drehende Figuren, die wir erregend finden und auf deren Wirkungen wir uns einlassen wollen. Wir würden gerne ihre Macht spüren, und der Film erlaubt es uns. Die moderne Computertechnik macht es möglich, daß wir tatsächlich in ihr Zentrum geraten und erfahren, was es heißt, von einer Gestalt gepackt zu werden. In *Twister* sind die Tornados unterschiedlich heftig und verhalten sich entsprechend verschieden. Wir bewegen uns auf sie zu und lassen uns mitreißen. Wir klinken uns wieder aus, um beim nächsten Mal ein wenig mehr zu wagen. Der Film von Jan de Bont macht auf unterhaltsame Weise erfahrbar, welch eine Erregung und zugleich Entlastung damit einhergeht, wenn man sich dem Wirkungsbereich einer einfachen Figur überläßt. Dieses Erlebnis wollten in Deutschland immerhin 3,7 Millionen Zuschauer auskosten.

# Halt in der Liebe

Wie wird sich der deutsche Film in den kommenden Jahren entwickeln? Wie wird er sich gegen die amerikanische Konkurrenz behaupten? Diese Fragen werden vor allem auf der Ebene der Inhalte entschieden. Werden deutsche Produzenten und Autoren ein sicheres Gespür für diejenigen Themen entwickeln, die das Herz der Menschen berühren?

*Titanic* hätte keinen solch ungewöhnlichen Erfolg gehabt, wenn er das Ereignis vom Untergang des Schiffes nicht zeitgemäß interpretiert hätte. Die Sehnsucht nach dem Halt in der Liebe ist in unserer unendlich kompliziert und künstlich gewordenen Welt für viele zum Fluchtpunkt geworden. Eine Reihe von deutschen Filmen der vergangenen Jahre weisen auf der Ebene der Tiefenthematik in die gleiche Richtung. Nicht indem sie ähnlich große Schiffe versenken. Sondern, indem sie das Thema »Halt in der Liebe« mittels unterschiedlicher Geschichten und Stile umsetzen.

*Das merkwürdige Verhalten geschlechtsreifer Großstädter zur Paarungszeit* (D 1998) von Marc Rothemund eröffnet Einblicke in unterschiedliche Lebenszusammenhänge der Bewohner einer Stadt. Jeder hat seine Hoffnungen und Pläne, doch enttäuscht sind sie irgendwie alle. Zunächst noch unmerklich, doch dann für den Zuschauer immer spürbarer, werden die verschiedenen Lebensperspektiven jedoch von ein und derselben Thematik bestimmt. Es ist die Liebe, die jeden einzelnen antreibt – die ihn ins Leben führt oder in den Tod. Und es ist die Liebe, die einige über die Stadt verstreuten Figuren schließlich in der Schlußszene zusammenbringt. *The Long Hello and short Good Bye* (D 1999) von Rainer Kaufmann entwirft – ähnlich wie Filme und Bücher von Quentin Tarantino – eine Welt des Verrats und Betrugs und läßt durch diese hindurch, wie eine verletzliche, aber sich dennoch ihren Weg durch den kalten Beton bahnende Pflanze, eine heiße Verbindlichkeit entstehen, die dem Zuschauer Halt gibt.

Der 1998 meistbeachtete deutsche Film *Lola rennt* (D 1998) von Tom Tykwer macht aus dem zeitgemäßen Thema ein in jeder Hinsicht ungewöhnliches Erlebnis. Nach einem heterogenen, aber formal sehr ansprechenden Vorspann, gerät der Zuschauer mitten hinein in eine zum Zerplatzen gespannte Situation: In ihrem Zimmer nimmt Rotschopf Lola (Franka Potente) den Anruf ihres Freundes Manni (Moritz Bleibtreu) entgegen. Manni ist in Schwierigkeiten, er weint vor Verzweiflung. Er hat eine Einkaufstüte mit 100 000 Mark in der U-Bahn liegengelassen. Nun muß er das Schlimmste von Ronnie (Heino Ferch), dem Gangster, für den das Geld bestimmt war, befürchten. Wenn Lola ihm bis zwölf Uhr nicht helfen kann, wird er einen Supermarkt überfallen und sich dort das Geld holen. Es ist 20 Minuten vor zwölf.

Diese Szene gibt den Startschuß für alle weiteren Ereignisse. Der Zuschauer ist mittendrin, weil hier die psychologische und nicht die objektive Zeit veranschaulicht wird. Lola, Manni, Ronnie, die Einkaufstüte, die Bahn und alles, was die Situation bestimmt, rücken in einer schnellen Montage zusammen. Die unterschiedlichen Ereignisse, die wie Blitzlichter auftauchen und wieder verschwinden, die drehende Bewegung der Kamera in Lolas Zimmer lassen das Gefühl einer mehrdimensionalen Situation entstehen, die auf eine Entscheidung drängt. Aus dieser, den Augenblick zerlegenden und zugleich zerdehnenden Montage, aus der ängstlich-hektischen Stimmung des Telefonats schält sich Lolas Verbindlichkeit heraus. Man kann dem Gespräch entnehmen, daß auf Mannis Freundin Verlaß ist. Man sieht an ihrem wachen Blick, daß sie bereits nach einer Lösung sucht. So zieht sich schon durch die erste Sequenz die stabilisierende Wirkung der Liebe. Die Verbindung zwischen Lola und Manni ist das spürbare Band, das die in eine Vielfalt von Perspektiven aufgesplitterte Wirklichkeit zusammenhält. Es wird den ganzen Film über nicht mehr reißen.

Auch wenn *Lola rennt* auf einer tieferen Ebene ein ähnliches Thema behandelt wie *Titanic* – Stabilisierung einer komplizierten und brüchigen Wirklichkeit durch Liebe – wirken die beiden Filme im Erleben des Zuschauers als völlig unterschiedliche Realisationen. *Titanic* erobert die Herzen des Publikums, spart nicht mit rührenden Augenblicken und atemberaubender Spannung. *Lola rennt* wirkt kühler, intellektueller. Der Film löst immer wieder Reflextionen aus, reizt den Intellekt. Er verfolgt eine philosophische Perspektive und macht zugleich atemlos. Die Verbindlichkeit zwischen den Protagonisten und der Halt, den diese für sie bedeutet, erzeugen keine Tränen der Rührung.

## Zusammenfassung

Filme entfalten einen faszinierenden Sog, wenn sie Erlebnisse anbieten, die den zeitgenössischen Alltag und seine Belastungen behandeln. Denn dann beantworten sie Fragen, mit denen sich die Menschen in ihren Tagesläufen konfrontiert sehen. Manchmal weisen solche Antworten in die Zukunft. Sie lassen erfahren, welche neue Form das Leben einnehmen könnte. Daher machen viele wirksame Filme auf grundsätzliche gesellschaftliche Strömungen aufmerksam. Die Auswertung ihres Inhalts geht über in die Analyse gesellschaftlicher Entwicklungen.

Folgende zeitbedingte Wünsche und Themen könnten von Spielfilmen, die ein breites Publikum ansprechen wollen, in den kommenden Jahren aufgegriffen werden:

1. Wünsche nach bedeutsamen Inhalten auch bei Filmen, deren Schwerpunkt auf Digitaltechnik und Megaaction liegt;
2. Wünsche nach Veränderung, eine Neugier auf ganz andere Lebensformen;
3. Wunsch, unverrückbare Grenzen und Konsequenzen auszuloten;
4. Bereitschaft, die eigenen Ansprüche zurückzufahren, wenn dafür ein spürbarer Wert als Kompensation geboten wird;
5. steigendes Interesse für Figuren, die Belastungen aushalten und Probleme anpacken können;
6. eine heimliche, aber um so wirksamere Sehnsucht nach der »festen Hand«, nach autoritären Ordnungen;
7. eine Sehnsucht nach Treue und Verbindlichkeit in den menschlichen Beziehungen, nach einem Halt in der Liebe.

# Anwendung

## 12
## Morphologische Wirkungsanalyse

Das vorliegende Buch impliziert ein Verfahren zur Wirkungsanalyse von Spielfilmen und Spielfilmprojekten. Es handelt sich um ein ganzheitliches Einschätzungsinstrument, weil es a) Wirkungsprozesse mit einbezieht, die vor der eigentlichen Filmrezeption Bedeutung erlangen, und weil es b) den Film nicht auf Teilaspekte wie »Reise des Helden«, Stars oder Special Effects reduziert. Es ist auch ganzheitlich, weil es c) die vom Zuschauer ins Spiel gebrachten bewußten und unbewußten Wirkungsprozesse im Blick hat und d) den kulturellen Kontext, in dem Spielfilme rezipiert werden, berücksichtigt. Das aus Hunderten von empirischen Untersuchungen entwickelte Instrument wird weiter unten an *Lola rennt* und *Titanic* beispielhaft vorgestellt. Es analysiert Filme oder Drehbücher in Hinblick auf vier Wirkungsebenen:

### 1. Werben

Auch der beste Film ist zunächst darauf angewiesen, daß er die Aufmerksamkeit des Publikums auf sich zieht. Ohne Werbung keine Wirkung!

Filme werben mit bekannten Namen, ansprechenden Titeln und Schauplätzen oder mit schon vor dem Start in die Medien gebrachten Hintergrundinformationen über die Produktion. Sie machen mit Versprechungen von Sensationen und Spektakeln auf sich aufmerksam. Ferner ist die Werbekampagne zum Start, z.B. die Trailer, wichtig. Letztlich entscheidet die Mundpropaganda darüber, ob ein Film sich auf dem Markt behauptet.

## 2. Modellieren

Wirksame Filme haben das Erleben der Zuschauer im Blick. Sie wollen nicht nur etwas zeigen oder eine Geschichte erzählen. Für sie ist die Geschichte ein anschauliches Mittel zum Modellieren bewegender Erlebnisse. Ohne spürbare Wirkung kein Erfolg!

Drehbücher und Filme berücksichtigen diesen Gesichtspunkt, wenn sie im Zuschauer Grundkomplexe (vgl. Kapitel 5) beleben, die Aufmerksamkeit des Zuschauers von Anfang an in ihren Bann ziehen (vgl. Kapitel 6) und ihn unter Einsatz filmischer Fesselungstechniken (vgl. Kapitel 7) an der Gestaltung des Filmerlebens »beteiligen«.

## 3. Verwandeln

Ein Film kann seinen Impact aber noch steigern. Wirksame Filme binden den Zuschauer in ein fesselndes Verwandlungserlebnis ein. Sie formen sein Erleben zu einer Drehfigur aus, die ihn die Verwandlung einer,»Welt« erleben läßt. Verwandlung verstärkt die Fesselung!

Dieser Gesichtspunkt wurde besonders in Kapitel 8 dargelegt und an mehreren Beispielen veranschaulicht.

## 4. Antworten

Film ist ein Massenmedium. Für zwei Stunden schwört er die Seelen von Millionen Zuschauern auf ein und dieselbe Thematik ein. Doch die Hoffnungen und Befürchtungen, die Erwartungen der Menschen ändern sich mit der Kultur, in der sie leben. Filme sind daher wirksam, wenn sie auf zeitgemäße

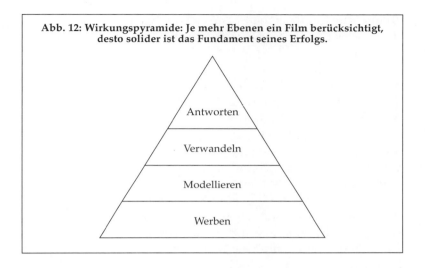

Abb. 12: Wirkungspyramide: Je mehr Ebenen ein Film berücksichtigt, desto solider ist das Fundament seines Erfolgs.

Fragen und Sehnsüchte antworten. Zeitbezug erhöht die Erfolgsaussichten!

In den Kapiteln 9 bis 11 wurde der Zusammenhang von Film und Kultur bzw. Gesellschaft an mehreren Beispielen untersucht. Im Rahmen einer ganzheitlichen Einschätzung darf er nicht vernachlässigt werden.

In den abschließenden Abschnitten werden Wirkungsanalysen von *Lola rennt* (D 1998) und *Titanic* (USA 1997) angeführt. Sie orientieren sich an den oben angegebenen vier Einschätzungsfragen und greifen Konzepte auf, die in den voranstehenden Kapiteln des Buches dargestellt wurden.

### Wirkungsanalyse Lola rennt (D 1998)

#### *Story*

Protagonistin der Geschichte ist Lola. Die junge Frau wird von ihrem Freund Manni zu Hause angerufen. Er macht ihr Vorwürfe, daß sie zum vereinbarten Treffen nicht erschienen ist. Er habe die U-Bahn nehmen müssen, dort eine Tasche liegenlassen und wisse nun nicht mehr ein noch aus. Manni arbeitet für Ronnie, einen Kriminellen. In der Tasche war dessen Geld – 100000 Mark! Manni muß befürchten, daß Ronnie ihn umbringt. Lola reagiert sofort. Sie macht sich zu Fuß auf den Weg zu ihrem Vater. Ihn will sie um das Geld bitten. Lola muß rennen, um Manni noch rechtzeitig zu erreichen. Denn dieser hat damit gedroht, er werde um genau zwölf Uhr mittags einen Supermarkt überfallen. Das sei seine einzige Chance zu überleben. Es ist 20 vor zwölf. Der Film erzählt Lolas Lauf in drei Versionen. Jede fällt anders aus, weil Lolas Lauf sich jeweils um einige Sekunden verschiebt.

In der ersten Version überrascht Lola ihren Vater, der einen Vorstandsposten in einer Bank bekleidet, im Gespräch mit seiner Geliebten. Durch Lolas unvermittelt vorgetragenes Ansinnen verärgert, teilt er ihr mit, er werde sich von ihrer Mutter trennen. Lola selbst sei nicht seine Tochter, sondern ein »Kuckucksei«. Dann schickt er sie weg. Lola hat nicht viel Zeit, diesen Schock wirken zu lassen. Sie rennt weiter, kommt aber einen Augenblick zu spät. Manni hat den Supermarkt schon betreten und bedroht Kunden und Angestellte mit einer schußbereiten Pistole. Lola hilft ihm, aber die Polizei ist im Nu zur Stelle. Lola wird erschossen. Im Augenblick ihres Todes zeigt der Film Manni und Lola im Bett. Lola möchte wissen, ob Manni sie wirklich liebt.

In der zweiten Version verläßt Lola das Haus ein paar Augenblicke später. Daher trifft sie ihren Vater in einem lauten Streit mit der Geliebten an. Sie hat ihm gerade gesagt, das Kind in ihrem Bauch stamme nicht von ihm, sie wolle aber trotzdem mit ihm zusammenleben. Lola zwingt ihren Vater mit einer Waffe dazu, ihr 100000 Mark auszuhändigen. Sie kann aus der von der Polizei umstellten Bank entkommen und erreicht Manni noch vor dem Moment, in dem er den Supermarkt betritt. Beide lächeln. Doch als sie aufeinander zugehen, wird Manni von einem Rettungswagen überfahren. Als er stirbt, liegen die beiden im Bett. Manni möchte wissen, wie schnell Lola ihn nach seinem Tod vergessen wird.

In der dritten Version hat der Vater die Bank bereits verlassen, als Lola dort ankommt. Sie rennt weiter, macht kurz entschlossen in einem Spielkasino Halt und gewinnt beim Roulette mehr als 100 000 Mark. Inzwischen findet Manni die Geldtasche wieder und händigt sie Ronnie aus. Lolas Vater hat einen schweren Autounfall. Als Lola zum vereinbarten Treffpunkt kommt, ist Manni bester Laune. Gemeinsam gehen sie die Straße entlang. Mit einem Blick auf die Tüte voller Geld in Lolas Hand, fragt Manni: »Was is'n da drin?«

## 1. Werben

Der Film von Tom Tykwer wurde mit einer äußerst geschickten Werbekampagne auf den Markt gebracht. Schon Monate vor dem Start wurde das Publikum auf ihn aufmerksam. Raffinierte Plakate in den Straßen, Trailer in den Kinos, Hinweise und Ankündigungen in Fernseh- und Radiosendungen, aber auch die Herausgabe des Titelsongs als Musikvideo und des Soundtracks als CD sprachen die vorwiegend junge Zielgruppe des Films wirksam an.

Die Kampagne versprach ein ungewöhnliches Kinoerlebnis. Sie erweckte den Eindruck, daß der Film Komponenten von Musikvideo, Videospiel und Spielfilm gekonnt miteinander zu kombinieren verstand. Die große Popularität Moritz Bleibtreus und die beachtliche Bekanntheit Franka Potentes trugen das ihre zur Werbewirkung des am 20. August 1998 von Prokino gestarteten Films bei.

## 2. Modellieren

Häufig wird angeführt, *Lola rennt* sei im Grunde ein langer Videoclip. Der Stil des Films legt eine solche Einordnung nahe. An *Lola rennt* läßt sich verdeutlichen, daß Form und Inhalt nicht voneinander getrennt werden können. Denn nicht zuletzt mit seiner eigenwilligen Form erzeugt der Film von Tom Tykwer im Erleben der Zuschauer spezifische Inhalte.

### Modellieren von Grundkomplexen

Obwohl die auffällige Form des Films den Zuschauer tendenziell zum distanzierten Betrachter eines ästhetischen Experiments macht, spricht *Lola rennt* dennoch Grunderfahrungen an, die das Publikum hinsichtlich bedeutsamer Fragen und Themen berühren.

- *Wandel – Verbindlichkeit:* Daß sich in jedem Augenblick alles wandeln kann, deutet der Film mit Mannis Mißgeschick an, den vielen Verkehrsunfällen, aber auch mit Lolas unerwartetem Verlust des Vaters, dem Auseinanderbrechen der Familie. Die Menschen gleichen den Wandel aller Dinge aus, indem sie Bindungen zu anderen herstellen und an ihnen festhalten. Ohne Verbindlichkeit wäre die Welt ein haltloses Chaos. Lola hält zu Manni, obwohl er Mist gebaut hat. Sie hilft ihm mit aller Kraft. Wenn Lola wiederholt auf Manni zuläuft und »Warte, Manni!« flüstert, wenn sie zu ihm durch die Glasscheibe des Supermarktes spricht, wenn sie ihn kurz entschlossen bei dem Überfall unterstützt, werden im Zuschauer Sehnsüchte nach Verbindlichkeit angesprochen. Die Gespräche des Liebespaars zwischen den verschiedenen Versionen umkreisen Ruhepunkte der Verläßlichkeit: »Liebst du mich?« »Wirst du mich vergessen, wenn ich nicht mehr da bin?« Die Verbindlichkeit zwischen Manni und Lola macht den schmerzhaften Wandel der Welt erträglich.
- *Beliebigkeit – Konsequenz:* Die Geschichte, aber auch die Form von *Lola rennt* verdeutlicht den Perspektivismus unserer Wirklichkeit. Die Sicht auf die Dinge verändert sich ständig. So ist grundsätzlich alles möglich: Lolas Vater sieht nicht mehr im Zusammenhalt der Familie, sondern in seiner neuen Liebe einen Wert. Schon eine Verzögerung von zwei Sekunden gibt dem Schicksal eine andere Richtung: Andere Begegnungen finden statt, das Leben der Menschen wendet sich über Zufälle vom Guten ins Schlechte. Auf der anderen Seite zeigt der Film über Lolas entschiedenen Einsatz, ihre Unermüdlichkeit und ihren eisernen Willen eine Gegentendenz auf. Lola setzt sich ein Ziel und hält daran fest. Sie will Manni helfen. Sie zeigt dem Zuschauer, daß man in einer perspektivischen und beliebig konstruierbaren Wirklichkeit nur mit Konsequenz tatsächlich etwas erreichen kann. Im Erleben der Zuschauer ordnet Lolas zielgerichteter Lauf das Chaos der Möglichkeiten. (vgl. Abb. 13)

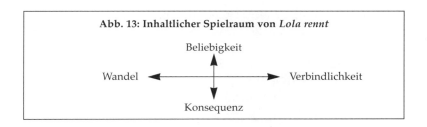

*Hindernisse und Verzögerungen*
Ein Film, der den schnellen Lauf einer jungen Frau durch Berlin zeigt, könnte sich auf die bloße Körperbewegung als dynamisierendes Moment verlassen. Tatsächlich wird die Wirkung von *Lola rennt* auch häufig damit erklärt. Doch das für den Zuschauer Entscheidende und Reizvolle bei Lolas Lauf ist, daß der Film der Bewegung eine Reihe von Hindernissen entgegenstellt und auf diese Weise Spannung erzeugt.

Zum einen hat Lola wiederholt physische Hindernisse zu überwinden: Der Hund auf der Treppe, die Passanten auf der Straße, Herrn Meyers Auto, das »Nein« des Vaters kommen ihrem Lauf in die Quere, erzwingen Verzögerungen und fordern Umwege heraus. Der Zuschauer gerät auf diese Weise in einen Übergang zwischen Voraneilen und Aufgehaltenwerden. Er sieht die Hindernisse auf Lola zukommen, möchte sie aus dem Weg räumen und fühlt Erleichterung und erneuten Schwung, wenn es weiter geht.

Noch entscheidender für die Fesselung aber ist, daß der Film von Anfang an eine Zeitfalle einrichtet und damit das Filmerleben zwischen zwei Richtungen spannt. Die eine ist Mannis Ankündigung, genau um zwölf Uhr den Supermarkt zu überfallen. Dies stellt für den Zuschauer eine Bedrohung dar, weil er sich vorstellt, daß mit dem Überfall Komplikationen auf das Paar zukommen, die es auseinanderreißen werden. In der immer wieder eingeblendeten Uhr, dem sich auf die Zwölf zubewegenden Zeiger, bleibt diese bedrohliche Option stets wirksam: Als Gegenrichtung zu Lolas schnellem Lauf wird somit den ganzen Film hindurch Mannis Entschluß und damit eine verhängnisvolle Verwicklung vorbereitet.

Wenn der Film zweimal wenige Sekunden vor Zwölf das Bild aufteilt und links zeigt, wie Manni auf das Geschäft zugeht, und rechts die laufende Lola, visualisiert er die Gleichzeitigkeit dieser beiden Richtungen. Es ist allerdings die Frage, ob damit die Wirkung verstärkt wird. Denn im Zuschauer sind sie ohnehin die ganze Zeit über wirksam. Der Film hat sie in Gang gesetzt, und nichts kann sie stoppen. Wenn er sie nun direkt visualisiert, verwandelt er einen als dicht erfahrenen Moment in ein konkretes Bild, das sich in ästhetisierender Distanz betrachten läßt.

*Dynamische Verhältnisse*
*Lola rennt* ist über weite Strecken geprägt von dynamischen Verhältnissen. Das Zusehen wird kurzweilig, weil das Erleben der Zuschauer an das von Musik erinnert. Es wird von einem spürbaren Rhythmus getragen.

- *Verdichten – Zerdehnen*: Der Lauf Lolas wird mehrere Male unterbrochen von Augenblicken, die einen Einblick in das Leben der Menschen eröffnen, denen Lola begegnet. Auf diese Weise wechselt sich das zielgerichtete Voran mit Momenten ab, in denen vielfältige Assoziationen und blitzschnelle Überlegungen angeregt werden. Die Dichte des Augenblicks lockert sich und legt Einblicke in Schicksalswendungen frei, die durch einen Zufall ausgelöst werden können. Ohne daß es ihnen bewußt sein muß, reflektieren die Zuschauer im Spiegel dieser Montagen ihre eigenen Erwartungen an das Leben. Ein anderes Beispiel für den Wechsel zwischen Verdichtung und Dehnung findet sich am Anfang des Films: Mannis Bericht am Telefon wird unterbrochen, und der Verlust der Tasche in der U-Bahn wird nun aus mehreren Perspektiven aufgerollt. Ein für den Film entscheidender Moment wird in seiner perspektivischen Konstruktion zugänglich.
- *Beschleunigen – Verlangsamen*: Der Film kombiniert Laufszenen im Originaltempo mit Szenen, die in Zeitlupe gedreht sind. Er läßt Momente des Vorwärtsstürmens in Augenblicke übergehen, die stillzustehen scheinen. Am stärksten

kontrastieren die atemlosen Laufszenen mit den Bildern, die Lola und Manni im roten Licht liegend zeigen: gerade noch lebensbedrohliche Aktion und nun ein ruhiges Gespräch in der Vertrautheit des Bettes. Die Zuschauer haben Zeit, in Gang gebrachte Entwicklungen ausklingen zu lassen, ihren eigenen Gedanken zu folgen. Sie fühlen sich nicht überrannt, sondern haben die Möglichkeit, ihren Part zum Film beizusteuern. Zuviel und zu schnelle Aktion auf der Leinwand kann das Seelenleben der Zuschauer stillegen. Sie fühlen sich leer und gereizt. Eine Rhythmisierung der laufenden Bilder durch Beschleunigungen und Verlangsamungen macht das Zusehen kurzweilig und das Erleben lebendig.

## Brechungen und Verrückungen

Die Zuschauer fühlen sich lebendig und angeregt, wenn Filme ihnen die Möglichkeit zum Erleben von Brechungen und Verrückungen bereitstellen. Denn im Kino wollen sie nicht nur einer Handlung zusehen. Sie wollen die Fähigkeiten ihres Seelenlebens wirksam einsetzen. Solche psychästhetischen Modellierungen werden als anregend und lustvoll erlebt. *Lola rennt* arbeitet wiederholt – man möchte fast sagen systematisch – mit ihnen, und dies ist ein nicht zu vernachlässigender Baustein seines Erfolgs.

- Eine Brechung erhält zum Beispiel der Beginn von Lolas Lauf in dem Comicfilm, der im Zimmer der Mutter im Fernsehen gezeigt wird. Die Zuschauer sehen Lola die Wohnung verlassen, setzen diese Tätigkeit aber über den Zeichentrickfilm fort. Hier sehen sie eine gezeichnete Lola die Treppe hinunterlaufen. Die Handlung läuft als Überzeichnung weiter. Das Filmerleben erfährt eine reizvolle Brechung, indem sich die begonnene Sinnentwicklung in einem anderen »Medium« fortsetzt.
- Auch das in den einzelnen Versionen unterschiedliche Ineinandergreifen der Ereignisse erzeugt im Erleben des Zuschauers besondere Verrückungen. So trifft Lola in jeder Version mit Herrn Meier, einem Bekannten ihres Vaters, in

dem Augenblick zusammen, als dieser gerade sein Auto aus der Ausfahrt heraussteuert. Beim ersten Mal läuft Lola vor dem Auto vorbei. Er blickt ihr nach und kollidiert mit dem vorderen Kotflügel eines vorbeifahrenden weißen BMW. Beim zweiten Mal springt Lola über die Kühlerhaube von Herrn Meiers Auto hinweg. Diesmal kommt der Unglückliche eine Sekunde später auf der Straße an und rammt den BMW am hinteren Kotflügel. Beim dritten Mal fällt Lola auf die Kühlerhaube und bleibt einen Moment liegen. Lola und Herr Meier sehen einander an. Der BMW fährt inzwischen unbemerkt vorbei. Es kommt an dieser Stelle zu keinem Unfall. Wohl aber stoßen dieselben Autos später zusammen und verursachen damit großen Schaden. Der Zuschauer erfährt die Bestandteile der gleichen Situation jedesmal anders zusammengesetzt. Er wird sensibilisiert für eine Vorstellung des Ineinandergreifens von Raum und Zeit.

*Wiederholungen*
Die Erzählung der Geschichte in drei Versionen bei gleichbleibendem Umfeld bindet den Zuschauer auf eine unübliche Weise ein. Zum einen bekommt er dadurch die Möglichkeit, aktiv zwischen der aktuellen und den bereits gesehenen Versionen zu vergleichen. Zum Beispiel fällt ihm auf, daß Lola in der zweiten Version etwas anwendet, was sie in der ersten gelernt hat: Sie entsichert die Pistole. Oder ihm fällt auf, daß die blitzlichtartigen Skizzen der Lebensläufe bei denselben Passanten je nach Version unterschiedlich ausfallen. Auch folgende Szene fordert den Zuschauer zu eigenen Schlüssen heraus: In der letzten Version kommt Papas Geliebte nicht dazu, ihrem Freund mitzuteilen, daß das Kind, das sie erwartet, nicht von ihm ist. Aber der Zuschauer war in der zweiten Version Zeuge des Streits, den diese Aussage auslöste. Nun »begleitet« er den Ahnungslosen mit einem »Wissensvorsprung«. Zudem löst der Film immer wieder Reflexionen über die Rolle des Zufalls im Leben aus.
Häufig wird in Filmen die Technik der Wiederholung angewandt, um dem Zuschauer die inzwischen durchlebte Ver-

änderung spüren zu lassen. Dieser einbindende Effekt kommt bei *Lola rennt* nicht zustande. Auch wenn der Zuschauer Querverbindungen zwischen den Versionen herstellt, macht der Film keine bedeutsame Veränderung im ganzen spürbar. Das verleiht den Versionen einen seriellen Charakter und verhindert eine zunehmende Vertiefung und Zuspitzung des Erlebens.

### 3. Verwandeln

*Lola rennt* wirkt insgesamt eigentümlich kühl. Als Zuschauer wird man nicht dazu verführt, seine Distanz über längere Strecken preiszugeben. Man fühlt sich häufig als Betrachter, als jemand, der die kunstvolle Machart des Films begutachtet. Man ist mehr mit dem Kopf dabei, den Augen als mit dem Herzen. Trotz aller Bewegung und des rasanten Tempos findet keine spürbare und den Zuschauer mitreißende Veränderung statt. So formt sich das Filmerleben nicht zu einer wirklich fesselnden Drehfigur aus.

Hinzu kommt, daß der Zuschauer am Ende kaum eine Gratifikation für das Durchgemachte erhält. Nachdem er durch Bedrohung, Verrat, Kränkung, Tod und irrwitzige Wendungen der Handlung gegangen ist, bieten ihm die letzten Szenen des Films einen recht verhaltenen Ausklang an. Noch nicht einmal eine Umarmung wartet auf ihn! Der ganze Schwung, den der Film in Gang setzte, wird in den Inhalt der Tüte in Lolas Hand und in Mannis Frage gepreßt: »Was is'n da drin?«

Die Dramaturgie von *Lola rennt* weist zwar keine die Distanz des Zuschauers durchbrechende Drehung auf. Trotzdem läßt sich eine konturierte, das Erleben vereinheitlichende Figuration beschreiben. Der Film löst den Wirkungsprozeß mit der Konstruktion eines Mangels aus: Die Tasche ist weg. Dann formt sich das Erleben zu einem konsequenten Ziellauf zur Behebung dieses Mangels aus. Vielfältige Versionen, Brechungen und Perspektiven öffnen sich dabei und errichten Hindernisse. Der Zuschauer bekommt ein Gefühl für die Kompliziertheit und den Wandel der Wirklichkeit. Zugleich kann er sich an Lolas Verbindlichkeit orientieren, findet Halt in ihrem enormen physischen Einsatz. Durch diese Ergänzung von ungeheurer Kompliziertheit und einfacher Ausrichtung erhält der Film seine Stringenz. Durch alle Perspektiven, Zufälle und plötzlichen Wendungen hindurch bleibt die Verbindlichkeit zwischen zwei Menschen bestehen. Das ist die tiefste Ebene des Films: *Lola rennt* stabilisiert eine komplizierte und perspektivische Welt mit Liebe und Verbindlichkeit.

### 4. Antworten

Mit seiner Tiefenthematik geht *Lola rennt* auf Fragen und Sehnsüchte ein, die die zeitgenössische Lebensform hervorbringt. Die in der westlichen Kultur bestimmend gewordene Inflation der Lebensbilder hat ein Gefühl der Beliebigkeit aufkommen lassen. Wenn alles möglich ist, ist es auch egal, was man tut, woran man sein Leben ausrichtet. Die Menschen genießen die damit verbundene Freiheit, sie surfen auf der Vielfalt und halten sich in einer flimmernden Dauererregung. Aber sie spüren, daß sich dabei nicht wirklich etwas verändert.

*Lola rennt* eröffnet formal und inhaltlich eine perspektivische Welt, in der nichts stabil ist, in der der Zufall den Lauf der Dinge bestimmt. Zugleich aber rückt der Film eine junge Frau ins Zentrum, die mit ungewöhnlicher Entschlossenheit das ihr gestellte Problem angeht. Lola fackelt nicht lange, sie handelt. Sie läßt sich nicht aus ihrer eingeschlagenen Bahn werfen. Sie hält zu Manni bis in den Tod. Erlebnisse von Konsequenz und Verbindlichkeit haben im Kino Konjunktur, weil sie die im Alltag erfahrene Beliebigkeit ausgleichen. Ein weiterer Baustein für die Wirksamkeit des Films und für seinen beachtlichen kommerziellen Erfolg.

### Fazit

Die Wirksamkeit von *Lola rennt* beruht im wesentlichen auf einer guten Werbekampagne, einer die mentale Tätigkeit des Zuschauers anregenden und differenzierenden Gestaltung

und darauf, daß er auf unterhaltsame Weise unbewußte Belastungen und Hoffnungen der Zeit anspricht. Am schwäch-
sten wirkt *Lola rennt* auf der Ebene der Verwandlung. Der
Film formt das Erleben der Zuschauer zwar zu einer Figur
aus – die Verbindlichkeit Lolas in einer beliebig konstruierbaren Welt –, aber er versetzt es damit nicht in eine Drehung.
Das breite Publikum erwartet vom Kino jedoch ein spürbares
Verwandlungserlebnis. Es kommt hinzu, daß der Film mit
seinem ganzen Auftreten hauptsächlich eine junge Zielgruppe anspricht. So plazierte sich *Lola rennt* im Kinojahr
1998 mit seinen über zwei Millionen Zuschauern nach *Come-
dian Harmonists* auf Platz zwei der Hitliste deutscher Filme.
Bezieht man die ausländische Konkurrenz mit ein, erreichte
er jedoch Platz 19.

### Wirkungsanalyse *Titanic* (USA 1997)

#### Story
*Titanic* erzählt mindestens drei ineinander verflochtene Geschichten. Im Erleben des Publikums verschmelzen sie zu einem einheitlichen Erlebensprozeß.
Der Protagonist der Rahmenhandlung ist der Wrackplün-
derer Brock Lovett. Zusammen mit einem Team von Technik-
und Computerfreaks sucht er im Auftrag seiner Geldgeber im
Wrack der Titanic nach dem wohl wertvollsten Diamanten
der Welt – dem »Herzen des Ozeans«. Als Lovett in einer Lu-
xussuite des versunkenen Dampfers einen Safe findet, glaubt
er sich am Ziel. Doch statt des Diamanten findet er eine
Zeichnung, auf der eine nackte junge Frau abgebildet ist, die
den gesuchten Stein um den Hals trägt. Diese Zeichnung
führt Lovett zu Rose, der Protagonistin der Haupthandlung.
Sie war 1912 auf der verhängnisvollen Jungfernfahrt der »Titanic« Passagierin und ist auf dem Bild als junge Frau zu sehen. Die heute 101jährige Greisin kommt an Bord des Bergungsschiffes. Man zeigt ihr eine Computeranimation, die
den Untergang des Schiffes rekonstruieren soll. Doch Rose ist
alles andere als beeindruckt. Sie erzählt den von schnellem

Reichtum und Technik besessenen Männern ihre persönliche Geschichte von den letzten Stunden der »Titanic«. Durch ihre Erzählung, die die Zuschauer als Hauphandlung zu sehen bekommen, bekommen Brock und seine Männer eine andere Einstellung zu dem von ihnen ausgeschlachteten Wrack. Erstmals wird ihnen deutlich, daß mit dem Untergang des Schiffes konkrete Lebensschicksale verwoben sind, Schicksale von Menschen, die in den Fluten des Nordatlantik den Tod fanden.

Die Protagonistin der Haupthandlung ist Rose. Sie ist zusammen mit ihrer Mutter und ihrem Verlobten Cal auf dem Weg nach Amerika. Die Heirat mit dem steinreichen Erben eines amerikanischen Industriellen soll die ausweglose finanzielle Situation von Mutter und Tochter sanieren. Doch Rose ist mit dieser Perspektive unzufrieden. Sie hat einen Blick für wahre Kunst und eine Sehnsucht nach einem authentischen Leben. Als sie auf dem Schiff den jungen, mittellosen Künstler Jack kennenlernt, erhält sie den Anstoß zu einer großen Veränderung. Jack zeigt ihr die einfachen Freuden des Lebens und unterstützt sie in dem Bestreben, sich aus ihren goldenen Fesseln zu befreien. Als Rose im Salon des Luxusdampfers beobachtet, wie eine Frau ihrer kleine Tochter Tischmanieren beibringt und diese artig gehorcht, faßt sie den Entschluß, ihr bisheriges Leben aufzugeben. Sie begibt sich zu Jack, der am Bug des Schiffes in die Wellen schaut. Jack zeigt ihr, wie es sich anfühlt, frei wie ein Vogel zu fliegen. Die Liebe zwischen Rose und Jack dauert nur wenige Stunden. Kurz nach einem Augenblick heißer Leidenschaft findet die verhängnisvolle Kollision mit dem Eisberg statt. Außerdem reißt Cals Eifersucht die Verliebten vorübergehend auseinander. Doch schließlich finden sie sich und kämpfen mit vereinten Kräften gegen die Bedrohung durch den Untergang des Schiffes an. Als die »Titanic« bugüber im Meer versunken ist, treffen sich Rose und Jack an einem Brett im eiskalten Wasser. Es kann nur einen von ihnen aufnehmen. Jack opfert sich und schärft Rose ein, niemals aufzugeben und auf jeden Fall ein ausgefülltes Leben zu führen. Rose verspricht es ihm. Dann stirbt Jack. Rose wird gerettet. Sie geht Cal, der sie sucht, aus dem

Weg, heiratet und erfüllt mit ihrem Mann den Auftrag, den Jack ihr mit auf den Weg gegeben hatte.

Der Protagonist der Nebenhandlung, die dem Film seinen Namen und etwas unglücklich die Bezeichnung »Katastrophenfilm« eingebracht hat, ist die »Titanic« und ihre Besatzung. In einer eindrucksvollen Montage erzeugt der Film ein Gesamtbild des gigantischen Schiffes: Sie führt den Zuschauer vom Kapitän auf der Brücke durch den Maschinenraum in den glutroten Kesselraum. Überall ist die Besatzung bei der Arbeit. Dann zeigt der Film die gigantischen Schiffsschrauben, schneidet zum Bug und erzeugt einen Eindruck der Geschwindigkeit, zu der der Dampfer fähig ist. Der Schiffseigner Sir Bruce Ismay bewegt Kapitän Smith dazu, trotz eintreffender Eiswarnungen Höchstgeschwindigkeit zu fahren. Er will mit dem neuen Schiff einen mediengerechten Weltrekord aufstellen. Ismay ist von der Größe und der technischen Ausrüstung seines Schiffes in einer Weise besessen, daß er alle Eiswarnungen in den Wind schlägt. Kapitän Smith, der nach der Jungfernfahrt in den Ruhestand treten wird, läßt sich von der Aussicht auf einen glanzvollen Abschluß seiner Laufbahn verführen. Die beiden, aber auch der ebenfalls mitreisende Konstrukteur der »Titanic«, Andrews, müssen erfahren, daß alle Technik des riesigen Schiffes nicht ausreicht, die schreckliche Katastrophe zu verhindern. Das Schiff wird von einem Eisberg an seinem Rumpf aufgeschlitzt. Die als Wunderwerk der Technik angepriesenen Sicherungssysteme versagen. Das Sinken der »Titanic« dauert nur zwei Stunden. Da nicht genügend Rettungsboote an Bord sind, sehen viele Passagiere dem Kältetod entgegen. Schließlich reißt der voll Wasser gelaufene Rumpf das Heck der »Titanic« in die Höhe. Das Schiff bricht entzwei und versinkt endgültig im nachtblauen Ozean. Die Mehrheit der Passagiere findet im eisigen Wasser den Tod. Smith und Andrews sind unter ihnen, Ismay jedoch wird gerettet.

### 1. Werben

Der Erfolg von *Titanic* begann schon lange, bevor die ersten Zuschauer den Film zu sehen bekamen. Der Untergang des historischen Vorbilds am 15. April 1912 ist den Menschen heute fast ebenso im Bewußtsein wie damals. Das liegt daran, daß die Katastrophe zentrale Hoffnungen und Befürchtungen des 20. Jahrhunderts zum Ausdruck bringt. Mit dem Untergang der »Titanic« erfuhren die ehrgeizigen Vorhaben des technologiegläubigen Jahrhunderts einen empfindlichen Dämpfer. Man kann dieses Ereignis wohl als ein kulturelles Trauma bezeichnen. Der Tod der Passagiere, die sich auf einem unsinkbaren Schiff wähnten, führte und führt den Menschen noch heute vor Augen, wie schnell die Errungenschaften von Technik und Wissenschaft die Menschen allein lassen können. Der Untergang der »Titanic« ist inzwischen zu einem Mythos der Moderne geworden.

Schon während der Produktion des Films erfuhr die Öffentlichkeit von einer Reihe von Superlativen. Der Film sollte der teuerste aller Zeiten werden. Das Schiff wurde im Maßstab von 9:10 nachgebaut. James Cameron, der Regisseur, soll Wert darauf gelegt haben, einen möglichst authentischen Eindruck von der Katastrophe zu erzeugen. Außerdem wurde bekannt, er habe das teuerste Filmprojekt aller Zeiten mit dem Verzicht auf eigene Gage und Gewinnbeteiligung abgesichert. Weiterhin wurden verbreitet, daß mittels digitaler Bildbearbeitung Bilder entstanden seien, wie sie das Publikum bisher nie hat sehen können, und, und, und …

Es kam hinzu, daß viele Menschen mit dem Namen Cameron andere sehr erfolgreiche Produktionen verbanden und Leonardo DiCaprio mit früheren Filmen bereits zu einem Star geworden war. Er kann Millionen von jungen Mädchen in Hysterie versetzen. Auch das mit dem Film identifizierte Lied des kanadischen Popstars Celine Dion »My Heart will go on« war ein nicht zu vernachlässigender Aspekt der ungewöhnlich starken Werbewirkung.

Schließlich sollten auch die von der Verleihfirma Fox angekurbelte Werbekampagne und das ausgeklügelte Marketing dazu beitragen, daß viele Menschen auf den Film aufmerksam wurden. Eigentlich erstaunlich, daß dennoch die Auswertung in der ersten Woche hinter so manch anderem, auf längere Zeit aber weniger erfolgreichen Blockbuster zurückblieb.

All diese Komponenten formten sich zu einem Bild, das bereits vor dem Start des Films am 19. Dezember 1997 in den USA und am 8. Januar 1998 in Deutschland wirksam war und die Menschen dazu einlud, die Fragen, Erwartungen und Erregungen, die sie beschäftigten, mit einem Kinobesuch abzurunden. Solche wirksamen Bilder können eine ungeheure Macht erlangen. Die Menschen drängen darauf, sich in ihre Erlebniswelt einzuklinken und an Gesprächen und Diskussionen teilzunehmen, die sich an ihnen entzünden.

Wenn dann der Film selbst die Erwartungen der Menschen nicht enttäuscht oder sogar übertrifft, ist seine Ausbreitung in den Tagesgesprächen nicht mehr zu verhindern. Eine autonome Wirkungswelt bildet sich heraus und reißt immer mehr erlebnishungrige Menschen in ihren Strudel hinein. Das sie begleitende Merchandising löst unwiderstehliche Kaufzwänge aus und verleiht ihr in Millionen von Objekten, Büchern, Plakaten und CDs materielle Präsenz. Immer mehr wollen teilhaben an der Welt der *Titanic*. Schließlich scheint die gesamte Öffentlichkeit unter ihrem Zeichen zu stehen. Es soll Kinogänger geben, die sich den Dreistundenfilm mehr als fünfzig Mal angesehen haben.

### 2. Modellieren

In diesem Buch wurde wiederholt darauf hingewiesen: Wirksame Filme begnügen sich nicht damit, nur eine Geschichte zu erzählen. Figuren, Dinge und Wendungen der Handlung sind ein Medium zur Gestaltung kurzweiliger Stundenwelten und zur Belebung der unbewußten Intelligenz der Zuschauer. Das ist mit »Modellieren« gemeint.

*Modellieren von Grundkomplexen*

Rahmen-, Haupt- und Nebenhandlung berühren den Zuschauern mit mehreren Tiefenthemen, die mit Grundkomplexen zusammenfallen oder aus ihnen abgeleitet sind. Die wichtigsten werden im folgenden angeführt:

- *Getrennt – Vereint*: *Titanic* ist ein Liebesfilm. Über weite Strecken erzählt er die Geschichte einer Frau und eines

Mannes, die durch soziale Unterschiede voneinander getrennt sind, sich gegen alle Hindernisse durchsetzen, um schließlich in Liebe und Leidenschaft vereint zu sein. Dieses Thema ist Favorit bei weiblichen Zuschauern jeden Alters.

- *Wandel – Verbindlichkeit*: Trotz aller Schwierigkeiten und schicksalhaften Ereignisse, bedroht durch Tod und Trennung, zeigen Jack und Rose eine ungewöhnliche Verbindlichkeit. Jack setzt sich geradezu selbstlos für Rose' Entwicklung ein und stellt ihr Leben sogar höher als sein eigenes. Rose hält das Versprechen, das sie ihm in seinen letzten Minuten gibt: Sie lebt ihr Leben so, wie Jack es für sie gewünscht hat. Dieser Komplex spricht sowohl Sehnsüchte von jungen weiblichen, als auch von älteren Zuschauern beiderlei Geschlechts an.
- *Begrenzt – Darüber hinaus*: *Titanic* ist auch ein Film, der die Befreiung einer Frau aus ihren sozialen und persönlichen Fesseln inszeniert. Rose befreit sich aus einem als falsch empfundenen Leben. Indem sie zu sich selbst findet, ihren persönlichen Kern entfaltet, wächst sie über sich und ihr Umfeld hinaus. Aber auch die zahlreichen Nebenfiguren, die angesichts des Todes Würde und menschliche Größe zeigen, lassen im Zuschauer die Thematik von Begrenzt – Darüber hinaus anklingen. Dadurch spüren sie ihren eigenen Wunsch, das Beste in sich zum Ausdruck zu bringen. Die Thematik interessiert und beeindruckt sowohl junge als auch ältere Zuschauer.
- *Formal – Lebendig*: Der Film läßt den Zuschauer wiederholt erfahren, daß das Leben verkümmert, wenn es sich von abstrakten Formalismen, menschenfremder Technik und austauschbaren materiellen Werten leiten läßt. Damit berührt der Film den Grundkomplex Beliebigkeit – Wertsetzung. Nicht nur ältere Zuschauer lassen sich von dieser Thematik ansprechen. Auch viele jüngere Menschen empfinden häufig eine quälende Leere und sehnen sich nach einem wertbestimmten und ausgefüllten Leben.
- *Zerstören – Erhalten*: Die von *Titanic* breit und eindrucksvoll in Szene gesetzte Zerstörung des Luxusliners, das Eindrin-

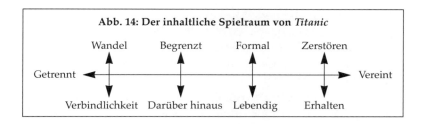

Abb. 14: Der inhaltliche Spielraum von *Titanic*

gen der Fluten, das Auseinanderbrechen und Sinken des Schiffes berühren Erfahrungen mit der Verletzbarkeit menschlicher Unternehmungen und lösen eine Suche nach ausgleichendem Halt aus. Eine Thematik, die aufgrund ihrer spektakulären Umsetzung vornehmlich männliche Zuschauer anspricht.

Damit sind die wichtigsten Themen angesprochen, die die breite Wirksamkeit von *Titanic* begründen. Ihre Vielfalt macht es unterschiedlichen Zielgruppen möglich, sich zusammen ein und denselben Film anzusehen. *Titanic* ist ein Art Liebes-, Historien-, Katastrophen-, Actiondrama und zugleich ein als einheitlich erlebtes Ganzes (vgl. Abb. 14). Über die Modellierung bedeutsamer Themen hinaus setzt er eine Reihe von Fesselungstechniken ein, die fast jede Minute zu einem Erlebnis werden lassen.

*Umschwünge*

Umschwünge werden als belebend erfahren. Mit ihnen dreht sich die Stundenwelt des Kinobesuchs. Umschwünge reißen die Richtung, die sich im Zuschauer herausgebildet hat, herum und fordern ihn dazu auf, dem Ganzen einen neuen Sinn zu geben. Die wirksamsten Umschwünge vollziehen sich auf der Achse thematischer Grundkomplexe. Sie nutzen deren gegensätzliche Struktur aus und verlagern das Gewicht von dem einen auf den anderen Pol.

Im folgenden werden die wichtigsten thematischen Umschwünge bei *Titanic* angeführt:

- *Formal* ⌢ *Lebendig*: Statt Geld und Diamanten fördert die Expedition von Brock Lovett die Abbildung einer jungen Frau zutage. Darüber wendet sich die Suche nach abstraktem materiellem Gewinn in ein konkretes menschliches Drama.
- *Getrennt* ⌢ *Vereint*: Weil es Rose peinlich ist, daß sie sich am Heck der »Titanic« das Leben nehmen wollte, erzählt sie ihrem Verlobten Cal eine unwahre Geschichte. Sie sei ausgerutscht und Jack habe sie festgehalten. Doch damit etabliert sie zwischen sich und Jack ein verbindendes Geheimnis. Von nun an steht die Geschichte im Zeichen ihrer Liebe und Verbindlichkeit.
- *Begrenzt* ⌢ *Darüber hinaus*: Als Rose, nachdem sie ihre Situation in einem kleinen Mädchen widergespiegelt sieht, ihren goldenen Käfig verläßt und gegen den Willen ihrer Mutter und ihres Verlobten zu Jack geht, ist sie über ihre bisherigen Grenzen hinausgewachsen. Sie hat sich aus ihren alten Bindungen gelöst und ist nun dazu in der Lage, eine neue einzugehen. Sie fühlt sich nicht mehr als Mädchen, sondern als leidenschaftliche Frau. Für den Zuschauer beginnt ein neues Kapitel.
- *Halt* ⌢ *Zerstörung*: Die Kollision des Schiffes mit dem Eisberg reißt den Zuschauer aus seiner romantisch-erotischen Stimmung. Sie verwandelt die Liebesgeschichte in ein Actionmovie. Von nun an geht es nicht mehr um die Vereinigung der Getrennten, sondern um das Überleben der Vereinigten.
- *Vereint* ⌢ *Getrennt*: Als Jack, nachdem er sich selbstlos für das Überleben Roses eingesetzt hat, stirbt, geht alles, worauf die Zuschauer über zwei Stunden gesetzt haben, wieder verloren. Sie werden in ihren Hoffnungen enttäuscht und sind dazu gezwungen, ihre Erwartungen zu ändern.
- *Getrennt* ⌢ *Vereint*: Die ganz am Ende von Rose geträumte Wiedervereinigung des Liebespaars wirft die Richtung im Erleben des Zuschauers dann ein letztes Mal herum. Die Liebe hat doch über den Tod gesiegt.

*Dynamische Verhältnisse*

Letztlich war es menschlicher Größenwahn, der zum Untergang der »Titanic« führte. Die Katastrophe machte auf traumatische Weise deutlich, wie klein die Menschen im Grunde sind. *Titanic* räumt dem Verhältnis von groß – klein daher einen beachtlichen Stellenwert ein. An einer Montage und der auf sie folgenden Szene wird dargestellt, wie der Film über die Behandlung des Verhältnisses von groß – klein das Erleben der Zuschauer formt und anregt.

- *Montage – Das Schiff in voller Fahrt*: Der Film läßt *Größe und Kraft* der »Titanic« vor den Augen des Zuschauers entstehen. Er zieht ihn in eine mitreißende Bildkomposition hinein. Zunächst zeigt er Kapitän Smith auf der Brücke. Er gibt Anordnung, *Höchstgeschwindigkeit* zu fahren. Der Befehl löst im Maschinenraum und im Heizkeller emsige Aktionen aus. Man sieht stampfende Maschinen und Kohle schaufelnde Männer vor dem Feuer. Dann werden die *riesigen* Schiffsschrauben gezeigt, in die sich die entfesselte Kraft entlädt. Danach sind die vom Schiff erzeugten Bugwellen zu sehen. Dort springen Delphine in der Gischt. Schließlich mündet die ganze Dynamik in Jacks Ausruf: »Ich bin der *König der Welt*!« Die Zuschauer werden in einen kraftvollen *Aufschwung* hineingezogen. Im Vergleich mit den *kleinen* Menschen auf Deck, den springenden *Delphinen* erscheint das Schiff *gigantisch*. Man kann Jacks Ausruf mitvollziehen, erinnert sich an eigene Triumphe und Glücksgefühle. Man kann aber auch ein wenig über den jungen Mann lächeln, der so arglos dem *Rausch von Größe* und Geschwindigkeit erliegt.
- *Anschließende Szene – Rose, ihre Mutter, Cal und andere im Gespräch mit Ismay und Andrews*: Das über die Montage modellierte Verhältnis groß – klein wird in dieser Szene im Kontext einer Unterhaltung weitergeführt. Der Schiffseigner Ismay schwärmt von der »Titanic«. Sie das *größte, schnellste und sicherste Schiff*, das je gebaut wurde. Cal und die Mutter suchen Rose *kleinzuhalten*. Doch sie läßt sich nicht einschüchtern. Gewitzt entlarvt sie die phallische Be-

geisterung Ismays für sein *gigantisches* Schiff mit einem Hinweis auf Freuds Theorie über die männliche Besessenheit von *großen Gegenständen*. Peinlich berührte Blicke, aber auch anerkennendes Lächeln zeigt sich auf den Gesichtern der Runde. Ismay versteht nicht, er fragt: »Freud? Wer ist das? Ein Passagier?« In derartig komplexen Wendungen kann der Zuschauer zwar nicht ungebrochen seinem eigenen Größenwahn frönen, aber dafür fühlt er sich außerordentlich lebendig und intelligent. Wenn er die Anspielung versteht, hat er etwas zu lachen. Er wird darauf aufmerksam, daß *abstrakte Größe* nicht alles ist, was zählt. Bei alledem bleibt er in der thematischen Linie des Films gefangen.

*Zwei Auslegungen*

Als Beispiel für zwei Auslegungen bei *Titanic* kann die Szene dienen, in der Rose sich das Leben nehmen will und Jack sie davon abhält: Rose wird deutlich, daß sie in der Rolle, die Mutter und Verlobter von ihr einfordern, wohl niemals glücklich sein wird. In ihrer Verzweiflung läuft sie zum Heck des Schiffes. Sie hat vor, sich in den Tod zu stürzen. Jack, der auf einer Bank liegt und in den Sternenhimmel blickt, wird auf die junge Frau aufmerksam. Ohne, daß sie es bemerkt, folgt er ihr. Rose klettert über die Reling. Jack kommt auf sie zu und überredet sie, zurück auf das Deck zu steigen. Er macht ihr mit viel Geschick angst, indem er beschreibt, welch starke Schmerzen eiskaltes Wasser auf sanfter Haut erzeugt. Rose gibt ihr Vorhaben auf, rutscht jedoch ab, und Jack muß sie mit aller Kraft zurück auf das sichere Deck ziehen. Dabei fallen sie zusammen auf den Boden. Matrosen hören Rose' Schrei und kommen zur Hilfe. Als sie Jack auf Rose liegen sehen, vermuten sie einen sexuellen Übergriff. Der Bootsmann wird gerufen. Mit ihm kommen Cal und sein Butler. Jack wird verdächtigt, Rose belästigt zu haben. Um das Mädchen nicht bloßzustellen, schweigt er. Doch dann erzählt Rose den Anwesenden eine gekürzte Version: Sie sei plötzlich ausgerutscht und Jack habe sie festgehalten. Obwohl Jack weiß, daß dies nicht die ganze Wahrheit ist, widerspricht er Rose nicht.

Nun wird er als Retter des Mädchens gelobt. Als die Gruppe um Cal sich zurückzieht, bittet Jack den Butler Lovecraft um eine Zigarette. Dabei gibt der ehemalige Polizist zu erkennen, daß er nicht an Roses Geschichte glaubt. Jack bleibt allein zurück.

- Schon als Rose aufgelöst zum Heck läuft und über die Reling klettert, weiß der Zuschauer, daß Jack sie beobachtet. Auf diese Weise gerät jede ihrer Bewegungen zugleich in den Blick des jungen Mannes. Der Zuschauer sieht zwar nur die verzweifelte Rose und weiß doch, daß Jack rechtzeitig eingreifen wird.
- Als Jack versucht, Rose von ihrem Vorhaben abzubringen, verfolgt er eine Taktik, die der Zuschauer durchschaut, auf die Rose jedoch reinfällt. Er spricht das verwöhnte und schmerzempfindliche Mädchen in ihr an und teilt ihr scheinbar beiläufig mit, wie kalt das Wasser sei und wie schmerzhaft es sich anfühle, wenn es mit der Haut in Kontakt kommt. Der Zuschauer versteht, daß Jack eine Taktik verfolgt, die das Mädchen nicht erkennt. Oder gibt sie nur vor, sie nicht zu erkennen, um einem Gesichtsverlust gegenüber dem jungen Mann entgegenzuwirken? Auf jeden Fall brechen mehrere Auslegungen zugleich auf, und der Zuschauer kann mit ihnen je nach Gusto spielen.
- Als Rose nachgibt und zurück aufs Schiff steigt, rutscht sie aus und droht nun tatsächlich ins Wasser zu stürzen. Hier konzentriert sich die Rezeption auf eine eindeutige Bedrohung. Der Zuschauer gibt seinen größeren Blickwinkel auf und wird durch die akute Gefährdung des Mädchens gefesselt. Jack gelingt die Rettung. Beide fallen erschöpft aufs Deck und liegen eng umschlungen auf den Planken.
- Schon setzt der Film eine erneute Verdoppelung in Gang: Von Rose' Schrei angelockt, laufen Matrosen herbei. Sie sehen Jack auf Rose liegen und interpretieren die Situation als versuchte Vergewaltigung. Wieder stehen die Zuschauer zwischen zwei Auslegungen ein und desselben Bildes. Denn sie wissen, daß die Matrosen Jack Unrecht

tun. Cal und sein Butler kommen hinzu und gehen von der gleichen Annahme aus wie die Matrosen. Jack wird in Handschellen gelegt. Die Zuschauer ahnen, was Jack durchmachen muß. Denn um Rose nicht bloßzustellen, muß er schweigen.

- Doch dann gibt Rose der Situation eine anderen Sinn. Sie sagt, sie sei lediglich ausgerutscht und Jack habe sie festgehalten. Wir wissen, daß dies nicht der Wahrheit entspricht, aber die anderen Männer glauben ihr. Also wird Jack wieder von seinen Fesseln befreit. Nun ist zwischen Jack und Rose ein Geheimnis etabliert, von dem nur die Zuschauer wissen. Sie verstehen jeden Blick zwischen den beiden als Intensivierung ihrer Verbindung. Über ihr Geheimnis verschmelzen sie zu einem konspirativen Paar. Die anderen Figuren sind ahnungslos, ja Cal wähnt sich als der Überlegene.

- Wenn zum Abschluß Butler Lovecraft gegenüber Jack bezweifelt, daß Rose' Geschichte den Tatsachen entspricht, gerät das etablierte Geheimnis schon in Gefahr. Die Zuschauer müssen damit rechnen, daß es von dem ehemaligen Polizisten enthüllt wird. Jacks Ausdruck, mit dem er Lovecraft hinterherschaut, gibt dem Zuschauer Gelegenheit, die Komplexität der Situation nachwirken zu lassen. Er fragt sich: Was weiß der Butler wirklich?

Die beschriebenen Wirkungsprozesse weisen eine große Komplexität auf. Die Szene fordert den Zuschauer auf, ihren Sinn mit zu erschließen. Mit seinem Dazutun wendet sich die Bedeutung des Ganzen mehrmals, werden die Situationen immer wieder mehrdeutig. Trotzdem findet durch alle Umdeutungen hindurch auf der Ebene des Grundkomplexes Getrennt – Vereint eine Entwicklung statt. Denn indem Rose und Jack ein Geheimnis teilen, wachsen sie im Gefühl des Zuschauers zusammen. Ohne daß auf der Leinwand einmal das Wort Liebe fällt, ohne Kuß und andere eindeutige Handlungen treiben die Zuschauer – durch alle Verdoppelungen, Drehungen und Wendungen hindurch – aktiv eine romantische Vereinigung voran.

*Brechungen und Verrückungen*

*Titanic* schafft ein kurzweiliges und dramatisierendes Erlebnis auch dadurch, daß er die Entwicklung der Erlebensprozesse in Brechungen und Verrückungen vertieft und voranbringt. Hier drei Beispiele:

- *In der Kabine schenkt Cal Rose das »Herz des Ozeans«*: Cal überreicht Rose den in der Geschichte wiederholt gezeigten unermeßlich wertvollen Diamanten. Er möchte sie damit binden. Er bearbeitet sie, sie möge doch ihren Eigensinn aufgeben und mit ihm zusammenleben. Rose ist zwar beeindruckt von dem Juwel, aber sie kann dem Mann nicht ehrlich antworten. Zusammen mit Cal steht sie vor einem Spiegel. Sie betrachten den Stein an ihrem Hals; Rose' Miene ist ernst. Dieser Blick offenbart alles, was der Zuschauer über die Annäherung zwischen ihr und Jack weiß. Der Zuschauer sieht in Rose' Ausdruck seine Zweifel bestätigt, daß sie sich tatsächlich für Cal entscheidet.
- *Rose im Salon beim Tee*: In den Szenen zuvor wurde Rose sowohl von ihrem Verlobten als auch von ihrer Mutter ermahnt, ihre Treffen mit Jack einzustellen. Sie ließ sich tatsächlich umstimmen. Doch dann traf sie noch einmal auf ihren jungen Freund, der ihr eindringlich riet, ihrem Herzen zu folgen. Ihr inneres Feuer würde sonst zu früh erlöschen. Rose sitzt nun im Salon mit anderen Damen. Sie beobachtet, wie am Nachbartisch eine Frau ihrer Tochter Tischmanieren beibringt. Das Mädchen gehorcht artig. In dieser kleinen Szene spiegelt sich für Rose, vor allem aber für den Zuschauer, die Situation der jungen Frau: Sie wurde in eine Lebensform hineingezwängt, die nicht zu ihr paßt. Die Gedanken und Gefühle des Zuschauers gehen in einem Bild auf, das ihn einen komplexen Zusammenhang überschauen läßt. Dann macht Rose den entscheidenden Schritt. Sie geht zu Jack, der am Bug des Schiffes in die Wellen sieht.
- *Rose als alte Frau vor den Videoaufnahmen des Wracks*: Die Einstellung, in der Rose und Jack am Bug des Schiffes mit ausgebreiteten Armen den Fahrtwind auffangen, ist die meist

zitierte Szene von *Titanic*. Sie markiert den Moment, in dem die beiden Liebenden endgültig zu einem Paar verschmelzen. Cameron modelliert diesen Augenblick zu einem wahrhaft glücklichen Augenblick: Rose genießt die Weite der Welt, aber auch den Halt von Jacks Armen. Ein Moment größter Innigkeit. Doch an dieser Stelle läßt der Film das in der Abendsonne reflektierende Bug übergehen in das verrottete Eisen des Wracks. Die 101jährige Rose wendet sich von diesem Bild ab und teilt den lauschenden Männern des Bergungsschiffes mit, daß dies das letzte Mal gewesen sei, an dem die »Titanic« das Tageslicht gesehen habe. Mit diesem Übergang vom Moment des größten Glücks in die tödliche Tiefe des Ozeans wird die von den Zuschauern genossene Erfüllung in den Kontext des ganzen Bildes gerückt und somit gebrochen. Der Film zeigt, daß das Glück der Liebenden dem Tode geweiht ist. Ein ganzes Feuerwerk an Einordnungen, Erinnerungen und Vorgriffen wird im Erleben des Zuschauers entfacht.

### 3. Verwandeln

Nicht nur die Heldin erlebt auf der *Titanic* Ungeheuerliches, sondern auch der Zuschauer in seinem Sessel. Ihm wird die Rolle zugewiesen, das Trauma vom Untergang der »Titanic« zu erinnern und zu beleben. Ihm wird ein glanzvoller Aufschwung eröffnet, in dem er alle heimlichen Hoffnungen nach Größe und Kraft unterbringen kann. Dann werden seine romantischen Erwartungen berührt. Er ist es, der die Liebe zwischen Rose und Jack gegen Heuchelei und andere Widerstände vorantreibt. Er kann dabei mal seine Sehnsucht nach Anlehnung, mal seine Wünsche, einem anderen ein Vorbild zu sein, unterbringen. Teils mit Genugtuung, teils mit Neid auf die Abenteuer des Paares, vollzieht er dessen Vereinigung mit. Doch dann rückt ein anderes Geschehen in den Vordergrund, das implizit im Trauma schon wirksam war: Das Schiff steuert auf seinen Untergang zu. Unter diesen Voraussetzungen sieht der Zuschauer die Trennung der Einheit auf sich zukommen, für die er sich selbst gerade noch eingesetzt hat. Er bangt mit ihr und kämpft um sie. Er muß sie preisgeben und wird – nach einer Phase der Ruhe – für seine Treue mit einer phantastischen Wiedervereinigung belohnt.

Die Geschichte ist zu einem Drama des Zuschauers geworden. Er hat seine Befürchtungen ins Spiel gebracht und seine heimlichen Sehnsüchte. Er ist mit glücklichen Augenblicken belohnt worden und mußte hinnehmen, daß sie ihm wieder entgleiten. Er hat die Wandlungen einer Liebe im Rahmen des Überlebenskampfes einer kleinen Welt durchlebt. Er hat zwar der Geschichte zugeschaut, dabei aber selbst eine Veränderung erfahren: Die mit dem Jahrhundertrauma verbundene Angst vor Vernichtung hat sich in den Glauben an die Unsterblichkeit der Liebe verwandelt.

Stark vereinfachend und mehrere Thematiken und Wendungen auslassend, symbolisiert die Abbildung 15 die Morpholo-

**Abb. 15: Verwandlungen bei *Titanic***

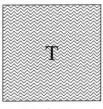

Die tödliche Kälte des Ozeans hat vor vielen Jahren die »Titanic« zerstört. Das Trauma wirkt weiter.

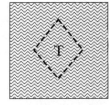

Der Film belebt das Wrack und das Trauma erneut ...

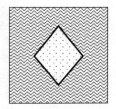

... und läßt die mit dem Wunderwerk verknüpften Versprechungen noch einmal aufleben.

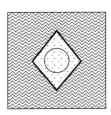

Im Bauch des Schiffs begegnen sich eine Frau und Mann. Die Liebe kämpft um ihr Recht.

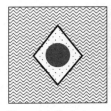

Kaum ist die Leidenschaft entflammt, verliert sie den bergenden Halt: Die »Titanic« sinkt.

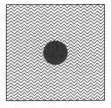

Nach langem Kampf erweist sich die Liebe als Sieger: Sie hat Tod und Trauma überstanden.

gie des Films von James Cameron. Sie verleiht dem Film seinen unbewußten Zauber. Sie gliedert die Protagonisten, einzelne Gegenstände, nicht zur Haupthandlung gehörende Schauplätze und Figuren, das gesamte Set-Design, die Musik und die zahlreichen kleineren Rollen in ihre Wendungen ein. Im Erleben der Zuschauer werden die Einzelheiten, die im Film eine Rolle spielen, zu einer einheitlichen Figuration in Verwandlung verarbeitet. Sie bildet den wirksamen Kern des Films.

### 4. Antworten

Da in Kapitel 10 auf den Zeitbezug von *Titanic* ausführlich eingegangen wurde, soll an dieser Stelle eine knappe Zusammenfassung genügen.

*Titanic* antwortet auf ein Vakuum, das innerhalb der westlichen Kultur entstanden ist. Er knüpft an Erfahrungen mit der Überkultivierung des Alltags an. Ein Alltag, der eine ungeheure Fülle an Lebensbildern anbietet, die alle ihren Reiz haben. Sein reibungsloser Ablauf wird durch hochmoderne Apparate gewährleistet, die aus unserem Leben nicht mehr wegzudenken sind. Aber die Menschen wissen auf der anderen Seite immer weniger, wofür sie leben und wie das Leben überhaupt funktioniert.

Noch nie wurde der Untergang eines Schiffes zu solch einem spannenden und mitreißenden Kinoerlebnis. Damit bietet der Film von Cameron den Menschen eine faszinierende Option an. Sie können zur Probe das glitzernde und von High-Tech geprägte Ganze, das sie hält und doch alleine läßt, untergehen lassen. Das ist beängstigend, aber in diesem Film auch ungemein aufregend. *Titanic* stellt mit seiner sorgsamen Ästhetisierung reichlich Stützen bereit.

Der Film bietet zudem einen als wertvoll empfundenen Ausgleich an. In der schlichten Verbindlichkeit, der ehrlichen Liebe zweier Menschen finden die Zeitgenossen eine Alternative zu ihrem glitzernden, flirrenden, aber auch inhaltsleeren Alltag. Hollywoods *Titanic* verbreitet den farbigen Glanz eines als reich empfundenen Lebens. Damit führt er aktuelle Probleme und Entwicklungstendenzen der Jahrtausendwende im Rahmen eines durchgestalteten Filmwerkes weiter.

Schließlich – und das ist die tiefste Ebene seiner Wirkung – stellt *Titanic* die späte Behandlung eines Jahrhunderttraumas dar. 1912 mußten die Menschen fassungslos zusehen, wie das mit allen Hoffnungen auf den Weg gebrachte Wunderwerk im Ozean versank. Heute – am Ende des Jahrhunderts – können sie mit Genuß am Untergang partizipieren. Sie können das Schiff aktiv preisgeben, weil der Film ihnen eine spürbare und als wertvoll empfundene Kompensation anbietet. Er verwandelt die Unfaßbarkeit des Traumas in den Halt einer Liebe. Die Beobachtung, daß viele Menschen Camerons Film mehrmals sahen, verweist darauf, daß es ein Bestreben gibt, die schreckliche Zerstörung einer technisch perfekten ›Welt‹ dadurch zu bewältigen, daß man wiederholt aktiv an ihr teilnimmt. Mehr Inhalt kann ein Kinofilm nicht bieten!

**Fazit**

*Titanic* ist auf allen vier Ebenen außergewöhnlich wirksam. Er hat eine ungewöhnlich starke Werbewirkung, bietet den unterschiedlichsten Zuschauern Themen an, bei denen sie mitgehen können und läßt praktisch jede Minute zu einem zugespitzten Erlebnis werden. *Titanic* bezieht das Erleben in spürbare und bedeutsame Verwandlungen ein und trifft den Nerv der Zeit. Diese Produktion ist rundum gelungen. Sie berührt das Unbewußte der Menschen und die Konflikte der Kultur in einer Weise, wie es lange keinem Film mehr gelungen ist. Das Ergebnis spricht für sich: Nach einem Jahr Spielzeit machten 18 Millionen Zuschauer allein in Deutschland *Titanic* zu dem erfolgreichsten Film aller Zeiten.

# Filmregister

Absolute Power   102f.
Akte X   135, 248
Alien   100
Alarm für Cobra   9
Alphateam   112
Amerikanische Freund, Der   7, 43
An Affair to Remember   136
Anna Maria – Eine Frau geht
   Ihren Weg   118
Armageddon – Das jüngste
   Gericht   23, 260f.

Basic Instinct   303
Ben Hur   7
Besser geht's nicht   130
Bewegte Mann, Der   121f., 151,
   165, 218
Bin ich schön?   117
Birdcage, The   116
Blue Steel   108
Braveheart   105f.
Breaking the Waves   114
Brücke am Kwai, Die   7
Brücken am Fluß, Die   142f.
Bulle von Tölz, Der   106, 133

Campus, Der   125
Cascadeur – Die Jagd nach
   dem Bernsteinzimmer   247
Codename Nina   302
Columbo   106, 132f.
Commitments, Die   167
Con Air   22
Contact   135
Crying Game, The   42

Dämonen, Die   248
Dantes Peak   99
Dead Man Walking – Sein letzter
   Gang   51
Der mit dem Wolf tanzt   134
Ding aus einer anderen Welt,
   Das   248
Dr. Stefan Frank – Der Arzt, dem
   die Frauen vertrauen   118
Duft der Frauen, Der   124

Easy Rider   20, 217, 219f.
Eine schrecklich nette Familie   302
Einsame Entscheidung   184
Eisbär, Der   252
Eiskalte Leidenschaft   135, 166
Eissturm, Der   238, 253
Emergency Room   112, 261
Enthüllung   168, 175
Erbarmungslos   198, 208
Erste Ritter, Der   125
Ewige Jude, Der   212

Falling Down   109, 145, 150, 162
Fan, The   114
Forever Young   137
Forget Paris   152, 154, 156, 181
Forrest Gump   21, 43, 117f., 181,
   193ff., 208, 238, 255f.
Frankie & Johnny   179f.
French Kiss   127, 180
Frenzy   38f.

Game, The   256f.
Ganz oder gar nicht   261

Gefährliche Liebschaften 19,
54ff., 59ff., 67-70, 201
Geliebte des französischen
Leutnants, Die 149f., 162
Gute Zeiten, schlechte Zeiten 117

Hallo, Mr. President 126
Hallo Onkel Doc! 103
Hand an der Wiege, Die 135
Heat 175
Höllenfahrt der Poseidon, Die
183
Husar auf dem Dach, Der 48

Im Schatten des Zweifels 169
In einem fernen Land 302
In the Line of Fire 302
Independence Day 79, 100, 171,
248f., 260

Jackie Brown 213, 216f., 220
Jenseits der Stille 118
Jerry Maguire 259
Jurassic Park 99, 241
Jury, Die 302

Kampf der Welten 248
Kartell, Das 125
Kleine Morde unter Freunden
100, 125
Knockin' on Heavens Door 252
König der Löwen 132
Kopfgeld 176f.

Last Boy Scout – Das Ziel ist über-
leben 108, 259
Leaving Las Vegas 139
Leben ist eine Baustelle, Das 302
Liebe deine Nächste 16f.
Lindenstraße 117
Lola rennt 21, 267f., 269, 271-281
Long Hello and short Good Bye,
The 266

Mann beißt Hund 75
Männerpension 45, 132

Mars Attacks 99, 249
Merkwürdige Verhalten
geschlechtsreifer Großstädter
zur Paarungszeit, Das 117, 266
MIB – Men in black 240f., 251
Mission Impossible 16, 260
Mit aller Macht 240
Mr. Hollands Opus 132
Mrs. Doubtfire 132, 170f.
Mut zur Wahrheit 240

Nach Fünf im Urwald 32, 122
Nackte Kanone, Die 251
Natural Born Killers 86ff., 217
Nebel des Grauens, Der 100
Nikita 302
Ninotschka 157, 161f.

Obsession 114
Ohm Krüger 212
Oktober 212
OP ruft Dr. Bruckner 112, 261
Outbreak 99

Panzerkreuzer Potemkin 212
Perfect World 142
Pferdeflüsterer, Der 23
Philadelphia 240
Piano, Das 83
Power Rangers 250
Pretty Woman 19, 40, 54, 61ff.,
66-70, 137, 139, 147, 150, 162,
178
Pulp Fiction 88f., 217

Reifeprüfung, Die 20, 213f.,
216-220
Reisen des Mr. Leary, Die 129,
182
Rob Roy 106
Robin Hood – König der Diebe
106
Rosenkrieg, Der 202f., 208
Rossini oder die mörderische
Frage, wer mit wem
schlief 252

299

Schindlers Liste 123f.
Schlaflos in Seattle 42, 136f.
Schöne und das Biest, Die 40f.,
137
Schwarze Witwe, Die 135
Schweigen, Das 17
Schweigen der Lämmer, Das 48f.,
100
Scream – Schrei! 80
Set it off 110
Short Cuts 116
Sieben 204-208
Sieger, Die 247
Smoke 116
Soldat James Ryan, Der 33, 81
Sommersby 127f., 241
Sphere 209f., 220
Star Trek 302
Stargate 249
Starship Troopers 218ff., 249f.
Stirb langsam 107, 259
Stirb langsam – Jetzt erst recht
172
Stirb langsam 2 85
Strange Days 302
Stunde des Lichts 134
Sturmhöhe 190-193, 208
Superweib, Das 132
Sweetheart 187ff., 208

Terminator 243
Terminator 2 43, 86, 103, 243,
245f.
Titanic (1943) 223f., 237
Titanic (1997) 11-17, 48, 137, 212,
220-234, 237f., 240f., 266, 268,
271, 273, 283-292, 295f., 296f.
Toy Story 302

Trainspotting 114
Trost von Fremden, Der 120, 122
True Romance 217
Twister 178, 265

Üblichen Verdächtigen, Die 21,
238, 263ff.
Und täglich grüßt das
Murmeltier 130
Unsichtbare Dritte, Der 111,
154ff., 162
Untergang der Titanic, Der 223,
237

Verhängnis 114
Verhängnisvolle Affäre, Eine 108,
148f., 201
Vertigo 33f., 44, 90f.
Vier Hochzeiten und ein Todesfall
174, 157f., 252
Vierzehn Tage lebenslänglich 147

Während du schliefst 127, 148,
196, 208, 218
Waterworld 101, 262, 264ff.
Waynes World 251
When a Man loves a Woman
139ff.
Wild Bunch, The 79
Wild Things 47
William Shakespeares Romeo und
Julia 137
Winterschläfer 254

Yellow Submarine 206

Zabriskie Point 217f.
Zimmer mit Aussicht 89

# Literaturverzeichnis

Ahren, Yizhak, *Warum sehen wir Filme? Materialien zur Filmpsychologie*, Aachen 1998.

Auiler, Dan, *Vertigo – The making of a Hitchcock Classic*, New York 1998.

Balázs, Belá, *Der Geist des Films*, Frankfurt/Main 1972.

Beck, Ulrich, *Risikogesellschaft. Auf dem Weg in eine andere Moderne*, Frankfurt/Main 1986.

Campbell, Joseph, *Der Heros in tausend Gestalten*, Frankfurt/Main 1978.

Domke, Wolfram *UFO: Das unbestimmte Ding*, in: Zwischenschritte 2/96, 4-31, 1996.

Egri, Lajos, *The Art of Dramatic Writing*, New York 1960.

Freud, Sigmund, *Über infantile Sexualtheorien. GW VII*, London 1940 ff.

Jung, C. Gustav, *Experimentelle Untersuchungen. GW 2*, Olten 1979.

Morin, Edgar, *Der Mensch und das Kino*, Stuttgart 1958.

Polti, Georges, *The Thirty-Six Dramatic Situations*, Boston 1995.

Raeithel, Gert, *Geschichte der nordamerikanischen Kultur, Bd. 3*, Weinheim/Berlin 1989.

Salber, Wilhelm, *Zur Psychologie des Filmerlebens*, in: Salber, Wilhelm, *Wirkungsanalyse des Films*, (39-94), Köln 1977.

Salber, Wilhelm, *Zur psychologischen Interpretation des Films*, in: Salber, Wilhelm, *Wirkungsanalyse des Films*, (123-144), Köln 1977.

Salber, Wilhelm, *Seelenrevolution*, Bonn 1993.

Salber, Wilhelm, *Traum und Tag*, Bonn 1997.

Schulze, Gerhard, *Die Erlebnisgesellschaft. Kultursoziologie der Gegenwart*, Frankfurt/Main/New York 1992.

Vogler, Christopher, *The writers Journey. Mythic Structure for Storytellers and Screenwriters*, Studio City 1992.

# Danksagung

Bücher entstehen nicht nur am Schreibtisch. Ihnen gehen Erlebnisse und Begegnungen mit anderen Menschen voraus. So möchte ich denjenigen Dank sagen, die dazu beigetragen haben, daß dieses Buch geschrieben werden konnte.

Zunächst möchte ich meine Studenten an der Universität zu Köln erwähnen, die mit ihrer Begeisterung, ihren Fragen, vor allem aber mit ihren Diplomarbeiten und Dissertationen einen großen Teil des empirischen Materials zu diesem Buch beigesteuert haben: Regina Berghaus (*Independence Day*), Jochen Binsfeld (*Die Brücken am Fluß*), Sabine Blank (*Jenseits der Stille*), Manuela Bonsmann (*In einem fernen Land*), Sebastian Buggert (*Kleine Morde unter Freunden*), Michael Czarnietzky (*Nickelodeon*-Kinderserien), Uwe Degen (Jack Nicholson), Andrea Domke (*Gute Zeiten, schlechte Zeiten*), Guido Dossche (Erfolgreiche Liebesfilme), Constanze Fischer (Momente der Rührung im Film), Rudi Herzig (Robert De Niro), Volker Hessing (Madonna), Thomas Hoch (*Eine schrecklich nette Familie*), Susanne Huber (ARD-Kinderserien), Ansgar Iburg (*In the Line of Fire*), Simone Jansen (*Die Jury*), Peter Jämmrich (Kinobesuch), Michael Koenen (*Toy Story*), Michael Krüger (*Star Trek*), Claudia Lampe (*Das Schweigen der Lämmer*), Olaf Lange (*Nikita/Codename Nina*), Gabriele Lenze (Meryl Streep), Willi Lonien (*Vier Hochzeiten und ein Todesfall*), Jörg Mertens (Charly Chaplin), Nicola Pronobis (*Forrest Gump*), Nicola Sahar (Cinedom Köln), Sabine Schmitz (*Das Leben ist eine Baustelle*), Katja Schoenholtz (*Strange Days*), Birgit Schomaker (*Enthüllung*), Thomas Schroeter (*Dead Man Walking*), Gabriele Schulzek (*Jurassic Park*), Markus Schwarz (*Trainspotting*), Jesko Siebert (*Der Duft der Frauen*), Frank Szymkowiak (*Basic Instinct*), Gabi

Thaler (*Lola rennt*), Aniko Toth-Sagi (Kriterienkatalog zur Einschätzung von Spielfilmen), Angelika Voigt-Kempe (*Pulp Fiction*), Anna Weber (Jodie Foster), Susanne Wiesmann (*Die Schöne und das Bies*t), Margit Wohner-Moll (*Die Hand an der Wiege*).

Weiterer Dank geht an meine Kollegen Markt- und Kulturforscher und besonders an Wilhelm Salber, die mir dabei geholfen haben, den Zeitbezug wirksamer Filme zu verstehen. Während unserer regelmäßig stattfindenden Gespräche über aktuelle Zeiterscheinungen, entstand manche Idee zu den Kapiteln 9-11 dieses Buchs.

Thom Maier, Rita Nasser, Béatrice Ottersbach, Anita Post und Margot Schmidt möchte ich für die wertvollen Hinweise beim Schreiben dieses Buches danken.

Schließlich gilt mein Dank denjenigen Produzenten und Autoren, die mir als Psychologen Vertrauen entgegengebracht und mich mit Analysen ihrer Projekte beauftragt haben.

Köln, im März 1999
*Dirk Blothner*

## Oliver Schütte
# Die Kunst des Drehbuchlesens

Ein Drehbuch zu *schreiben* ist eine Sache – ein Drehbuch zu *lesen* eine ganz andere ...

Immer mehr setzt sich die Erkenntnis durch, daß zu einem erfolgreichen Film auch ein gut ausgearbeitetes Drehbuch gehört. Aber die Stärken und Schwächen einer ersten, zweiten oder gar zehnten Fassung zu erkennen und zu benennen ist eine Kunst für sich. Um ein Drehbuch analysieren und beurteilen zu können, bedarf es eingehender dramaturgischer Kenntnisse. Oliver Schütte bietet eine Einführung in die Analyse und Bewertung von Drehbüchern. Er vermittelt u.a. Kenntnisse über dreidimensionale Figuren und die Struktur eines Drehbuchs anhand von Beispielanalysen erfolgreicher deutscher Kinofilme. Dabei wendet sich das Buch an Dramaturgen, Produzenten, Lektoren und Redakteure. Aber auch Drehbuchautoren profitieren von dem Wissen, indem sie lernen, ihre eigenen Bücher besser beurteilen zu können.

Mit anschaulichen Beispielen illustriert das Buch die dramaturgischen Elemente eines Films. Dabei greift Schütte ausschließlich auf deutschsprachige Filme zurück – von *Schtonk!* bis *Mephisto* –, auch um zu zeigen, daß diese Elemente nicht nur für das große Hollywoodkino gelten.

Oliver Schütte ist Autor für Kino und Fernsehen, Leiter der *Master School Drehbuch* und Gründer der Development-Agentur *Script House*.

Band 94003